変容する死の文化

現代東アジアの葬送と墓制

国立歴史民俗博物館
山田慎也
鈴木岩弓
編

東京大学出版会

Transforming Death Culture:
Funeral Rituals and Burial Systems in Contemporary East Asia

National Museum of Japanese History,
Shin'ya YAMADA and Iwayumi SUZUKI, Editors

University of Tokyo Press, 2014
ISBN 978-4-13-010411-1

はじめに——東アジアにおける葬送墓制の変動

山田慎也

一九九〇年代以降、急速に葬送墓制の変容が進み、従来の葬儀や墓の形態を維持できなくなっており、その社会的関心も高まっている。葬送儀礼においては、小規模化や儀礼の簡略化が進んできた。「家族葬」という言葉も一般化し、訃報の範囲を限定して近親者のみで葬儀を行なうことも増えているが、実際の範囲は曖昧でありイメージが先行している観がある。儀礼の簡略化もみられ、「一日葬儀」などの通夜の省略や、当日の葬儀式後に行なわれていた初七日法要を葬儀式自体へ組み込む「式中初七日」なども頻繁に行なわれるようになっている。さらに儀礼自体を行なわず、火葬のみで済ませる直葬などもかつては特殊な場合と考えられていたが、一定の割合を占めるようになってきた。一方で、葬儀は家族が行なうべきという観念はむしろ強くなり、近親者のいない人の葬送への対処が問題となっている。墓制においても少子化や家族観の変容から、墓地の承継が問題化し、合葬式で後の個別管理を必要としない永代供養墓や、墓を作らない散骨や手元供養など、従来の墓の形態とは異なる多様な方法が誕生している。

このような変容とともに、従来葬儀の担い手であった地域共同体にかわって、葬儀産業が成長し葬儀の執行に不可欠な存在となっている。そして現行の葬儀に関するさまざまなサービスは、むしろ業者側からの提案によって誕生しているものも多い［田中　二〇〇八、一〇四―一〇八頁］。一方で八割以上は依然として仏式の葬儀ではあるが、葬儀における宗教が問われるようになり、既成宗教の形態を取らないいわゆる無宗教葬も一般の人びとが行なうようになった。また仏教離れや過疎化などにより従来の寺檀制度も維持が難しくなり、宗教者との関係も変容している。

しかし、死とは人びとにとって依然大きな苦悩のひとつであり、逃れることができないものである。そうした死に対処するための葬送墓制は、亡くなった人を生者のなかに改めて位置づけていく仕組みであり、動物にはない人間特有の文化的な営みである。よって、人びとによるある程度の社会的合意がなされ、共有化されなければ、儀礼として成立しないものでもある。しかし、現在のような動態は、まだ十分に社会的合意が形成されているということはできず、まさに試行錯誤の状態であるといっても過言ではない。

このような葬送墓制の動態は、やはり急速な近代化を遂げた東アジアの諸地域でも生じており、その変容は著しくなっている。古代以来、日本は東アジアの諸地域と文化的な交流が盛んであった。さまざまな文物だけでなく、現在も葬儀で多くの割合を占める仏教、また祖先祭祀の思想的背景となる儒教は、日本をふくめた東アジア地域では深く浸透している。

近年の研究では、例えば台湾では日本統治時代、衛生的な観点からの遺体の取扱や墓地管理がなされ、また台湾で行なわれている告別式も、この時代に導入されたものであったという［胎中　二〇〇八］。このような近代の植民地的な政治関係はなくなっても、現在、経済的な関係を主として交流は盛んであり、形態としての付加価値から、台湾では日式葬儀として白木祭壇やデザイン化された生花祭壇が普及している。また日本で使用している墓石や棺、骨瓶、祭壇、生花などは、その生産地が韓国や台湾、中国などに移行しているだけでなく、例えば司会や納棺などさまざまなサービスに関する情報流通も盛んとなり、経済的相互関係が密になっている。

さらに土地の利用の問題から土葬が中心であった、中国、韓国、台湾では、政府の国策によって火葬が急速に普及している。その後の焼骨への対応も多様な形を取っており、大規模な納骨堂が建設され、さらに散骨や樹木葬もそれぞれの地域で注目され積極的に推進されている。こうした状況が進むにつれ、さらに葬儀産業や霊園開発業などの事業者間の関係も緊密になっているなど、東アジア各地域において、葬儀関連の産業の発達は著しく、人びとの依存度も大いに増している。

葬儀産業の進展に伴って、東アジア各地で葬儀従事者の資格制度の設置が進んでいる。それに関連して大学や短期大学、専門学校等の高等教育機関において葬儀に関する学科が設置されるだけでなく、葬送墓制に関する学問体系も構築されるようになってきた。

このような流れは、葬儀産業のプロフェッショナル化による業務の向上を目指すだけでなく、社会的地位の向上も意図している。葬儀のプロフェッショナル化と並行する専門教育機関がいち早く設置されたのはアメリカ合衆国の各州であった。アメリカの場合は、このような教育機関はエンバーマーとフューネラルダイレクターのライセンス制度と結びついて発達してきたのであった［山田　二〇〇三］。

専門家集団の形成とその意義については、医師を頂点とした医療サービスの専門家集団の対象として、おもに社会学や文化人類学において検討が重ねられてきている。そこでは、専門職としての二つの特性が指摘されており、専門的知識獲得の長期の訓練と、共同体ないし社会への無私のサービス指向、つまり専門的知識・技能の存在と倫理的要請があるという［進藤　一九九〇、一三五―一三六頁］。

このような専門家集団への志向性が、葬儀産業のなかにも生じつつある。日本の場合には、直接国家が資格認定するわけではないが、業界団体が厚生労働省の公認を受けた資格審査組織を作って葬祭ディレクター制度を創設し資格を付与するようになった。これは排他的な資格ではないが、一定の業務水準の維持と社会的信用の向上をも目的としている。そして、専門学校における葬儀の専門教育もすでに発足している。葬儀の教育機関を卒業した多くの学生は、その後、葬送墓制関係の職業に従事することを考えると、今後の葬儀のあり方を考える上で、これらの教育機関や資格制度の動向は、その後の葬儀のあり方に大きな影響を与えるものと思われ、その動向を注視する必要がある。

本書は、こうした背景から二〇一二年七月七日に大正大学礼拝堂において開催された国立歴史民俗博物館国際シンポジウム「現代における死の文化の変容―東アジア地域の葬送墓制を中心に―」の報告を元にしつつ、このさまざまな課題をより詳細に論じてもらうべく登壇者に執筆を依頼した。このシンポジウムでは、まず相互の影響の大きい東アジア地域の葬送墓制の動態を把握することを一つの目的としている。それぞれの状況を比較検討することによって、お互いの課題を浮かび上がらせることとなった。その上で、今回、初の試みでもある、葬儀の教育機関の国際的な動向を把握することも重要であると考えた。

当日の進行は次の通りである（職名はシンポジウム当時のもの）。

日時　平成二四（二〇一二）年七月七日（土）
場所　大正大学巣鴨キャンパス八号館礼拝堂
共催　東北大学文学研究科宗教学研究室・大正大学
後援　日本民俗学会

開会の言葉　山田慎也（国立歴史民俗博物館准教授）
館長挨拶　平川南（国立歴史民俗博物館長）
冒頭報告　鈴木岩弓（東北大学教授）
　「現代社会の死の文化」
報告1　王夫子（長沙民政職業技術学院教授）

「中国における葬儀の現状と教育」
報告2　鄭志明（輔仁大学教授）
「現代台湾の葬儀にみる問題と方向」
コメント1　田村和彦（福岡大学准教授）
コメント2　槇村久子（京都女子大学教授）
休憩中に研究映像「現代の葬送儀礼」上映
報告3　張萬石（大田保健大学兼任教授）
「韓国の現代葬儀の状況と変化」
報告4　小谷みどり（第一生命経済研究所主任研究員）
「日本の葬送に対する意識の変容とその影響」
コメント3　山田慎也
コメント4　森謙二（茨城キリスト教大学教授）
総合討論　司会　村上興匡（大正大学教授）
閉会の言葉　村上興匡
司会　山田慎也・村上興匡

会場の定員は三五〇人であったが事前の申し込みでほぼ満員となった。また当日参加希望の人びとも多く、関心の高さがうかがえた。当日、王夫子氏は欠席されたが、事前提出されていた報告を槇村久子氏が代読し報告に代えている。

本課題の淵源は、科学研究費補助金基盤研究(B)「わが国葬送墓制の現代的変化に関する実証的研究―〈個〉と〈群〉の相克―」（研究代表者鈴木岩弓　二〇〇九―二〇一一年度）の研究過程の議論において生まれてきたものである。

一方で、国立歴史民俗博物館においても、博物館型研究統合のもと葬送墓制については創立以来、さまざまな形で研究テーマとなっている。共同研究においても、基層信仰の一環などいくつもの共同研究で検討が重ねられてきた。また近年では筆者が代表を務めた共同研究「身体と人格を巡る言説と実践」（二〇〇六―二〇〇八年度）では死者の身体の扱いを通した人格表象の分析など、「民俗儀礼の変容に関する資料論的研究」（二〇一一―二〇一三年度）では近代化による葬送儀礼の変容の分析などの研究が行なわれている。さらに共同研究に連関して「国民儀礼化する通過儀礼・年中行事の資料論的研究」（科学研究費基盤研究(B)、二〇一一―二〇一四年度、研究代表者山田慎也）においても葬儀の近代化資料の分析がなされている。

また資料収集に関しては「葬送儀礼資料コレクション」が構築され、地域社会における伝統的な葬具の一括資料や、祭壇の初期形態である白布祭壇やその後の彫刻祭壇なども、研究の過程で収集され蓄積されている。これらの研究成果や資料は、展示という形式でも成果公開がなされており、企画展示や新収資料の際に展示されるだけでなく、二〇一三年三月には、第四室民俗展示の新構築として、民俗の総合展示が全面的に更新され、そのなかで「死と向きあう」というテーマがたてられ、死に関わる民俗とその変容が比較的大きなスペースで公開されている。さらに歴博は国際交流事業が盛んであり、近年、東アジアの交流に留意しつつ、日本の歴史、文化の研究を推進するようになっており、このような背景のもとこのシンポジウムが結実し、その成果が論集として形になったのである。

さて本書は大きく「第一部　社会変容と死」と「第二部　国家による死の管理」にわけられ、第一部は五本、第二部は四本の論考で構成されている。「第一部　社会変容と死」では、おも日本における葬送墓制の変容について取り上げている。日本の場合には、葬制に関しては明治初期に神道国教化の影響により、神葬祭墓地の設置や火葬禁止、自葬の禁止など葬送儀礼の統制が行なわれたが、明治一七年に墓地及埋葬取締規則ができ、公衆衛生および一部治安維持的な発想において管理を行なうようになった。これ以降、基本的には国家が積極的に関与することはなかった。

そこで葬送墓制は都市化などの社会変容によってその影響を受け、そこに消費文化が浸透していった。

鈴木岩弓氏による第一章「死の認識の変遷――現代社会の死の文化」では、日本における近代以降の死生観の変化を、中央公論に掲載された過去一〇〇年間の記事内容をもとに分析している。それによると近年では死に関する記事が多く、その関心が高まっているという。さらにジャンケレヴィッチのいう二人称や三人称の死など他者の死に関わる記事は時代を通してあるのに対し、数は少ないが一人称の死が近年顕著にみられるようになり、死の認識に変化が生じていると述べている。

こうした死生観の変容によって葬送儀礼も変化してきた。第二章は山田慎也による「儀礼の変容――葬送空間の変化と通夜・告別式の儀礼化」である。近代化の過程で設置されていく葬儀場に注目し、設置の要因とその経緯を歴史的過程から分析している。日本の場合には住宅街など生活領域に設置される点に特徴があるが、これは自宅告別式により自宅で主要儀礼を行なうようになったからで、さらに通夜が弔問儀礼として変質することで葬儀の過程をすべて式場で行なうこととなった。これにより死者への接触が限定的になり、死の受容にも大きな影響を及ぼすようになった。

少子高齢化が進展し、一九九〇年代以降、従来の葬送墓制のひずみが表面化していく。第三章、槇村久子氏の「社会の無縁化と葬送墓制――人口動態と墓制の変化を中心に」では、葬儀関連施設、特に墓の無縁化、個人化、流動化が生じており、それに対して共同的な対応として地縁血縁によらない都市型共同墓所が誕生しており、また樹木葬や散骨などの墓の無形化も進んでいる。今後、近親者のいない人が増加していくなかで、孤立死や無縁化を防ぐことが課題となるという。

このような新たな葬法が普及していくとともに生じてくる問題点について、第四章「死の自己決定と社会――新しい葬送の問題点」のなかで森謙二氏は検討している。死の自己決定意識が生まれ、散骨や樹木葬など多様な葬法が誕生しているが、これらは結果的にさらなる葬送の市場化を進展させることとなった。だが、そこから取り残される社会的、経済的弱者もふくめて、福祉的観点のもと、尊厳と秩序ある葬送の理念とシステムを社会のなかに構築することが必要であると指摘する。

第五章は小谷みどり氏による「「わたしの死」の行方――現代日本の葬送への意識の変容」であり、近年の死の自己決定意識の高まりが、葬送の現場で広まっている状況を考察している。そこでは葬儀産業の成長により、人材育成や資格化など専門性が高まっている。また多様な儀礼が見いだされていくなかで、生者と死者との関係の構築の重要性が照射されている。

「第二部　国家による死の管理」では、葬送墓制のあり方に対し国家が法令や行政の形態で積極的に深く関与する東アジア諸地域を以下の四つの論考で取り上げている。伝統的には儒教や風水思想により豪華な墓を作っていた地域であるが、火葬に転換し簡素な葬法を推進するだけでなく、あるべき葬儀の軌範を国家が作り、そのための葬儀従事者の資格化や専門家教育が行なわれている。

第六章「国家の葬墓管理――中国における葬儀の現状と教育」の王夫子氏は、中華人民共和国の長沙職業技術学院殯儀学院の創設者であり、中国において殯葬教育を創設したといわれている。現在、政府でも把握できないほどの葬儀関連の従事者がいるが、職業資格証書など資格化が進み、また専門教育が行なわれるようになっている。しかし、資格養成と資格検定が同一機関で行なわれており、その弊害も指摘している。

第七章、鄭志明氏の「死生学の構築と政策――現代台湾の葬儀に見る課題と方向性」では、台湾における殯葬教育構築の立場から、現在の台湾の葬儀に対する批判を行ない、伝統的な葬儀の現代的改良と、さらにあるべき専門教育の方向性を主張している。台湾では宗教系や看護系の学科において葬儀関連の専門教育がなされるようになった。また政府により「殯葬礼儀師」の資格がつくられ、専門教育を行なう大学等も増加している。

このような動向は韓国も同様であり、第八章「葬儀行政と産業――現代韓国の葬儀の状況と変化」のなかで張萬石氏は、葬儀場が病院に設置されていることが特徴的であり、あわせてそのメリットとデメリットを指摘している。火葬の進展により急速に散骨や樹木葬など新たな葬法が発達しつつあり、葬儀産業の成長と専門教育の普及は社会的状況の変化によって大きな転換をもたらす可能性も述べている。

こうした政策的な状況に対し、それを受け止める側からの分析が、第九章田村和彦氏による「葬儀と国家――近現代中国における人びとの葬儀」である。ここでは中国政府が殯葬改革を進め、人びとは公的な追悼会で葬儀を行なう一方で、その前後にはいまだ旧来の儀礼が行なわれている。これは公的な死の意味づけをなされない周縁化された民衆の状況的な対応とも捉えられ、死の位置づけ方をめぐる人びとの営みの様子を今後も注視していくべきであるという。

以上の論考の最後には、シンポジウムで行なわれた総合討論をもとに論点を整理しまとめた「東アジアの死をめぐる現状と課題――総合討論をおえて」を載せている。そこでは、東アジア各地の多様性や近代化による変容の状況、さらには東日本大震災以降の葬送墓制の課題についての議論を取り上げている。

死に対峙し、それを受け止めていくのは私たち一人一人であり、さまざまな専門家に依存しつつそれを行なうこととなる。それぞれの立場からこれからの展開を考えていく必要があり、そのためにも現状を把握し、分析することは大切な営みであり、本書はその基礎的な作業の一歩となると考える。

なお、東北大学大学院文学研究科宗教学教室にはさまざまなご支援を頂いた。なかでもシンポジウムの翻訳に関しては東北大学の黄緑萍氏、王立雪氏、権来順氏に中国語および韓国語の翻訳をしていただいた。また大正大学からはシンポジウム会場を提供していただいている。

また私自身のことで恐縮であるが、すでに左耳の聴力は失っている上、二〇〇八年九月三日に突然右の聴力が極端に低下し、日常会話も困難となった。現在、補聴器を使用しているが生活、研究には支障が大きい。民俗学、人類学を専攻する身としては困難も多いが、歴博をはじめ周囲の方々のサポートにより、このようなシンポジウムを実施し本書を刊行することが可能となったのはこの上ない慶びである。

最後に本書を引き受けてくださった東京大学出版会の黒田拓也氏と山本徹氏、また編集では笹形佑子氏が最後まで根気強く導いてくださった。

皆様には心より感謝しており、この場を借りて改めてお礼申しあげます。

参考文献

進藤雄三『医療の社会学』世界思想社、一九九〇年

胎中千鶴『葬儀の植民地社会史――帝国日本と台湾の「近代」』風響社、二〇〇八年

田中大介「葬儀と葬儀社――死ぬこと、はたらくこと」春日直樹編『人類学で世界をみる――医療・生活・政治・経済』ミネルヴァ書房、二〇〇八年

山田慎也「越境する葬儀――日本におけるエンバーミング」篠原徹編『越境』朝倉書店、二〇〇三年

目　次

第Ⅱ部　国家による死の管理

第Ⅰ部　社会変容と死

第一章　死の認識の変遷
——現代社会の死の文化

鈴木岩弓

一　他者の〝観念〟の把握

Man is mortality. という表現からも明らかなように、われわれ人間にとって、「死」とはいつかは必ず訪れてくる、免れることの決してできない現象である。それがゆえに「死」は、生きている人間にとって関心を持たざるを得ない対象であって、命ある限り人間は、さまざまな機会に「死」と対峙する経験を持つ。しかし生きている人間が経験する「死」は、あくまで〈他者の死〉でしかない。「死」は不可逆的現象であるがゆえに、〈自己の死〉を経験することは不可能だからである。したがってわれわれ生きている人間が持つ「死」に対する認識は、たとえそれが〈自己の死〉を深く見つめようとしたものであったとしても、〈自己の死〉そのものの経験にもとづくものではなく、あくまで〈他者の死〉を通じ、それを鏡に想像された「死」でしかない。「死」の全貌を完全に理解することは、不可能といってよいのであろう。

とはいえ他方で「死」に対する人間の態度は、「死」を経験した者がこの世には存在しない、つまり「死」の実際を知る者がどこにもいないという〝公平性〟をともなうがゆえに、人間の歴史のなかに多様性を持ったさまざまな文化として花開いてきた。人間の長い歴史を眺めるなか、各時代に見られる「死」に対する人間の態度に変化が見られることを実証したのは、フランスの社会史学者フィリップ・アリエスであった［アリエス　一九八三・一九九〇］。これから始める議論の問題関心も、アリエスの関心に触発されたもので、〈群〉として見た現代日本人の死生観の時間的な変化にある。

さてここで扱う「死生観」とは、死をどのように考え、そうした死を迎えるまでの生をどのように考えるか、といった人間が根源的に持つ抽象的な考え方に関する議論である。死生観と「観」の字がついているのは、まさに人の頭のなかにあって見ることができない観念を対象としていることを示している。確かに、他者の観念をその人以外の他人が把握することは容易なことではない。正面から「あなたの死生観は？」と聞いても、こうした問題を常日頃から考えている人は少なく、またたとえ考えていたとしてもその内容を他人に話してくれる、あるいは上手くまとめて説明することができるとは限らない。このように他者の観念というのは正面突破ではなかなか把握できないことが多いため、そうしたなかで他者の観念という不可視な世界を把握する次善の手は、観念をもとにつくられているモノを手がかりに明らかにするという方法である。筆者はこれまで、墓石に刻まれた文字内容の分析や、家庭内に飾られている位牌や人物写真への関わりを手がかりに、他者の観念の把握を目指してきた［鈴木　一九八五・一九九七・一九九八・二〇〇五］［鈴木、ヘルリナ　一九九九］。

以下では、日本人の死生観のこの百年あまりの時間的な変化について、雑誌というモノに掲載された記事内容を手がかりに、マスレベルで社会史的に把握することを試みてみたい。雑誌に掲載される記事内容は、雑誌社側から世に発信する場合と、世のニーズに雑誌が応える場合に大別できるが、それらを綜合して数量的変化を見ることで、世相の動向を把握することが可能になるものと思われるからだ(1)。

二　『中央公論』

ここで分析の手がかりとするのは、現在、中央公論新社から刊行されている月刊総合雑誌の『中央公論』である。雑誌記事の分析をするなかから死生観の把握を行なおうとするに際して、ここで『中央公論』を取り上げる理由は二点ある。その第一は、『中央公論』がわが国の雑誌界において非常に長い歴史を持つ点である。この雑誌は、一八八七年に『反省会雑誌』の名で創刊されて後、二度の改称を経て現在に至っており、二〇一三年一〇月号の時点で、創刊一二八年を迎える長寿雑誌である。(2) とはいえ同じ誌名の雑誌とはいえ、編集者の交代などを機に雑誌の編集方針に大幅な変更が見られることは確かにある。しかし一世紀以上にわたって同じ『中央公論』の誌名で刊行されてきたという伝統をもった雑誌の歴史を考えると、緩やかな縛りではあるが、わが国における社会変化を見ていく一つの軸を設定できるものと考える。また第二点は、本誌が雑誌ジャンルのなかでも「総合雑誌」に分類され、一部の特別な領域に関心のある少数の読者を対象とした雑誌ではなく、広く一般読者層を対象に刊行されてきた歴史があげられる。総合雑誌とは、本誌をはじめ、いわゆる「論壇」を形成する『文藝春秋』『世界』などの雑誌をさすが、そうした雑誌が世論形成にしばしば大きな力を持ってきたことは、『文藝春秋』の田中角栄事件、ここで扱う『中央公論』における脳死問題を想起すれば良いであろう。実際『中央公論』は、多くの公立図書館における基本的な常備月刊誌としての座を占めており、広く人びとが読む機会をもっていることは周知のとおりである。

以下、『中央公論』の歴史について簡単にまとめてみよう。『反省会雑誌』という名前で創刊されたこの雑誌は、現在の龍谷大学の前身に当たる西本願寺普通教校の学生有志たちによる、いわゆる「禁酒会」の機関誌として一八八七年に出版された。(3) その後、一八九二年になると『反省雑誌』と誌名変更がなされ、仏教雑誌・宗教雑誌としての性格を強めながらも、それまでの機関誌から一般読者をも対象とした雑誌へと姿を変えていった。この頃の記事のなかには世界宗教大会に関する記事が見られる他、マックス・ミュラーの論考の翻訳や、わが国宗教学の生みの親である姉崎正治が執筆した記事なども収録され、近代日本の宗教学を知る貴重な文献資料と理解することもできる。

京都に本拠地をおく浄土真宗本願寺派の活動のなかから創刊された雑誌であるが、次に迎えた大きな転換点は一八九六年のことで、創刊から一〇年目のこの年、本誌の編集拠点が東京へと移転した。当時の京都から東京への移動時間から想像できるように、この移転はこの雑誌に対する浄土真宗本願寺派の影響力の希薄化を意味していた。そのことを示すように、以後の雑誌内容には大きな変化が見られるようになる。特に翌一八九七年八月号の三五〇頁にも及ぶ「文芸夏期付録号」は大反響を呼び、さらに翌年の一八九九年には二度目の誌名変更で、現行の『中央公論』と改名された。この時、表紙に示された本誌の扱う内容紹介には「政事文学教育宗教経済」とあり、その順番からもうかがい知ることができるように、『中央公論』の収録記事からは次第に宗教色が薄くなる反面、小説・評論などの文芸色が強くなり、「総合雑誌」へ向けた路線を確立していくこととなる。(4)

大正期になると、吉野作造の大正デモクラシー関係の論考とともに、リベラリズムを志向する論文が多数掲載されるようになったが、山川均を論客として迎えたライバル誌の『改造』が急進的方向を打ち出して読者を獲得していったのとは異なり、『中央公論』は中道路線を歩むようになった。とはいえ第二次世界大戦中の一九四一年になると、研究者や編集者に対する言論・思想弾圧事件として知られる「横浜事件」が起こり、軍部の勧告によって『中央公論』は『改造』とともに休刊せざるを得なくなった。終戦後『中央公論』は一九四六年に復刊されたが、戦後のどさくさのなか、しばらくの間は論壇をにぎわすようなこともなかった。(5)その後一九六〇年の一二月号に載った深沢七郎の小説「風流夢譚」のなかに不敬な部分があったとして右翼が襲うなどの問題が起こったが、八〇年代半ばには立花隆の脳死関係の記事が掲載されるなどして、現在に至るもっとも長い歴史を持つ総合雑誌の道を歩んでいる。

三　「死」に関連した記事

本章で分析の対象として取り上げたのは、一八八七年の創刊号から二〇一三年一〇月号の一五五九号に至るまで、『中央公論』一二八年の歴史のなかで掲載された、「死」に関連した内容の記事である。対象として取り上げる記事の選択基準としては、「死」の語が題名に使用されていることをその判断条件の第一とした。具体的には、一〇〇〇号までは『中央公論総目次――創刊号より第一〇〇〇号』を用い、それ以後は現物の『中央公論』各号の目次を見ることで、「死」の語の含まれる記事を全てリストアップした〔中央公論社　一九七〇〕。しかし「死」の語が出てくればその内容が全て死生観と結びつくとはいいがたいことはもちろんである。例えば、『反省雑誌』一三―四に「死教育と偽愛国」と題する記事がある。一見するとデス・エドケーションを思い起こさせる題名である。しかし実際に内容を確かめてみると、「死んだ教育」、すなわち「ダメな教育」、「死んだも同然の教育」を批判する記事であって、あくまで比喩として「死」が題名に用いられているにすぎなかった。したがって、たとえ「死」の語が使われていようと、このような比喩的表現の場合は、分析の対象からは除いてある。またその逆に、「死」の語が使用されていなくても、「死」の問題を正面から扱った記事も多々見られた。例えば「～を悼ふ」という記事は、追悼文の多くに付けられた題名であるが、こうした場合、直接的に「死」の語を使うことはあまり多くはない。したがって、目次を通じて該当記事を確認する際、可能な限り大きく網を打って候補にあげ、最終的にはそれらの記事自体に全て目を通すことで判断した。

こうして蒐集した「死」関連の記事は、総数で六六三件にのぼった。それらの記事の題名を示したのが、以下にまとめた表1である。

表1 『中央公論』収録の「死」関連記事

年月	記　事	著　者
1891.3	死刑廃止論	
1892.11	屍骸の道路	
1893.6	将死大悟論	
1893.10	東温譲氏の葬儀	
1894.1	聖地永く君が遺骨を埋む	
1894.9	羽石，藤野二氏逝く	
1894.9	藤野祐典君の死を悼む	
1894.12	火葬の流行	
1895.11	仏教式忠魂祠堂	
1895.12	追悼	鈴木天游
1896.7	生死と発達	黒頭尊者
1897.2	皇太后の大喪に就て最近御例	大内青巒
1897.2	自殺と開化の関係	
1897.2	国家の大喪	
1897.2	仏教と葬儀	
1897.3	大喪の最近御例	大内青巒
1897.4	世界の墳墓誌	白龍江
1897.7	真言宗の自殺	
1897.12	自殺を論ず	木村昌
1898.1	肺病患者の自殺	
1898.3	西蔵の葬儀	
1899.2	一月十七日の御葬儀	
1899.2	厚葬の風衰へんとす	
1900.11	博士マクスミュラー氏逝く	高楠順次郎
1902.11	生けるパーシーと死せるパーシー	清水黒爾
1902.12	生けるパーシーと死せるパーシー	清水黒爾
1904.8	戦死者の妻女	
1905.1	白骨の貴賤貧富	
1905.5	ジェノヴァ墓地の一像	モンテエルデ
1905.5	戦死者は護国神	（社説）
1905.8	人と魚の死骸の差	
1906.10	死刑廃止論	小河滋次郎
1906.11	自殺問題	富士川游
1906.12	死刑存置論	古賀廉造
1908.4	死の華	秋庭俊彦
1911.5	死後	正宗白鳥
1911.6	死の方へ	田山花袋
1911.10	死	小川未明
1912.10	乃木大将夫妻の殉死	（社論）
1912.10	大将夫妻の自刃に就ての感想	東條英機
1912.10	大将の殉死について	加藤弘之
1912.10	心事を明にせば各方面好影響	新渡戸稲造
1912.10	大将の死を惜む	鎌田栄吉
1912.10	大将の心事明々白々	曽我祐準
1913.9	生物学上より観たる死	丘浅次郎
1913.9	医学上より観たる死	富士川游
1913.9	基督教の霊魂不滅観	内ヶ崎作三郎
1913.9	死に対する原始的民族の観念	渡瀬庄三郎
1913.9	ある女の母の葬式	田山花袋
1913.10	自然死の研究	永井潜
1913.10	哲学者より観たる死	紀平正美
1913.10	医学上より観たる死	富士川游
1913.10	仏教より観たる死	島地大等
1913.10	武士道学派の死生観	井上哲治郎
1913.11	「死」の問題に対して	新渡戸稲造
1914.1	亡き妻の骨を抱いて	松崎天民
1914.2	「亡き妻の骨を抱いて」其二「死を待つのみ」	松崎天民
1914.4	「亡き妻の骨を抱いて」其三「三人の忘れ遺児」	松崎天民
1914.5	皇太后陛下崩御	（社論）
1914.5	「亡き妻の骨を抱いて」其四「孤独の悲哀を」	松崎天民
1915.2	新佃島より「山田桂華の死」	松崎天民
1915.8	自殺せる青年へ	長田幹彦
1915.8	デキスン嬢の死	小山内薫
1915.10	井上侯を弔す	（社論）
1915.11	某夫人の自殺	後藤末雄
1916.1	巫女殺し	上司小剣
1916.3	殺人実記	山中未成
1916.9	死者生者	正宗白鳥
1917.11	姉の死・弟の死	里見弴
1918.7	Mの水死	田山花袋
1918.9	子ころし	里見弴
1918.9	老死	平塚らいてう
1918.10	山上の雷死	田山花袋
1919.1	死まで	里見弴
1919.4	死児を抱いて	廣津和郎
1919.11	或る少女の死まで	室生犀星
1919.7	老坑夫の死	加藤一夫
1920.4	死処を探ねて	松崎天民
1920.6	社会現象として観た自殺の研究	金米糖
1921.7	死の前の家康	村松梢風
1921.9	「生命」の経済と「死」の経済	森本厚吉
1921.9	小説 死の執着	徳田秋聲
1921.11	現代富豪の暗黒面と安田翁の死	高須梅渓
1922.1	生死巌頭	井上啞々
1922.5	墓を發く	藤村千代
1922.9	生者死者	木村荘八
1922.11	「死」の現象に現はれた「自然」の精妙な技巧	長谷川如是閑
1922.11	対死管見	水野廣徳
1922.11	死の凝視によって私の生は跳躍す	小川未明
1922.11	自然の死は人間の理想	三宅雪嶺
1922.11	親しく「死」に面した頃の日記から	北川完三

1925.12	瀧田氏について	菊池寛
1925.12	爽快な氏の生涯	宮地嘉六
1925.12	悼望嶽楼主人	室生犀星
1925.12	瀧田樗陰を祭る辞	横山健堂
1925.12	「淪落の女」時代	松崎天民
1925.12	猿面記者瀧田氏	生方敏郎
1925.12	病床の樗陰先生	田中貢太郎
1925.12	最後の十日間	村松梢風
1925.12	瀧田君と鑑画	森田恒友
1925.12	瀧田君と壺と	佐藤功一
1925.12	思ひ出すままに	山本實彦
1925.12	社内での瀧田さん	島中雄作
1926.3	小説 燐を嚥んで死んだ人	近松秋江
1927.2	先帝崩御と恩赦	（巻頭言）
1927.6	○の葬式	田山花袋
1927.9	実践的自己破壊の芸術	大山郁夫
1927.9	余り具体的にでなく	生田長江
1927.9	軽井沢にて訃音に接す	有島生馬
1927.9	最後の鬼面芸術	高畠素之
1927.9	芥川君の死	武者小路実篤
1927.9	より関心事	小島政二郎
1927.9	遺書の技巧美	上司小剣
1927.9	非凡人と凡人の遺書	岡本一平
1927.9	死ぬる人々	小杉放庵
1927.9	芥川龍之介を哭す	佐藤春夫
1927.10	左右田博士を悼む	吉野作造
1927.10	小説 左衛門どんが幽霊になった話	相馬泰三
1928.9	葛西善蔵の思ひ出	廣津和郎
1928.9	死の前の葛西善蔵氏	佐佐木千之
1928.9	戯曲 一周忌	久保田万太郎
1929.2	楊宇霆の惨死を語る	小村俊三郎
1929.9	死顔に化粧する	原田譲二
1930.6	小説 屍の海	岩藤雪夫
1930.11	世界怪奇実話 x　生きてゐる戦死者	牧逸馬
1930.11	妻の死と百合公	岡田郎
1931.1	情死の新研究	高田保馬
1931.11	情死新論	井口孝親
1931.11	ガンディの自殺	野村二郎
1931.11	世界怪奇実話 18　街を陰る死翼	牧逸馬
1932.3	小説 道三の死	森田草平
1932.7	追憶	犬養健
1932.7	犬養木堂を語る	古島一雄
1932.8	追憶	犬養健
1932.8	小説 A 先生の遺稿	武者小路実篤
1932.10	今は亡き伊井蓉峰	久保田万太郎
1932.11	亡き妻を憶ふ	橋本関雪
1932.11	江木翼君の追憶	若槻礼次郎
1932.11	哲学者ラメーの死	武者小路実篤
1933.6	亡父の一周忌	犬養健
1933.6	家出・自殺・情死	杉山平助
1933.9	臨終の田中正造	木下尚江
1933.11	不治の病人は殺してよいか	安田徳太郎
1922.11	利那々々の充実した生活	本間久雄
1922.11	死に対する恐怖と不安	正宗白鳥
1922.11	生死を忘れて現在の生活を充実したい	吉野作造
1922.11	あくまでも現実万能	菊池寛
1922.11	死の価値	杉森孝次郎
1922.12	小説 曽根の死	谷崎精二
1923.3	父の葬式	葛西善蔵
1923.8	死んでゆく有島さんへ	（巻頭言）
1923.9	「情死」の研究	小林隆之助
1923.9	革命期の必然的現象	小川未明
1923.9	虚栄心も亦自殺の原因	高島米峰
1923.9	世界苦的自殺其他	本間久雄
1923.9	社会が個人を圧迫し過ぎる	上司小剣
1923.9	小説 韓信の死	長與善郎
1923.10	死体の匂ひ	田中貢太郎
1923.11	死児の齢を算えて	岡田信一郎
1924.2	小説 死者の満足	小川未明
1924.3	リェーニンの死	片上伸
1924.3	ウイルソンの死	高島米峰
1924.4	小説 わしが死んでも	正宗白鳥
1924.7	戯曲 亡き妻を哭く	長田秀雄
1925.4	小説 死児を産む	葛西善蔵
1925.7	桂月先生終焉記	田中貢太郎
1925.9	桂月先生の人と文章	田中貢太郎
1925.9	父を懐ふ	大町芳文
1925.9	父の最後の冬籠り	大町文衛
1925.9	お父様の御霊に	大町文男
1925.9	父との最後の遠足	大町四郎
1925.9	お父様の思出	染谷愛子
1925.12	追悼集を公にするに際して	麻田駒之助
1925.12	瀧田君に就いて	徳富蘇峰
1925.12	瀧田君と私	吉野作造
1925.12	樗陰君を偲ぶ	平福百穂
1925.12	天真朗徹の人	高島米峰
1925.12	『中央公論』と瀧田君	三宅雪嶺
1925.12	本誌入社当時の瀧田君	近松秋江
1925.12	思ひ出すがまゝに	大山覚威
1925.12	瀧田樗陰君に就いての思ひ出	相馬由也
1925.12	「国民新聞」記者時代の瀧田君	千葉亀雄
1925.12	等分に全力的な人	徳田秋聲
1925.12	瀧田君を悼む	田山花袋
1925.12	瀧田樗陰君	小川未明
1925.12	瀧田君と私	正宗白鳥
1925.12	黒紋付の羽織	真山青果
1925.12	瀧田君を憶ふ	小山内薫
1925.12	瀧田君の思ひ出	谷崎潤一郎
1925.12	飯田町の倶楽部	長田秀雄
1925.12	瀧田君との交渉	里見弴
1925.12	狭い一側面	中條百合子
1925.12	瀧田君と僕と	芥川龍之介
1925.12	電報合戦	廣津和郎
1925.12	瀧田君に関する私記	佐藤春夫

年月	記　事	著　者
1933.12	新渡戸稲造博士を追憶して	佐藤昌介
1934.1	或エンゼルの死	廣津和郎
1934.3	刑死者の顔	馬場恒吾
1934.3	松本篤造君の死	
1934.4	自殺の法医学	三田定則
1934.8	屍体の感触	森於菟
1934.10	自殺と道徳的性格	長谷川如是閑
1934.12	漱石先生臨終記	内田百間
1934.12	櫛田君と新聞記者	長谷川如是閑
1934.12	櫛田君の学問的風格	森戸辰雄
1935.1	閔妃殺し	平山蘆江
1935.2	父母の骨	上司小剣
1935.4	自殺の法医学	三田定則
1935.4	坪内逍遙の書生時代	高田早苗
1935.4	明治十年代の坪内先生	山崎覚次郎
1935.4	意力の人としての坪内博士	吉江喬松
1935.4	「桐一葉」の前後	井原青々園
1935.4	逸話の坪内博士	正宗白鳥ほか
1935.6	墜落死	加藤俊男
1935.7	電柱の下の屍体	林義雄
1935.8	若き女二人の死	尾後貫荘太郎
1935.10	死相	正宗白鳥
1935.10	妻の死と踊子	丹羽文雄
1935.11	新渡戸博士を憶ふ	矢内原忠雄
1935.11	死者で生かす話	林髞
1935.11	責任自殺	瀧井孝作
1936.1	死顔の半夜	尾崎士郎
1936.3	青酸加里のいたづら	杉山平助
1936.3	殺人と自殺と探偵小説	林髞
1936.3	断片	野上弥生子
1936.5	牧野信一の死と芸術	宇野浩二
1936.6	死刑論	木村亀二
1936.6	死	福士政一
1936.9	古今死刑綺談	村上常太郎
1936.12	亡友二葉亭四迷君を憶ふ	川島浪速
1937.6	「北東の嵐」と娘の死	秋田雨雀
1937.8	天才の病気と死因	式場隆三郎
1937	上海前線にて戦死するまで(日誌)	張彬
1938.1	戦死者と内縁の妻	山川菊栄
1938.1	亡き妻へ　淵は瀬に	久保田万太郎
1939.1	玉錦の死と春場所	彦山光三
1939.2	戦死せる一無名伍長の日記	太田慶一
1939.7	緑蔭に墓を掘る	相馬御風
1939.7	書簡に偲ぶ故人の面影	水野錬太郎
1939.8	書簡に偲ぶ故人の面影(2)	水野錬太郎
1939.9	書簡に偲ぶ故人の面影(3)	水野錬太郎
1939.10	小説 或老女の自殺	森田草平
1940.4	人を葬りて	杉村楚人冠
1941.5	小説 墓表	大鹿卓
1942.6	葉隠と死の倫理	古川哲史
1942.9	至宝パイロット物語　加藤少将の英霊に捧ぐ	佐藤喜一郎
1942.10	栖鳳先生を憶ふ	西山翠嶂
1942.12	現代死生観	田中晃
1946.11	山本元帥の奇怪な死　ソロモン群島より厚木まで	G.キャント
1946.12	タラワの恐怖　ソロモン群島より厚木まで	G.キャント
1947.9	愛と死について	高倉テル
1947.12	葬送の記	幸田文
1948.3	ガンディ翁の死に寄せて	大山郁夫
1949.3	島中雄作君についての思い出	牧野英一
1949.3	嶋中君と私	谷崎潤一郎
1949.3	死の前後，その他	鈴木文史朗
1954.11	絶筆：死の床にて	久保山愛吉
1954.11	遺骨焼津へ帰る	安部光恭
1954.11	海外……の反応	工藤幸雄
1956.10	屍体を匿す	横溝正史
1958.2	佐伯祐三の死	椎名其二
1958.7	指導者の死滅	埴谷雄高
1958.11	政治の中の死	埴谷雄高
1959.7	動き出す死の商人	
1959	生と死とに対決した青春	本田昇
1961.6	死に魅入られたもの	藤原義江
1961.9	男がおのれの墓碑銘を刻むとき	森繁久弥
1963.2	芸妓の死	笹沢左保
1963.5	死んだ母	川喜多かしこ
1963.10	自殺未遂事件	竹越美代子
1963.10	ある若者の死	三十間奉文
1964.10	靖国神社論	青地晨
1965.7	大尉の墓場	石塚俊二郎
1965.12	巡洋艦「摩耶」二十年後の追悼	池田清
1966.1	色立役の死	円地文子
1966.10	風葬と門中墓の島	宮崎京三郎
1967.4	アトムの死	手塚治虫
1967.9	「本日事故死一」	杉森久英
1967.12	ゲバラの死の深刻な意味	
1968.3	生きることと死ぬことと	中村白葉
1968.6	あるアメリカ黒人の死	山崎正和
1969.1	「葬式無用論」をめぐって	
1970.6	「安楽死」問題の根底にあるもの	
1970.10	死からみた生命と文明	大木英夫他
1971.1	三島由紀夫氏の死ののちに	武田泰淳
1971.2	日本人の死にかた	丸山照雄
1971.2	三島由紀夫　死と真実	山岸外史
1971.3	「猫の墓」の話	巌谷大四
1971.7	ある女性の死	三枝佐枝子
1971.10	松村謙三氏を悼む	
1972.1	壮一忌のこと	梶山季之
1972.5	清方の死と生	中村真一郎
1972.6	死と川端康成	舟橋聖一
1972.10	妻の死を早めた三度の誤診	堀秀彦
1972.10	鷗外先生を偲んで	森永武治

1985.2	瀧井さんがのこしたもの	小田切進
1985.2	父 瀧井孝信を看取って	小町谷新子
1985.3	お葬式	色川武大
1985.4	死せる六助，剣政会を走らす	十界太一
1985.6	稀な人	小田切進
1985.6	未発表インタビュー思い出すことども	野上弥生子他
1985.7	死をもって自由の海へ:なお続出するベトナム・ボートピープル	小泉慶一
1985.9	永野刺殺の現場写真はフォト・ジャーナリズムを殺した	長尾靖
1986.1	脳死	立花隆
1986.2	関ヶ原の慰霊祭	二木謙一
1986.2	ドキュメント　なぜ老母を死なせたのか	渡辺雄二
1986.3	二・二六事件，二十二士之墓	河野司
1987.1	“死の恐怖料”はいかに算定すべきか	鍛冶壮一
1987.4	脳死を医者はごまかすな	立花隆
1987.5	一脳外科医は脳死をこう考える	植村研一
1987.6	お葬式	内藤初穂
1987.6	父の死に学ぶ老年学	水野肇
1987.7	中・高生は「いのち」をどう考えているか	森岡正博
1987.11	佐分利公使の死	渡辺行男
1988.3	脳死:疑問は解明されたか	立花隆
1988.4	メモリアル産業にみる死生観の不思議	浅見文夫
1988.4	脳死:問題点はどこにあるのか	立花隆
1988.5	日本人の「あの世」観	梅原猛
1988.5	「脳死」身体の各種利用はどこまで許されるか	森岡正博他
1988.5	脳死:いつ心臓をとってよいのか	立花隆
1988.5	ウルトラマンの死	向谷進
1988.6	脳死:方法論からして間違っている	立花隆
1988.8	脳死:ではどうすればいいのか	立花隆
1988.10	脳死論議の混迷をどう脱け出るか	米本昌平
1988.11	東京に成仏の世界はあるか	神崎宣武
1989.6	ある台湾言論人の壮烈な死	伊藤潔
1989.6	三島由紀夫氏の死ののちに	武田泰淳
1989.12	座談会 自分の死をとり戻すために	大井玄他
1989.12	誰のための告知か	波平恵美子
1990.8	吉田実さんの葬儀の日	多田智満子
1990.10	孤独な死	赤江瀑
1990.12	モラヴィアの生と死	千種堅

1973.6	九死に一生を得た脳腫瘍闘病記	三木淳
1973.9	吉屋信子さんの死	三宅艶子
1974.4	ある共産主義的人間の生と死	いいだもも
1974.6	自殺未遂前後	有馬頼義
1975.2	ベルジュラックの死	奈良あけみ
1976.1	安楽死問題の争点	小此木啓吾
1976.5	ブンサノンの死	松尾文夫
1976.8	わが友戦場カメラマン五人の死	小川卓
1976.9	野口晴哉先生の死	源氏鶏太
1976.9	死の影の谷の芥川龍之介	後藤亮
1977.6	偽皇帝伝説覚書:カリスマの死以後	阿部謹也
1977.7	江田三郎の死去で何が変わったか	北岡和義
1977.9	自殺するヒロシマ	河口栄二
1977.10	里村欣三の戦死等々	今日出海
1977.10	戦跡紀行　北ボルネオ“死の行進”の道を歩く	豊田穣
1978.7	中東の戦場で日本人が死んだ	山形孝夫
1978.7	好敵手・前田一さんいまは亡し	太田薫
1978.9	夏休みと少年の自殺防止	宇田川信一
1979.1	人民寺院集団自殺の謎	小田晋
1979.3	祖母殺害と両親不在の家族関係	
1979.6	死に至るデカダンス美学	飯島正
1979.7	あるマルキストの死	林健太郎
1979.11	石田退三の死とトヨタの新時代	
1980.3	死に場所	今日出海
1981.7	ガン，おごそかな死をみつめて	榎戸かし代
1981.8	わが国でもホスピス増設を	宮崎宏三
1981.11	座談会 死を看とるということ	松本哲夫他
1981.12	サダトを死に追いやったもの	佐佐木伸
1982.2	ケインズ墓碑銘:倫理の問題をめぐって	西部邁
1982.10	なぜか墓詣り	青山光二
1982.11	金原亭馬生の死に方	結城昌治
1982.12	「死」が問う医療の在り方	水野肇
1983.7	現代の冥土の飛脚:「死」をめぐる日韓比較文化論	金両基
1983.7	対談 “死の臨床”を考えよう	日野原重明他
1983.10	アキノ氏暗殺が葬ったもの	荒巻裕
1984.4	夫と妻のための死生学 序章	水野肇
1984.7	永野重雄さんのご逝去を悼んで	小松道圓
1984.9	人間の死に方	山田風太郎
1984.10	戦死 1982.4.10	岩川隆

第Ⅰ部　社会変容と死

年月	記事	著者
1991.6	脳死臨調これでいいのか	立花隆
1991.9	臓器移植依存の風潮を危惧する	川喜田愛郎
1991.9	脳死臨調「中間意見」を批判する	立花隆
1991.11	立花隆氏の「脳死」論に疑問あり	安芸郡司雄
1992.5	脳死臨調の危険な論理	立花隆
1993.4	がんで死ぬか心臓病で死ぬか	松村隆
1993.4	十二歳エイズ死の記録	桜井良子
1993.7	骨泥棒	渡辺昌美
1994.2	大学病院で母はなぜ死んだか	古森義久
1994.5	憧れの「無葬式」	中野翠
1994.6	墓石ブローカー	佐藤雅美
1994.12	対談　秋の夜長に死体と語る	阿部謹也他
1995.1	大学病院で母はなぜ死んだか	古森義久
1995.2	大学病院で母はなぜ死んだか	古森義久
1996.9	「安楽死」の倫理学	加藤尚武
1998.5	死ぬことについて	木下順二
1998.10	パリの安楽死論争	山口昌子
1999.4	逝きし母の介護を語る	橋本龍太郎
1999.5	出来事としての脳死臓器移植	別役実
1999.5	脳死移植遅すぎた第一歩	後藤正治
1999.5	臨床の立場から脳死判定医が語る臓器移植	河瀬斌
1999.11	葬式も墓も拒んだ妻の「散灰」記	永沢まこと
2000.3	東海村被爆患者の死を見つめて	前川和彦
2000.6	「死の宣告」の後，私はこう生きた	柳原和子
2000.8	皇太后の逝去	保坂正康
2001.1	ビジネスマンはなぜ死を選ぶのか	三宅文雄
2001.1	激増する自殺をどう防ぐ	高橋祥友
2001.1	ヒマラヤの愛と死と生	エリック・ヴァリ他
2001.3	何が少年を殺人へと追いつめたのか	矢幡洋
2001.3	殺意なき殺人	別所実
2001.4	記者は悩み読者は苦しんだ	村田和木
2001.4	メディアが「群発自殺」を誘発している	高橋祥友
2001.4	日本との因縁を感じた息子の死	李盛大他
2001.5	〈うつ病〉と自殺の社会現象学	溝上憲文
2001.5	29文字の遺書	小関智宏
2001.7	ある中学教師の試み　「死の授業」で命を教えたい	宇都宮直子
2001.8	短期集中連載　がんを生きる	柳原和子
2001.9	短期集中連載　がんを生きる(2)	柳原和子
2001.10	短期集中連載　がんを生きる(3)	柳原和子
2001.10	なんとなく，死にたがる若者たち	渋井哲也
2002.2	ルポあるサラリーマンの死	入江吉正
2002.3	ルポ自死：見過ごされてきた遺族たち	足立倫行
2002.3	「日本一頼れる山男」の早すぎる死	羽根田治
2002.11	交通事故：医療の進歩が「死」から被害者を救ったものの……	中村尚樹
2002.12	ルポ　自死遺族からの手紙	足立倫行
2003.5	宮脇俊三さんを悼む	阿川弘之
2003.7	死を忘れた長寿は幸せか	山崎章郎
2003.9	「いのち教育」に取り組む教師たち	宇都宮直子
2004.1	二人の外交官の死を悼む	(本紙編集部)
2004.1	遺書，拝読　小此木啓吾	長薗安浩
2004.2	外交官の死を悼むことと自衛隊派遣は表裏ではない	飯尾潤
2004.2	遺書，拝読　奥克彦　井ノ上正盛	長薗安浩
2004.3	国家のために命をかけるということ	山折哲雄他
2004.3	死刑で逝った息子・伸二と共に生きた17年	向井武子
2004.3	遺書，拝読　大瀬敏昭	長薗安浩
2004.4	一日88人の自殺者を一人でも救うために	足立倫行
2004.4	遺書，拝読　ヘルムート・ニュートン	長薗安浩
2004.5	遺書，拝読　謝国権	長薗安浩
2004.6	遺書，拝読　いかりや長介	長薗安浩
2004.7	なぜ彼らは自爆テロに走るのか	高木徹
2004.7	遺書，拝読　藤田田	長薗安浩
2004.8	遺書，拝読　金田一春彦	長薗安浩
2004.9	戦後59年，父が突入死した沖縄を訪ねて	栗原達男
2004.9	遺書，拝読　マーロン・ブランド	長薗安浩
2004.10	遺書，拝読　中島らも	長薗安浩
2004.11	救急へり活用で交通事故死は激減する	国松孝次
2004.11	遺書，拝読　永井明	長薗安浩
2004.12	遺書，拝読　フランソワーズ・サガン	長薗安浩
2005.1	食道破裂死亡事件	近藤誠他
2005.1	遺書，拝読　川崎洋	長薗安浩
2005.2	肝がん見落とし死亡事件	近藤誠他

2007.4	遺書，拝読 渡辺和博	長薗安浩
2007.5	遺書，拝読 池田晶子	長薗安浩
2007.6	遺書，拝読 城山三郎	長薗安浩
2007.7	遺書，拝読 植木等	長薗安浩
2007.8	遺書，拝読 大庭みな子	長薗安浩
2007.9	〈親殺しの現場から〉危うい，お受験ファミリー	草薙厚子
2007.9	遺書，拝読 西山千	長薗安浩
2007.10	遺書，拝読 河合隼雄	長薗安浩
2007.11	現代人の美しい終わり方	対談：吉田太一，香山リカ
2007.11	女はあなたを看取らない	上野千鶴子
2007.11	孤独死の大量発生が止まらない	佐々木とく子
2007.11	遺書，拝読 阿久悠	長薗安浩
2007.12	遺書，拝読 猿橋勝子	長薗安浩
2008.1	遺書，拝読 稲尾和久	長薗安浩
2008.2	遺書，拝読 多田道太郎	長薗安浩
2008.3	遺書，拝読 高杉一郎	長薗安浩
2008.4	殺人を闇に葬る非科学的な「検視」制度	竹内薫
2008.4	遺書，拝読 江藤俊哉	長薗安浩
2008.5	遺書，拝読 柳原和子	長薗安浩
2008.6	遺書，拝読 アーサー・C・クラーク	長薗安浩
2008.7	理解に苦しむ被告・弁護側の「母体回帰」ストーリー	佐木隆三
2008.7	「人殺しを殺せ」で問題は解決できるのか	井上達夫
2008.7	遺書，拝読 石井桃子	長薗安浩
2008.8	遺書，拝読 長沼健	長薗安浩
2008.9	戦後の「戦死者」をどう弔うか:新追悼施設建設に向かうドイツ	三好範英
2008.9	無差別殺傷事件の裏側に見えるもの	佐野眞一
2008.9	遺書，拝読 ターシャ・テューダー	長薗安浩
2008.10	遺書，拝読 赤塚不二夫	長薗安浩
2008.11	裁判員制度と東電OL殺人事件	佐野眞一
2008.11	遺書，拝読 大野晋	長薗安浩
2008.12	遺書，拝読 緒方拳	長薗安浩
2009.1	〈病院と医師選びが生死を分ける〉無駄死にしない情報収集のコツ	油井香代子
2009.1	遺書，拝読 筑紫哲也	長薗安浩
2009.2	遺書，拝読 青山光二	長薗安浩
2009.3	最悪は青森，最優秀は長野　実は危ない東京，大阪，埼玉	福島安紀
2009.3	〈全都道府県のがん対策ランキング〉秋田，埼玉，奈良は努力を計画と予算で島根は突出	埴岡健一

2005.2	遺書，拝読 島田正吾	長薗安浩
2005.3	遺書，拝読 スーザン・ソンタグ	長薗安浩
2005.4	遺書，拝読 アーサー・ミラー	長薗安浩
2005.5	追悼 ジョージ・F・ケナン	櫻田淳
2005.5	遺書，拝読 本田靖春	長薗安浩
2005.6	遺書，拝読 丹下健三	長薗安浩
2005.7	遺書，拝読 丹羽文雄	長薗安浩
2005.8	遺書，拝読 石津謙介	長薗安浩
2005.9	遺書，拝読 小倉昌男	長薗安浩
2005.10	遺書，拝読 杉浦日向子	長薗安浩
2005.11	遺書，拝読 朝吹登水子	長薗安浩
2005.12	仏教ホスピス　ビハーラ	小川康博
2005.12	遺書，拝読 中内功	長薗安浩
2006.1	アレクサンドル・ヤコブレフの死とペレストロイカ終焉の危機	吹浦忠正
2006.1	遺書，拝読 後藤田正晴	長薗安浩
2006.2	遺書，拝読 ピーター・ドラッカー	長薗安浩
2006.3	遺書，拝読 仰木彬	長薗安浩
2006.4	遺書，拝読 加藤芳郎	長薗安浩
2006.5	遺書，拝読 久世光彦	長薗安浩
2006.6	生と死の不良設定問題	茂木健一郎
2006.6	遺書，拝読 茨木のり子	長薗安浩
2006.7	五遺体事件と核家族時代の終わり	藤原智美
2006.7	遺書，拝読 並河萬里	長薗安浩
2006.8	千鳥ヶ淵で全国戦没者追悼式を行おう	与謝野馨
2006.8	ひきこもり更生支援施設内の逮捕監禁致死事件　閉ざされた“子捨て施設”の実態	橘由歩
2006.8	遺書，拝読 米原万里	長薗安浩
2006.9	遺書，拝読 田村高廣	長薗安浩
2006.10	自殺者急増の背景▼蔓延する鬱病を放置するな	山田和夫
2006.10	遺書，拝読 吉村昭	長薗安浩
2006.11	死刑執行をテレビ公開せよ	藤原智美
2006.11	遺書，拝読 阿部謹也	長薗安浩
2006.12	滝川市，筑前町いじめ自殺　教育委員会の責任を追及せよ	中井浩一
2006.12	遺書，拝読 西山登志雄	長薗安浩
2007.1	〈自殺，未履修:現場はこれから何ができるか〉いじめには出校停止処分を	座談会：義家弘介，寺脇研，藤井誠二
2007.1	遺書，拝読 小島信夫	長薗安浩
2007.2	子どもを殺す“面倒くさい症候群”ネグレクトから性暴力，子殺しまで，増え続ける児童虐待の本質は…	対談：奥田瑛二，天童荒太
2007.2	遺書，拝読 斎藤茂太	長薗安浩
2007.3	遺書，拝読 永山武臣	長薗安浩

2010.5	樹木葬，海洋葬，宇宙葬……．自分らしい葬式を探そう	黒田真由子
2010.5	〈ボーズ・ビー・アンビシャス！〉坊さん変われば，葬儀も変わる	高橋卓志
2010.5	遺書，拝読 立松和平	長薗安浩
2010.6	衝撃，全国市区別 がん死亡格差	福島安紀
2010.6	〈ルポ 東京がん難民地帯を歩く〉貧乏人はがんで死ぬのか	菊地正憲
2010.6	三国志の英雄，曹操の墓は本物か	加藤徹
2010.6	〈追悼井上ひさし〉井上さんに激しく怒られた日のこと	松田哲夫
2010.6	遺書，拝読 角田房子	長薗安浩
2010.7	遺書，拝読 井上ひさし	長薗安浩
2010.8	遺書，拝読 多田富雄	長薗安浩
2010.9	遺書，拝読 山口瞳	長薗安浩
2010.10	遺書，拝読 森毅	長薗安浩
2010.11	ルポ 子ども殺しの現場から　母親を壊す「一人ぼっち」症候群	河合香織
2010.11	遺書，拝読 つかこうへい	長薗安浩
2010.12	愛憎を捨てて，身軽になりたい	曽野綾子
2010.12	歴史の定説を書き換えたい	田原総一朗
2010.12	つかんだ「詩」を離さずに	柴田トヨ
2010.12	「いじめ」のない社会を作る	山下泰裕
2010.12	死ぬ気で北方領土問題の解決を	鳩山由紀夫
2010.12	旅の途中で死ねたらいいな	鎌田實
2010.12	次の一歩	玄侑宗久
2010.12	命の大切さを教えたい	日野原重明
2010.12	ローマ法王と会って議論を	島田裕巳
2010.12	かつての火葬と土葬をとりもどす	山折哲雄
2010.12	安らかな最期など絵空事と知る	久坂部羊
2010.12	バッジなくとも終身政治家	鈴木宗男
2010.12	遺書，拝読 三浦哲郎	長薗安浩
2011.1	成人T細胞白血病（ATL）との死闘「余命11ヵ月」から生き抜く	浅野史郎
2011.1	恩師レヴィ=ストロースの歿後一年に寄せて	川田順造
2011.1	遺書，拝読 佐野洋子	長薗安浩
2011.2	遺書，拝読 池部良	長薗安浩
2011.3	力石徹の死，よど号ハイジャック，金嬉老事件……『あしたのジョー』とあの時代	対談：ちばてつや，四方田犬彦
2011.3	早坂隆の鎮魂の旅　玉音放送後に刻まれた哀傷：樺太看護婦集団自決事件	早坂隆

年月	記　事	著　者
2009.3	遺書，拝読 加藤周一	長薗安浩
2009.4	〈ルポ グループリビングという選択〉家族に頼らず，自分らしく暮らす「終の住み家」の新しいかたち	福島安紀
2009.4	「ありがとう」と言って逝ければそれは“孤独な死”ではない	日野原重明
2009.4	〈遺言からお葬式，お墓まで……〉「おひとり様」力を高める方法	梶山寿子
2009.4	遺書，拝読 サミュエル・ハンチントン	長薗安浩
2009.5	追悼 永井陽之助	中山俊宏
2009.5	遺書，拝読 ジョン・アップダイク	長薗安浩
2009.6	遺書，拝読 早川良雄	長薗安浩
2009.7	ドストエフスキーと現代の殺人	対談：亀山郁夫，平野啓一郎
2009.7	秋葉原通り魔事件と三万人の自殺者	髙山文彦
2009.7	家族の中の孤独？親殺し事件を考える	芹沢俊介
2009.7	若者の自殺者急増，その真の理由	内田樹
2009.7	チベット難民，祖国を離れての生と死	撮影・文 八木澤高明
2009.7	遺書，拝読 忌野清志郎	長薗安浩
2009.8	遺書，拝読 中島梓	長薗安浩
2009.9	「脳死は人の死」と世論調査で決めた国はない：改正臓器移植法の陥穽	米本昌平
2009.9	遺書，拝読 マイケル・ジャクソン	長薗安浩
2009.10	〈毎年三万人が自殺する国で〉日本に取り戻したい「希望」	姜尚中
2009.10	必要なのは臓器提供を納得できる明快なロジック	波平恵美子
2009.10	遺書，拝読 土居健郎	長薗安浩
2009.11	遺書，拝読 古橋廣之進	長薗安浩
2009.12	まず鳩山首相が真珠湾で鎮魂の花束を	松尾文夫
2009.12	遺書，拝読 庄野潤三	長薗安浩
2010.1	レヴィ=ストロースの死	三浦雅士
2010.1	遺書，拝読 三遊亭圓楽	長薗安浩
2010.2	遺書，拝読 森繁久彌	長薗安浩
2010.3	〈インプラント死亡事故で垣間見えた〉飽和状態で困窮する歯科医業界の焦燥	福島安紀
2010.3	遺書，拝読 日高敏隆	長薗安浩
2010.4	遺書，拝読 J. D. サリンジャー	長薗安浩
2010.5	カネをかけた葬式は本来の姿ではない	対談：橋爪大三郎，島田裕巳

2012.4	遺書，拝読 石岡瑛子	長薗安浩
2012.5	「生き残った人間」の絶望を抱えて　だからわたくしは仏教に期待する	高村薫
2012.5	日本人の利他性と「無自覚の宗教性」	稲場圭信
2012.5	大震災と一信徒の祈り	加賀乙彦
2012.5	遺書，拝読 淡島千景	長薗安浩
2012.6	この言葉とともに生きていく〈特別編〉安井さんの運転で大川小学校へ	長薗安浩
2012.6	早坂隆の鎮魂の旅第6回知られざる特攻兵器「震洋」が描いた航跡:とある元搭乗員の追懐	早坂隆
2012.6	遺書，拝読 森稔	長薗安浩
2012.7	亡き妻がくれたご近所というつながり	角山榮
2012.7	熊本の父をカリフォルニアから介護して	伊藤比呂美
2012.7	ルポ 秘密のペンダントから自己点検ノートまで　いざという時の備えはここにある	上村悦子
2012.7	遺書，拝読 モーリス・センダック	長薗安浩
2012.8	遺書，拝読 新藤兼人	長薗安浩
2012.8別	死して特攻の英霊に謝せん	大西瀧治郎
2012.8別	昭和20年・ある明治人の死	柴五郎
2012.9	大津いじめ自殺の取材現場から	滝沢清明
2012.9	早坂隆の鎮魂の旅　第七回特攻にまつわる然る夫婦の相聞歌	早坂隆
2012.9	遺書，拝読 山田五十鈴	長薗安浩
2012.10	『論語』が教えてくれること　いじめで子どもを死なせないために	大平光代
2012.10	遺書，拝読 中川志郎	長薗安浩
2012.11	遺書，拝読 山本美香	長薗安浩
2012.12	天皇陵の被葬者を推理する	白石太一郎 聞き手・矢澤高太郎
2012.12	早坂隆の鎮魂の旅〈第8回〉埋もれた史実「モンゴル抑留」の実態	早坂隆
2012.12	遺書，拝読 丸谷才一	長薗安浩
2013.1	花の文を:寄る辺なき魂の祈り	石牟礼道子
2013.1	日本人の死生観はどのように形成されたか	末木文美士
2013.1	自殺，孤立，貧困……「苦」の現場を回る僧侶　2000人の最期を見送って	中下大樹
2013.1	「臨床宗教師」は闇の中の道標となるか	西出勇志

2011.3	遺書，拝読 高峰秀子	長薗安浩
2011.4	被告人は嘘をついている．しかし……「死刑か無罪か」究極の裁判員裁判	粟野仁雄
2011.4	遺書，拝読 横澤彪	長薗安浩
2011.5	遺書，拝読 和田勉	長薗安浩
2011.6	ルポ 自宅以外で亡くなるということ	福島安紀
2011.6	遺書，拝読 永田洋子	長薗安浩
2011.7	再録　滝田君と私	吉野作造
2011.7	早坂隆の鎮魂の旅 B29搭乗員を介錯した武士道の顛末	早坂隆
2011.7	ビンラディンの死でアルカイダは消滅するか？	ダニエル・バイマン
2011.7	遺書，拝読 大賀典雄	長薗安浩
2011.8	遺書，拝読 団鬼六	長薗安浩
2011.9	この言葉とともに生きていく	長薗安浩，本誌取材班
2011.9	イスラームの十年:ウサーマの死とアラブの若者	山内昌之
2011.9	ビンラーディン追跡の十年:なぜこれほどの歳月を必要としたのか	黒瀬悦成
2011.9	グラウンド・ゼロの十年:今なお続く「遺体確認」作業	淡路愛
2011.9	早坂隆の鎮魂の旅　Uボート内に散った日本人技術者:庄司元三海軍技術中佐の最期	早坂隆
2011.9	遺書，拝読 児玉清	長薗安浩
2011.10	宮城県石巻市総務部長の慟哭母・妻・娘を失った指揮官の112日	葉上太郎
2011.10	遺書，拝読 小松左京	長薗安浩
2011.11	遺書，拝読 アゴタ・クリストフ	長薗安浩
2011.12	この言葉とともに生きていく　第二回	長薗安浩，本誌取材班
2011.12	早坂隆の鎮魂の旅　特攻隊発祥の地を歩く:敷島隊員・谷暢夫の生涯を追って	早坂隆
2011.12	遺書，拝読 ワンガリ・マータイ	長薗安浩
2012.1	闇サイト殺人控訴審判決と「永山基準」の行方	福田ますみ
2012.1	遺書，拝読 スティーヴ・ジョブズ	長薗安浩
2012.2	金正日の死と独裁国家の行方　北朝鮮，「正恩体制」の危うさ	朴斗鎮
2012.2	遺書，拝読 立川談志	長薗安浩
2012.3	早坂隆の鎮魂の旅　第五回　函館俘虜収容所第一分所で何が起きたのか:陸軍大尉・平手嘉一の事例	早坂隆
2012.3	遺書，拝読 松平康隆	長薗安浩

2013.5	遺書，拝読 大島渚	長薗安浩
2013.6	人生の終楽章だからこそ“逃げずに”生きたい	なだいなだ
2013.6	延命治療拒否，認知症：死にゆく父の傍らで“安らかな最期”には覚悟がいる	久坂部羊
2013.6	ルポ あなたは，いくつまで生きたいですか	上村悦子
2013.6	有名無実化している「六ヵ月以内」死刑執行順はどのように決められるのか	福田ますみ
2013.6	早坂隆の鎮魂の旅〈最終回〉台湾で神になった日本人兵士：台南市・飛虎将軍廟を護る人々	早坂隆
2013.6	遺書，拝読 安岡章太郎	長薗安浩
2013.7	遺書，拝読 三國連太郎	長薗安浩
2013.8	遺書，拝読 なだいなだ	長薗安浩
2013.9	遺書，拝読 中坊公平	長薗安浩
2013.10	左半身麻痺の私を十年介護して逝った夫よ	真屋順子
2013.10	追悼 森浩一「考古学の語り部」であり続けた人	大塚初重
2013.10	高齢者の意思を尊重し，安心してエンディングを迎えるための「みまもり家族制度」	濱田健士
2013.10	遺書，拝読 森浩一	長薗安浩

年月	記　事	著　者
2013.1	神主が「おめでたい」ことばかりを扱う理由	神崎宣武
2013.1	死者と共に在るわたしたち	対談：山折哲雄，若松英輔
2013.1	“天の配剤”で出会った二人	谷垣禎一
2013.1	残された者の身の処し方亡き妻を書くということ	対談：川本三郎，三木卓
2013.1	松本サリン事件から一八年，鹿児島で第二の人生を生きる	河野義行
2013.1	“幸せな家族”の崩壊後，無心の一瞬を積み重ねて	桃井和馬
2013.1	ルポ 思い出はそのままに一歩を踏み出した四人の再婚物語	安宅左知子
2013.1	追悼・猪木正道　戦闘的リベラリストの生涯	戸部良一
2013.1	遺書，拝読 若松孝二	長薗安浩
2013.2	遺書，拝読 森光子	長薗安浩
2013.3	早坂隆の鎮魂の旅〈第9回〉敗戦の責任は何処に有りや：肥田武中尉が示した魂魄の行方	早坂隆
2013.3	遺書，拝読 中村勘九郎	長薗安浩
2013.4	遺書，拝読 小沢昭一	長薗安浩

＊著者名が書かれていない記事は，著者名を空欄とした．

四　結果の分析

1　「死」関連記事の総数

まず、これまでの『中央公論』の歴史の流れのなかから「死」に関連した記事の掲載状況を確認してみよう。一二八年間に六六三本の記事があったので、単純計算すると一年あたり平均五・二本の掲載ということになる。この点を表1で確認すると、ほぼ毎年「死」に関わる記事が掲載されていることが明らかになる。この事実は、「死」にまつわる問題が、広く人間にとって関心を寄せる対象であることを示すことでもあろう。とはいえ、こうした記事の掲載がいっさい見られない年も他方で確認された。それは創刊直後の四年間、戦争中の一九四三―四五年、そして一九五〇―五三年で、この期間は、「死」に関連する記事が年間を通じて全く掲載されない年が連続している。決定的な理由は不明であるが、創刊直後は刊行目的である禁酒関連記事に特化されていたためであろうし、戦争末期の一九四四年八月から一九四五年一二月までは休刊を余儀なくされていたという事情が作用していたものと思われる。[6]

なお表1にみる「死」関連記事は、単独記事として掲載された場合のみならず、何らかの特集記事の一部として掲載されることも珍しくはなかった。これらの特集名は、表2にみるように「死」に関連したテーマとなっており、そうしたテーマの特集が組まれた時代的・社会的背景に、「死」に関連した問題に対する関心の高さがあったことがうかがえる。また特集では、最少で二本、最多で三五本の記事が収録されており、「死」に関連した特集が一つならずあると、その年の「死」関連記事数を増加させていることがわかる。

表2　「死」に関連した特集名

年	月	特集名
1912	10	乃木大将の殉死を評す
1913	9	死の研究
	10	死の研究
1922	11	死を念頭に置く生活死を念頭に置かぬ生活
1923	9	社会生活・生活苦を反映する自殺・家出其他
1924	9	世界戦争の産んだ二大人物の死
1925	9	亡き父を哭するの辞
	12	瀧田樗陰追悼集
1927	9	芥川龍之介氏の「死」とその芸術
	9	遺書
1928	9	逝ける葛西善蔵氏
1932	7	犬養木堂を悼ふ
1934	4	直木三十五を偲ぶ
	12	櫛田民蔵を憶ふ
1935	4	坪内逍遙博士を偲ぶ
1936	3	自殺・殺人の社会層
1954	11	久保山さんの死
1985	2	追悼　瀧井孝信
	6	追悼　野上弥生子
1986	10	生と死の操作はどこまで許されるか
1989	12	ガン告知　われわれの選択
2001	4	おかしくないか自殺報道
	8	がんを生きる
2007	1	人を殺す学校制度
	11	特集●おひとり様の正しい老後
2008	7	「光市母子殺害」判決を考える
2009	3	がんで死ぬ県，治る県
	4	「おひとり様」の死に方　最期まで自分らしく生き抜くために，いまなにをするべきか
2010	5	特集　平成「お葬式」入門
	6	がん生き残り術
	12	特集　死ぬまでにやっておきたいこと
2011	9	震災追悼企画
	12	追悼企画　震災犠牲者の遺したメッセージ
2012	5	特集　宗教は日本を救うか
2013	1	宗教が「死」を見つめ直す
	1	シリーズ◆人生後半戦４　妻を送る

表3　ジャンル別に見た『中央公論』に取りあげられた「死」

西暦	年別総数	短信	ルポ	評論	論文	随筆	文学	他
1887-90	0							
1891-1900	24	11		6	5	1		1
1901-10	11		2	3	2	2	1	1
1911-20	44			12	9	6	17	
1921-30	99		2	24	1	55	16	1
1931-40	65			13	3	37	10	2
1941-50	13			6		6	1	
1951-60	9		1	4		3		1
1961-70	19		1	8		9		1
1971-80	35		1	12		21		1
1981-90	52		3	25		19		5
1991-2000	25		1	16		7		1
2001-10	177		23	123	2	19		10
2011-13	90		15	46	2	23		4
合計	663	11	49	298	24	208	45	28

表3にあげた「年別総数」欄を見ると、十年毎の「死」関連記事数の推移を確認できる。実際、最多の年は一九二五年の四三件で、これは突出して多い年であった。その理由は、この年の「死」関連記事のうち葛西善蔵の小説「死児を産む」の他はすべて、直前まで『中央公論』の編集長であった瀧田樗陰（一八八二―一九二五年）に対する追悼のことばで埋めつくされていたためであった。とりわけ一二月号には追悼集が組まれ、この号だけで三五編もの追悼文が掲載されていた。瀧田は名編集長として名高い人物で、東京帝国大学在学中から『中央公論』の編集に関わり、一九一二年には主幹となってこの雑誌を、大正デモクラシーをリードする言論雑誌に飛躍させたことで高く評価されている[7]。それがゆえに雑誌編集長の追悼特集が組まれたということであろうが、『中央公論』の歴史において、この時以上に追悼記事の多い号はなかった。本誌にとって、瀧田はそれだけ意味ある重要な人であったのであろう。逆にいうなら、この年の傾向は、特例的な動きと考えて問題なかろう。

さらに表3にまとめた「年別総数」をさらに詳細に見ていくと、実は二〇〇四年以降の数値が全て二桁にのぼっていた。この期間には一九二五年の最大値四三件に次ぐ三四件、三一件、三〇件……とつづき、一位を除く上位一一位までの記事数が掲載された年が全て含まれていたのである。このことの理由の一つは、長薗安浩の「遺書、拝読」というシリーズが二〇〇四年一月号より毎号連載されていることが影響している。毎号掲載されているため、この記事だけで少なくとも一年間に一二件カウントされるのである。しかしこの一二件を除いたとしても、二〇〇四年以降は他に「死」に関わる記事が見られ、特に二〇〇九年以降はこの連載一二件の他に一六—二二件の記事が掲載されていたことがわかる。長薗の連載以外、二〇一〇年の一二月号は「死ぬまでにやっておきたいこと」、二〇一三年の一月号は「宗教が『死』を見つめ直す」と題する特集号が出された年で、この年には記事数の増加が見られる。しかしそれ以外の年は特別の特集もなく、それぞれ独立した記事の総数が増加したためと考えられる。こうした動向からは、ここ一〇年ほどの間に、「死」に関する関心が社会的により強く持たれるようになってきたと見ることができよう。

2　「死」関連記事のジャンル別集計

次に、『中央公論』に掲載された「死」関連記事の内容をみることにしよう。ここでは便宜上、分析対象として集めた記事を、以下の判断基準を設けることで七種のジャンルに分けて考えてみよう。


短信……事実の報告を中心としたニュース記事。

ルポ……執筆者自身が現地で蒐集した資料にもとづく事実報告の記事。このなかには、主観的な分析が含まれることもある。

評論……執筆者の価値判断にもとづいた論評。

論文……学術的観点に立った主張。

随筆……根拠の必ずしも明確ではない主観性の高い主張。

文学……虚構性・娯楽性をもった小説・戯曲・詩などの創作。
他………対談・日記・口絵。

上記のどこのジャンルに対象とする記事が該当するかの判断に際しては、まず雑誌編集上すでにジャンル分けされている場合はその分類を尊重して踏襲した。『中央公論』の雑誌記事のなかには、記事の題名の前にジャンル名が付記されている場合も見られるのであるが、そうなっていない場合は、筆者の判断で分類した。実際の記事のなかには、ここに上げた七ジャンルのいずれに入るか判断が困難な場合もみられたが、最終的には力点のおき方を筆者が判断して分類した。その意味で、ここでのジャンル分けはあくまで便宜的な判断であるが、そうしたことを踏まえながらもこのような分類を試みることで、『中央公論』のおおよその性格を確認することが可能になる。

ジャンル別に見た最多は「評論」の二九八件で、全体の四四・九%にのぼる。また次いで多いのが「随筆」の二〇八件三一・四%であった。これに第三位の「ルポ」四九件七・四%をあわせると全体の八三・七%を占めていた。これらの記事内容の多くは、何らかの具体的な「死」の現場に関する内容をめぐって書かれているが、強いていうなら、一九二〇年代から戦前まで、そして一九六〇年代以降現代までの二つの時期に数多く書かれており、とりわけここ一〇年ほどは「評論」の顕著な増加が確認される。

次に多い「文学」の場合は、四五件一〇・四%である。このジャンルの大きな特徴は、前述の三者が『中央公論』の歴史の全期間に広く見られるのに対して、あくまで戦前中心で、一九四一年の五月号に大鹿卓の「小説墓表」が掲載されて以降全く掲載されていない。こうした傾向が出てきた背景には、『中央公論』の編集方針に何らかの変化がみられたということであろう。

「論文」として「死」を扱った記事も、あまり多くはないものの、一九三五年まで時たま見ることができた。しかしその後七〇年ほどの間、このジャンルからの発信は見られなくなっていたが、また近年復活してきた。「短信」も一九〇〇年までの古い時代にほぼ限られ、一一件中雑誌名が『反省雑誌』の時代が九件、その直前に一件、直後に一件となっていた。雑誌の性格が総合雑誌の方向にシフトするなか、「短信」では記事の扱いが極端に少ないことが、その後の消滅につながったものといえよう。

以上、「死」関連記事に限ったなかから『中央公論』の歴史的流れを概観してみたが、それをまとめると次の三点になろう。まず『反省会雑誌』『反省雑誌』と名乗っていた時代とそれ以後とでは編集方針の違いが大きくなり、『中央公論』と改称されて以降になって、本誌のマクロな方向の編集方針が固まってきたこと。次に『中央公論』と名乗るようになって以降、戦前期までは「文学」に力点がおかれた編集がなされていたこと。最後に戦後になると「文学」は全く姿を消し、「評論」「随筆」を中心として論壇を張って社会に発言する総合雑誌の路線を歩んできたことである。

3　「死」関連記事で扱う内容

次に、「死」に関連した記事内容を見ていくことにしよう。ただそれに先立ち、ここでは「文学」ジャンルを分析対象から除外したいと思う。というのは、「文学」は創作活動の一環として行なわれる性格を持つ点から、そこに描かれた「死」の問題は、その他のジャンルで扱う「死」とくらべてフィクション性が高く、一律に論じにくい側面を孕んでいるからである。そのため以下では、総数六六三から「文学」の四五を減じた六一八件に見られる動向を考えていくことにしたい。

今回蒐集した「死」に関連する記事内容を整理するにあたって、ここではその内容の力点のおかれている部分から（1）追悼、（2）死生観、（3）葬送墓制、（4）非自然死、（5）死の社会的意味、（6）医療と死の六種のテーマに便宜的に分けて考えることにしよう（表4）。

表４　『中央公論』掲載の「死」関連記事の内容と扱われた「死」

西暦	総数	追悼	死生観	葬送墓制	非自然死				社会的意味	医と死					人称		
					死刑	自殺	戦死	事故死		医療	病気	安楽死	脳死	終末期	1	2	3
1887-90	0																
1891-1900	24	6	2	9	1	4	1				1					6	18
1901-10	10		3	2	2	1	2										10
1911-20	27	8	14	1		2		1	1							9	18
1921-30	83	54	17			5	1	1	5						4	58	21
1931-40	55	27	6	1	3	10	3	1	1		2			1	1	32	22
1941-50	12	6	2	1			1		2							10	2
1951-60	9	1	3					2	3						2	3	4
1961-70	19	2	7	2		3		1	3			1			4	6	9
1971-80	35	11	7			4	1	1	8	2		1			3	19	13
1981-90	52	14	10	3			1		6	4	1		10	3	2	17	33
1991-2000	25	1	2	4				1		4	2	2	8	1	2	7	16
2001-10	177	92	14	7	2	17	4	13	11	5	7		2	3	11	97	69
2011-13	90	39	11	4	3	2	7	6	9		2			7	3	65	22
	618	261	98	34	11	48	21	27	49	15	15	4	20	15	32	329	257
					107					69					618		

（１）追悼

死者を偲び、その悲しみを書きつづった内容を「追悼」としてまとめたが、これは記事内容の種別では格段に多いテーマで、時代的にもあまり偏りなく散見される。扱われる「死」の多くは有名人の「死」であるが、なかには有名人がその妻を追悼するなどの記事も見られ、総数で二六一件（四二・二％）にのぼっていた。

（２）死生観

「死」とは何か、「生」とは何かという当事者の考えや、亡くなった故人の生き様について述べられた記事である。自身の考えを述べるに際しては、身近に起こった〈他者の死〉を通じて〈自己の死〉を見据える場合もある。全部で九八件（一五・九％）見られたが、時期的な偏りはあまりみられない。主張の根拠を学術的観点から論じた「論文」の場合、医学・生物学・人類学・文化論・哲学・宗教・思想などといった多方面の学問分野からの記事がある。

（3）葬送墓制

三四件（五・五%）確認されたこのテーマは、「死」を考えるに際して葬送墓制といった「死」を取りまく生活様式のなかから文化論的に見ていく視点に立つ。特に戦前までは、歴史学・民俗学・人類学などの視点から異文化の風俗習慣として論ずる「論文」が見られた。半数以上が書かれた一九八〇年代以降になると、〈他者の死〉に際して経験した地域差をめぐる「随筆」、さらには墓や葬式をめぐる経費の相場をめぐる世相などを示す「ルポ」のように実践的な「死」の場面にスポットを当てたものもあり、現代社会の動向を軽いタッチの書き方でまとめた記事が目に付く。

（4）非自然死

「非自然死」というのは、死刑・自殺・戦死・事故死といった、〝普通とは異なる〟死に方をした事例に関する記事で、一〇七件一七・三%を占めていた。こうした死因の「死」に対する語りが目立つことは、その逆の「自然死」を希求する考え方が志向されていることの反映と思われる。しかしそこで「自然死」あるいは「普通の死に方」とは何かと問うた場合、この点を意識した記述は本誌からは確認できなかった。

「死刑」に関わる記事は一一件のみであったが、半数は戦前、そして残りの半数は二〇〇四年以降に集まっている。「死刑」の是非をめぐる議論は近頃また注目されており、これが古くて新しい問題であることは明らかであるが、この二つの時期の間七〇年ほどの間には議論される機会がなかった点は、逆に興味深いことでもある。「自殺」は四八件で、「非自然死」中の最多であった。掲載件数には時期的な疎密があるものの、どの時代にも確認でき、年間自殺者が三万人を超えた近年は多くなった感がある。なおこのなかには、殉死・情死も含まれている。次に「戦死」に関する記事は二一件で、意外に少ないように思われる。扱われる戦争のなかで、アジア太平洋戦争に関わる記事は戦争進行中にはそれほど多くなく、近年扱われてもいる。「事故死」は二七件である。事故による「死」は世の中に多々あるはずであるが、記事としてわざわざ取り上げられたものは単なる「事故死」ではなく、第五福竜丸事件の被曝死者を通じての水爆実験といったように、「事故死」の背後に注目した記事となる。

（5）「死」の社会的意味

ここで取り上げられる「死」は社会的に有名な人の「死」で、「死」そのものというより、その人の「死」により引き起こされる波及効果などに関する論説である。特に、レーニンやガンディー、ゲバラなど、影響力の大きな政治家の「死」を取り上げることが多く、全部で四九件、七・九％を占めていた。

（6）医療と「死」

この内容は全部で六九件、全体の一一・二％を占める。時期的には一九七〇年代以降に頻出するようになっており、現代の「死」をめぐる問題が位置している場を示してもいる。まず一五件見られた「病院」と括った内容は、古くは「不治の病人は殺してよいか」（一九三三年一一月号）といった医療施設のあり方をめぐった一般論的観点からの論述であったが、一九七二年一〇月号の「妻の死を早めた三度の誤診」以降になると、病院に対する具体的な不信感がつづられたものが顕著になってくる。

「病気」そのものについても一五件であるが、近頃の記事ではガンやエイズなど、人びとが怖れる具体的な病気が問題となっている。「安楽死」が登場したのは一九七〇年六月号のことで、全部で四件確認される。こうした背景には、医療技術の進歩と人間としての尊厳を持った生き方の調和をどこに落とし込むかといった、現代もなお議論されている問題が、この頃から次第に社会の前面に頭をもたげてきたことが示されている。同じく医療技術の進歩に関わる問題である「脳死」は、一九八六年一月号に立花隆による「脳死」という記事が登場して以来、これまでに二〇件確認される。日本移植学会が臓器移植推進の統一見解を発表したのが一九八六年一二月、日本医師会が脳死は個体死との中間報告を発表したのが一九八七年三月、脳死臨調（臨時脳死および臓器移植調査会）が初会合を開いたのが一九八八年一月といった動きに合わせるように、脳死問題に関するオピニオン・リーダー的存在であった立花隆の一連の論考が掲載されていっていることが表1からもうかがい知ることができる。こうした記事掲載から見ると、脳死問題に対する世論の形成に『中央公論』が果たした役割は、決して無視できないものと考えられる。またこれも現代的な話題としてしばしば取り上げられる「終末期」の問題は全部で一五件、そのうち一九三七年八月号に娘の看取りについて書かれた「『北東の嵐』と娘の死」の他は、全て一九八一年以降の記事である。

以上のように医療と「死」との関連に向けられる議論は、一九七〇年代以降に多く見られるようになっており、その背景として医療技術の進歩が確認されると、そうした技術の進歩と人間としてのあり方の間のギャップが社会問題化する時代を迎えていることが明らかになる。さらにそのような時代であるからこそ、かくある記事を通じて人としてのありうべき「死」、自己の「死」のあり方が志向される時代にもなっているものといえよう。

4　記事で扱われる「死」の人称

最後に、『中央公論』掲載の記事において誰の「死」が扱われているかについて、ジャンケレヴィッチの「死」の類型を参考に、そこで扱われる「死」の人称の点から整理してみよう［ジャンケレヴィッチ　一九七八］。

この問題でもっとも注目すべきは、前回二〇〇六年に調査した時にはちょうど五〇％が「三人称の死」であったのであるが、今回の集計からは六一八件の半数を超える三二九件（五三・二％）が「二人称の死」で占められていたことである。前回集計した際にもっとも多かった「三人称の死」は、今回の集計では二五七件で四一・六％に減少していることが明らかになった。「三人称の死」は、一般的な「死」の文脈で論じられる〈他者の死〉を意味するため、本誌で最初に「死」に関する記事が掲載された一八九一年以降現在に至るまで、時代を超えて広く分布している。これに対して「二人称の死」は、同じ〈他者の死〉であってもことさら〈意味ある他者〉の「死」を意味している。本誌で取り上げられる「二人称の死」では、先に挙げた記事内容の分類にある「追悼」が二六一件にのぼっている。特に、具体的な死者に対する追悼文の掲載が、ときには特集が組まれて行なわれているために多くの数を占めている。残りの四一件は、「追悼」目的ではなく書かれた近しい他者の「死」や、自己にとって特別な意味ある有名人などの「死」に関する記事である。

そして三二件（五・二％）が「一人称の死」となる。もちろん前述のように〈自己の死〉を経験することは不可能であるが、〈自己の死〉を想定しながら書かれた記事は、戦後に多くなっている。そのようななか、一九二二年に四件もまとまって「一人称の死」に触れられた記事が見られたのは、「死を念頭に置く生活と死を念頭に置かぬ生活」という特集記事によるものであった。〈自己の死〉に対する視点の重要性は、特に終末期の問題を考えるうえで特に意識されるようになってきた問題であるが、大正年間にすでに、このような視点が特集で組まれていたことは画期的なことであり、こうした企画を考えた編集者の眼はまことに興味深い。

五　現代日本人の死生観の変化

これまで問題としてきた日本人の死生観は、ミクロに見れば〈個〉の内面の問題となり、人それぞれの価値観に立った多様な認識として把握されるべきものであろう。しかしそれをマクロに見れば、〈群〉のなかで共有された緩やかなたがにはめられた認識と見ることも可能である。これらの認識は別個に独立してあるのではなく、〈個〉レベルの認識と〈群〉レベルの認識が相互に影響しあって動態的な変化をつづけているものと考えられる。したがって「死」に対する認識を見ていくには、〈個〉・〈群〉双方のレベルからのアプローチが不可欠なことはいうまでもない。

その意味からいうなら、ここでの試みは現代日本人の「死」に対する認識を〈群〉レベルからマクロに見ようとする研究と位置づけることができよう。そうした限界を踏まえながら、これまでに明らかになった点をまとめてみると、以下のことが指摘できよう。

まず『中央公論』に掲載された「死」に関連する記事は、若干濃淡はあるものの、一二八年間ほとんど全ての年に見られることである。これより、近代以降の日本において、「死」に対する関心は時代を超えて常に意識されてきたものと考えられる。そうした流れのなか、とりわけ二〇〇四年以降は「死」に関する記事の掲載数が増加しており、この一〇年ほどの日本においては、「死」に対する関心がことさら強くなっていることが明らかになる。

次に「死」に関する記事内容には、時代を超えて継続的に見られるものと、時代の変化を反映して増減するものとが見られることである。前者は「追悼」「死生観」「葬送墓制」に顕著であり、後者は一九七〇年代以降の「医療と死」に見られる。その背後には時代変化とともに生じたさまざまな社会変化・価値変化が予想される。一九七〇年代以降のわが国においては、医療全般に対して自己の権利を主張する動きが強くなる傾向が確認される。また二〇〇九年四月号の「『おひとり様』の死に方　最後まで自分らしく生き抜くために何をするべきか」や二〇一〇年一二月号の「死ぬまでにやっておきたいこと」の特集にみるように、自己の生き方から〈自己の死〉の迎え方に至る自己決定の問題に関心が向けられてきたことも明らかになる。

最後に、かかる記事内容で対象とした「死」は、「三人称の死」が時代を通じて常に見られるのに対し、「二人称の死」はほぼ同様に時代を通じてみられていた。しかし、この一〇年ほどは「二人称の死」が他の二つの死を抜いて顕著になっており、「一人称の死」は数は少ないものの戦後になってから継続的に見られることが明らかになる。「二人称の死」の近年の増加傾向の背後には、アリエスの「タブー視される死」にも通じる、「死」を忌み嫌うべき対象として無視する態度ではなく、誰もが迎える対象として理解しようとする「死」への近しさといった感覚が生まれている結果と解することもできよう。さらに言えば、「一人称の死」を見つめる手がかりとして、「二人称の死」を取り上げているととも解することもできるのではないだろうか。

こうした流れのなか、現代日本に見られる「死」の認識は、さらなる変化の波を迎えることになるのであろう。われわれ人間にとって、「死」の全貌を完全に理解することは不可能であるがゆえに。

注

（1）本章の視点に関しては［鈴木　二〇〇七］で一度まとめたことがある。この時は、創刊号から二〇〇六年六月号までの一二〇年間に収録された四三三件の記事内容を分析対象とした。今回はそれに七年四ヶ月分の記事内容を付加した分析を行なうが、二三〇件の記事が付け加わっている。二〇〇六年までの一二〇年間の、一年当たりの平均記事数が三・六件であるのに対し、今回は一二八年間で五・二件に増加している。

（2）『中央公論』が長寿雑誌である点については、例えば、週刊誌として歴史のもっとも古い『週刊東洋経済』が、一八九五年の刊行であることを思い起こせばよいであろう。『中央公論』の歩んできた歴史は、雑誌業界のなかでも突出して長いことが明らかである。

（3）普通教校が設置されたのは一八八五年（明治一八）のことであるが、宗門と一般社会との交流、いわば「仏教ミッション・スクール」を目指すものであったという［三浦　一九八六、八］。

（4）明治三〇年代には他に『太陽』『日本人』『帝国文学』などが刊行されており、永嶺によるなら『中央公論』は「二流の総合雑誌」でしかなかった。それが上記他誌と並び称されるようになるのは、瀧田樗陰が編集長になって以後の明治四〇年代になってからのことという［永嶺　一九九七、一四四］。

（5）『中央公論』の復刊は敗戦後一ヶ月も経ないうちに、GHQの占領政策によって内定したものとされ、GHQの意向を反映した編集がしばらくつづいたようである［岡留　一九七九、一〇六―七］。

（6）その意味からいうなら、一九五〇―五三年の連続四年間に一件も該当記事の無い理由が気にかかるが、現段階では決定的理由は不明である。

（7）あわせて瀧田が編集に携わるようになって以後、『中央公論』は文芸欄の充実が図られ、多くの作家達の登竜門となっていったことはよく知られたことである。森鷗外・永井荷風・夏目漱石をはじめ、芥川龍之介や宇野千代などの執筆で知られるが、後にはこの雑誌に作品が掲載されることが作家としてのステイタスを証明することにもなったといわれる。

参考文献

アリエス、P（伊藤晃・成瀬駒男訳）『死と歴史――西欧中世から現代へ』みすず書房、一九八三年
アリエス、P（成瀬駒男訳）『死を前にした人間』みすず書房、一九九〇年
岡留安則『雑誌を斬る――『文藝春秋』から『ぴあ』まで』教育研究社、一九七九年
ジャンケレヴィッチ、V（仲沢紀雄訳）『死』みすず書房、一九七八年
鈴木岩弓「島根半島北岸漁村における位牌祭祀の実態」『山陰地域研究』第一号、一九八五年
鈴木岩弓「墓が語る現代――仙台市葛岡墓園の場合」『東北文化研究室紀要』通巻第三八集、一九九七年
鈴木岩弓「墓碑銘からみた現代人の死生観と仏教」日本仏教学会編『仏教における日常生活』平楽寺書店、一九九八年
鈴木岩弓・ヘルリナ、S「墓が語る現代（2）――仙台市における民営共同墓地の場合」（共著）『東北文化研究室紀要』通巻第四〇集、一九九九年
鈴木岩弓「写真が語る現代人の絆」岩上真珠・鈴木岩弓・森謙二・渡辺秀樹『いま、この日本の家族――絆のゆくえ』弘文堂、二〇〇五年
鈴木岩弓「『中央公論』にみる『死』の扱いの変化」『論集』第三四号、二〇〇七年
中央公論社編『中央公論総目次――創刊号より第一〇〇〇号まで』中央公論社、一九七〇年
三浦朱門『『中央公論』一〇〇年を読む』中央公論社、一九八六年
永嶺重敏『雑誌と読者の近代』日本エディタースクール出版部、一九九七年

第二章　儀礼の変容

——葬送空間の変化と通夜・告別式の儀礼化

山田慎也

一　葬送儀礼の時空間の変容

葬送儀礼を行なう上で、執行する時間と空間はその儀礼の目的を達するために有機的な連関を持っている。だが近代化の過程で、従来行なってきた時間および空間のなかでの執行が困難になっていくことは、儀礼の方式自体が変質していくとともに、その目的も次第に変容していくことを意味している。よって、儀礼執行の時空間の変容のプロセスを追い、その状況を分析することは、葬儀を執行する人びとの死の観念の変容をも明らかにすることとなる。

現在、日本だけでなく東アジアのさまざまな地域で、葬儀執行の時空間が変容していくとともに、さらに葬祭業者の関与が次第に増大していることが明らかにされている。またこうした変容は、東アジアという地域的な隣接性からさまざまなレベルで情報や人、モノの交流も発生しており、相互に影響を及ぼしあっている。このような葬儀執行の時空間の変容について、隣接地域の動態も含めて、当該地域の歴史的経緯のなかで読み解いていくことがこれからますます必要となっていくと考える。

葬送儀礼が一定の時間的プロセスであり、その空間的な移動も含めて、その過程が死の認識の変化と根底的に通じていることを指摘したのは、ボルネオダヤク諸族の二重葬を分析したフランスの社会学者エルツ、Rであった［エルツ　一九八〇（一九〇七）］。死後遺体を埋葬もしくは一定の場所に安置し、骨化を待って改めて収蔵する二重葬自体は、東南アジアから東アジアの特定地域における特徴的な葬送儀礼である。よってこの二重葬を行なわない地域には、そのまま同じように当てはめることはできないが［内堀・山下　一九八六、二五―二六頁］、葬送儀礼が一定の時空間の移行のプロセスとして行なわれることで、死が確定していく点は、さまざまな地域における葬送儀礼についても指摘することができよう。

そして二重葬ではない地域においては、遺体への何らかの対応を施すことが、葬送儀礼の基本的構造となっている。土葬の場合には土中へ埋めておくことで、遺体が自然に変質していくこととなるが、火葬の場合には火による人工的な加工によって骨化させていく。このように、死者の肉体を変換させるために［山田　二〇〇七、七―八頁］、生者の生活領域である人びとの住居から、死者の領域である墓地や火葬場に移動することが重要であり、こうした移動は葬列として儀礼化している場合も多く、その前後にさまざまな儀礼を重ねていくことで、人びとの間で死が次第に確定していくこととなる。

このように、基本的には葬送儀礼は、それを構成する個々の儀礼が時空間の移動を含めて積み重ねられてきたものであるが、次第に個々の儀礼は中心的儀礼に収斂され一定の場所で集中的に行なわれるようになる。日本においては一九九〇年代から全国に葬儀場(1)が建設されるようになっている。韓国ではそれが臨終を迎える病院に付設されることが多いが［張　二〇一二、六八―七〇頁］、中国の殯儀館のように墓地や火葬場に収斂するようになる場合もある［王　二〇一二、一九頁］。

ところが、日本の葬儀場は、韓国のように臨終の場所に連動するわけでもない。また一部は火葬場に付設される場合もあるが、多くの葬儀場は、火葬場と独立していわゆる街中にある場合が多い。つまり、臨終の場といった死の発生の場所でもなければ、墓地や火葬場といった死者が収まる最終的な空間でもない。いずれにしても基本的にさまざまな儀礼は、一つの場所に集中化していくものである。そして葬儀を行なうための専用葬儀場の成立は、それぞれの歴史的経緯のなかで形成されており、その使用目的も儀礼の様態によって変化している。本稿では日本における葬儀場の成立について検討し、その経緯を通して葬儀の近代化について考察するものである。

二　過程としての儀礼とその空間

図1　喪家での内儀礼（1994年，和歌山県串本町伊串）

すでに中世末期に成立する寺檀制度は、近世以降、寺請制度によってさらに強化され、人々は菩提寺を持つこととなった。よって、葬送儀礼は基本的には仏式の葬儀式が浸透している［圭室　一九六三］。そこでの葬儀式は基本的には過程をおってさまざまな儀礼が重ねられていくもので、その形態は近代になってもそれほど変わってはいない。それは、喪家にて通夜を行なった後、葬儀当日に出棺の儀礼を行ない、葬列をはさんで、改めて寺院や墓地、火葬場で儀礼を行なう形態である［山田　二〇一三、一三六頁］。

近世の武家の葬儀の様子を描いた『徳川盛世録』にも、屋敷を出て葬列の後、寺院に到着し、棺を輦台に乗せたまま本堂外陣に本尊に対面させるかたちで安置している。ここで導師は本尊と棺の間で曲彔に座って棺に向かっている。これは本尊供養を終えた後、棺に向きあって引導などの儀礼を行なう

図2　寺院での引導作法（1994年，和歌山県串本町伊串）

ためである〔市岡　一九八九（一八八九）、二二六―二二七頁〕。さらに明治期東京の風俗を記した『東京風俗志』でも、「棺、式場に至れば、本尊に対はしめて据ゑ、僧侶誦経し引導を授く、喪主親戚はもとより会葬者もまた香を拈ず、喪主若くは親戚の者出でて会葬者に謝し、これにて会葬者散じ帰るなり。かくて法儀終わり、喪主・親戚の者更にまた棺を護りて葬場に送る」としており〔平出　一九七一（一九〇二）、二四―二五頁〕、通夜、自宅出棺の後、葬列を組んで寺院に向かい、寺院で引導を渡して、火葬もしくは埋葬となる。ここでの葬場というのは葬儀場の意味ではなく埋葬のことである。

　このように仏式の葬儀は自宅から墓地への移行に対応した儀礼形態になっている。例えば曹洞宗の葬儀形式は、①臨終諷経（枕経）、②剃髪、③授戒、④入龕諷経、⑤大夜念誦（龕前念誦）、⑥挙龕念誦、⑦引導法語、⑧山頭念誦、⑨安位諷経となっている〔藤井編　一九七七、三〇二―三〇八頁〕。人が亡くなると、①臨終諷経は、枕経であり臨終間もないときに行ない、そして納棺前に死者を仏弟子とするため、②剃髪して③授戒をする。そして棺に納めるのが④入龕諷経である。そして龕前念誦はいわゆる通夜であり、葬儀前の晩ということで⑤大夜（逮夜）念誦ともなる。そうして葬儀当日を迎え、⑥挙龕念誦とは出棺のために棺を挙げるための儀礼であり、ここまでの④入龕諷経、⑤龕前念誦、⑥挙龕念誦を内諷経ともいう。そして①臨終諷経から⑥挙龕念誦までは基本的には喪家で行なう儀礼であった。そして葬列を組んで出発し、寺院（葬儀場）に到着すると、⑦引導法語で死者を仏道に導く。この際に火葬の場合には松明、土葬の場合には鍬をもって円相を描く。そして山頭つまり寺院での念誦のあと死者は火葬や埋葬となる。つまり⑦引導法語、⑧山頭念誦は自宅から出て寺院、および墓地や火葬場で行なう儀礼であり〔山田　二〇〇〇、二〇八―二一〇頁〕、内諷経に対して、つまりこれらの儀礼は、埋葬、および火葬という遺体の変換をともなう中心的な儀礼であった。

　こうした区分は他の宗派でも同じであり、天台宗も「葬送作法」では①剃度式、②誦経式、③引導式、④行列式、⑤三昧式と、④行列式を挟んで喪家での儀礼と三昧つまり墓地や火葬場での儀礼に分かれており、もう一つの儀礼である「光明供葬送作法」でも、引導式、露地式と喪家と野外の二段階に分かれている(2)〔藤井編　一九七七、一八一―二八九頁〕。また真言宗の場合、高野山真言宗では、棺前作法、墓前作法と明確に空間ごとに二分されているが、真言宗智山派の場合には①入棺作法、②剃髪授戒作法、③棺前読経、④四門行道となっており、豊山派も①入棺作法、②剃髪授戒作法、③棺前読経、④野辺式とあり、やはり喪家での①入棺作法、②剃髪授戒作法、③棺前読経と、四門行道や④野辺式といった野外の儀礼と区分されている〔藤井編　一九七七、二八九一―二九九頁〕。ここではすべての宗派についてみることは紙幅の関係でできないが、基本的には喪家と遺体変換をともなう寺院および墓地、火葬場といった空間で儀礼を行なう、二段階の儀礼で構成されていることとなる。

図3　自宅での儀礼（1923年，『浄信院大徹正義居士葬儀之図』国立国会図書館近代デジタルライブラリー）

　このような喪家から寺院等での儀礼というものは、その宗教的な儀礼内容を把握していなくとも、民俗語彙として理解されていた地域もある。近代の熊本県阿蘇地方の報告では、「葬式は座敷で執行される場合を『ウチゾウレ』或は『ザシキゾウレ』と言ひ、庭で行はれるの葬式を『ソトゾウレ』と言ふ。又、墓場で執行される場合は『墓ゾウレ』と言はれる。葬式は、座敷葬式（又は外葬式）を終へてから墓場に行き墓葬式を執行する、つまり葬式は此の二つの式から成り立ってゐる。一名、墓葬式のことを

『穴拝み』とも言ふ。」〔松本　一九三三、一七二頁〕とあり、これは自宅座敷や庭での儀礼と墓地での儀礼の二段階の葬儀であることが報告されている。

すると基本的には、葬儀をする空間は、生活領域である生前過ごした自宅である喪家と、死者の領域である寺院もしくは墓地、火葬場での儀礼という二段階である。そこで、今後の検討のため、喪家での出棺を中心とした儀礼をここでは「内儀礼」と称していきたい。そして寺院や墓地、火葬場等の遺体の変換をともなうもっとも中心的な儀礼は「外儀礼」とする（図1・2・3）。かつて葬式というと狭義にはこの部分を指していた。外儀礼の場合には、空間的には死者の領域、つまり死者が安置されたり、他界を連想させる空間にもなる。

それを踏まえて法令も規定されていると考えられ、現行法の「墓地、埋葬等に関する法律」（昭和二三年五月三一日法律第四八号）のもととなった「墓地及埋葬取締規則」（明治一七年制定）の第六条においては、「葬儀ハ寺堂若クハ家屋構内、又ハ墓地若クハ火葬場ニ於テ行フヘシ」とあり、ここでは、外儀礼を寺堂もしくは家屋構内、墓地、火葬場と建物内外での外儀礼に限定している。これは内儀礼とともに外儀礼が重視されていたゆえと思われる。

三　東京における葬儀場の成立

近代の東京においても、先に述べた『東京風俗志』のように、基本的には喪家での内儀礼と、寺院等での外儀礼が行なわれていた。ただし、東京の場合には、明治六年に旧朱引地内の埋葬が禁じられたため、青山や谷中などの共葬墓地か郊外の寺院墓地にしか埋葬することができなくなった〔森　一九九三、三四―三六頁〕。また火葬場はやはり郊外にあるため、菩提寺などの寺院で葬儀、つまり外儀礼を行なった後、火葬や埋葬のためにさらに移動しなければならなかった。東京市内最大の共葬墓地である青山墓地およびそれに次ぐ谷中墓地では、外儀礼用の葬儀場が設置されることとなる。

青山葬儀所の場合には、一九〇一（明治三四）年に民間によって葬儀場が設置され、一九二五（大正一四）年には旧東京市に寄付されたという。(3) そして昭和二〇年の空襲で焼失し、現在地に昭和二八年に再建され、近代建築のモダンな姿になっており、現行の施設に通じる無宗教的な施設であった。(4) それ以前は葬儀の写真集をみると巨大な寺院風の木造建築である。

また共葬墓地のなかで次に大きい谷中墓地にも、少なくとも一九〇五（明治三八）年当時にはすでに民間経営による葬儀場が運営されている。当時の冠婚葬祭の作法書『祝祭送迎婚礼葬儀案内』によれば［可南子　一九〇五、一一七頁］、谷中共祭会という組織があり、会則第一条には谷中斎場を永遠保存し祭祀葬儀に便を計り墓地の巡視を目的とすることが定められている。つまり葬儀場と墓地の管理を行なう組織で、寄付をすることで会員となり葬儀場利用が優先されたり、墓地の管理をしてもらうものである。「同斎場案務規則」によれば、寄付金額により三種の会員があり、永代無料、一代無料、一回無料となっている。(5) もちろん会員外でも利用は可能であり、その料金は参列者数によって区分されている。さらに葬祭器具など必要なものは谷中斎場の業者が調達することになり、また「斎主が常住し喪主の求めに応じて祭祀葬儀を執行する」とあり、葬儀場に常駐の宗教者もいたことがわかる。つまり当時すでに寺院など宗教組織ではない民間によって、現在のようなサービスシステムに類似の形態が誕生していたことがわかる。そして谷中斎場も少なくとも昭和一一年当時は宗教組織ではない一般の民間経営であった。(6)

以上、青山葬儀所にしても谷中斎場にしても、当初民間経営であるが基本的には寺院と同様、埋葬や火葬の前の外儀礼の空間として利用された葬儀場であった。東京の共葬墓地は、設置当初は神葬祭用の墓地として開発された経緯があり［森　一九九三］、神葬祭の場合には神社では行なわないため、外儀礼を行なう空間が必要であった。神葬祭の場合、青山葬儀所、谷中斎場のほか、日比谷公園旧音楽堂などでも行なわれているが、(7) 東京においてこの二つの葬儀場はかなり利用頻度の高い式場であった。

こうして東京の場合には、大正期まではおもに葬儀の外儀礼は、数多くある寺院と青山葬儀所、谷中斎場であり、火葬場での外儀礼は行なわれていない。東京の火葬場は、博善株式会社ほか民間経営であり、外儀礼として利用されるような葬儀場はなかったようである。[8] ただし一九三四（昭和九）年、町屋火葬場に葬儀場が併設されることとなったが［東京博善株式会社　一九七一、五五頁］、博善関係の法要には使用されているが、葬儀としては利用されなかったと考えられる。さらに現在唯一の東京都営火葬場である瑞江葬儀所は一九三七（昭和一二）年に竣工し、当初百人規模の葬儀場である「葬儀室」を設けていた［井下　一九七三ａ（一九三八）、四五六―四六〇頁］。これは戦前戦後を通して東京の墓地行政を推進した井下清が、葬儀は荘厳荘重でまた公衆衛生的見地からも公共施設としての葬儀場の必要性から［井下　一九七三ｂ（一九三八）、四六四頁］、葬儀場も併設したのである。これもどの程度利用されたのか不明であるが、戦後になると、瑞江葬儀所は火葬利用のみになっており、葬儀場としては使用されていない。こうして昭和一〇年前後に火葬場に葬儀場が設置されることとなるが、基本的には東京では火葬場で多くの人びとが集まる外儀礼を行なうことはなかった。

ちなみにこれと対照的なのが関西圏である。関西圏の場合には、火葬場に敷設した葬儀場において外儀礼が行なわれていた。昭和三年の公設の葬儀場について調査報告[9]によると［積立金運用課　一九二八、二五―三五頁］、大阪市の場合には、墓地と火葬場と葬儀場をあわせて葬儀所といい、外儀礼を行なう場を礼祭所と呼んでいる。独立した天王寺大斎場の外、二二ヶ所の葬儀所にはいずれも礼祭所が付属していた。とくに天王寺大斎場は大斎場、中場、脇場と分かれており、その飾り付けも神式、仏式など宗教に応じて用意されている。さらに仏式の場合、白木飾りや青竹飾りといった複数の種類の祭壇もあったという。さらに等級も分かれており、さまざまな利用があったことがうかがえる。そのほかにも京都市や神戸市、名古屋市においてもそれぞれ葬儀場があり[10]、外儀礼のために使用していたことがわかる。

よって明治大正期の東京においては、寺院もしくは青山葬儀所などの葬儀場において外儀礼が行なわれており、関西においてはさらに火葬場にも葬儀場が設置され、外儀礼が行なわれていた。つまり、自宅での通夜および出棺儀礼などの内儀礼を喪家で行ない、外儀礼を寺院や火葬場等で行なうことは、村落部だけでなく都市部においても当然のこととして行なわれていたのであり、葬儀は個々の儀礼の連続として行なわれていたことがうかがえる。

四　自宅告別式の成立

ところが、新たな儀礼形態が誕生する。これが一九〇一（明治三四）年に中江兆民の死に際して行なわれた告別式である。告別式の嚆矢として位置づけられているが、この告別式は現在におけるいわゆる無宗教葬である［井上　一九八四、一六〇―一六一頁、村上　二〇〇一、山田　二〇一三、一四四―一五四頁］。つまり従来の葬儀の代替として行なわれたのであった。当時の葬儀から仏教的要素を取り除いた儀礼であり、輿や蓮華といった仏式の葬具を用いずに棺車と銘旗だけの葬列を行ない、寺院の代わりに共葬墓地にある青山葬儀所を用いて、読経の代わりに弔詞（弔辞）・弔詩・弔歌などを読み、焼香の代わりに棺前告別として敬礼をした（図4）。つまり宗教儀礼としての外儀礼の代替として行なっていたわけである。

図4　青山葬儀所（1923年,『浄信院大徹正義居士葬儀之図』国立国会図書館近代デジタルライブラリー）

これは中江兆民が自著『続一年有半』（博文館）によって無神無霊魂主義

図５　青山葬儀所での葬儀（1923年，『浄信院大徹正義居士葬儀之図』国立国会図書館近代デジタルライブラリー）

を主張し、この唯物論的な宗教観によって葬儀不要を遺言したために、遺族や友人との関係によって成立した儀礼であった［村上　二〇〇二］。しかし、こうした思想的な主張によって宗教性を排除した告別式が、次第にその無宗教性を顧慮しなくなっていく。そして大正中期には、半数以上が宗教式の告別式を行なうようになった［村上　一九九〇、四四―四六頁］。そして新聞広告のなかでもわざわざ、「仏式告別式」、「神式告別式」と記載しているものもある。それは基本的には通常の葬儀における一般参列者の焼香部分を儀礼として独立させたものであった。つまり宗教式の葬儀の弔問部分の儀礼化とみることができよう。ただしこれは、新たな宗教的な意味づけが行なわれたわけではなく、世俗的な儀礼に焼香などの仏式の作法が取り入れられたものと考えられる。

大正期は告別式が普及する一方で、従来の中心的な儀礼であった葬列が廃止されていった。特に東京では関東大震災を期に葬儀の簡素化が浸透した［井上　一九八四、一〇九―一一四頁、村上　一九九〇、四三―四四頁］。中江の告別式のように、当初葬列は廃止しても、寺院や葬儀場で外儀礼や告別式を行なっていた（図５・６）。葬列はもともと内儀礼と外儀礼をつなぐもので、移動自体が重要な儀礼であった。しかし葬列を廃止した場合、会葬者が多い葬儀では場所を移動しての寺院や葬儀場での外儀礼は、人びとにとってもメリットを感じることができたが、会葬者がそれほどでもない一般の葬儀の場合には、式場を移動する意義を見いだせなくなってきた。そこで喪家で内儀礼を行なったあと、そのままつづけて外儀礼と告別式も行なう方が「合理的」であるということで［村上　一九九〇、四九頁］、自宅告別式が誕生し、昭和初期に東京など都市部を中心に急速に広まっていった。

自宅告別式の場合、外に面した座敷などに祭壇を飾り、連続して行なわれる内儀礼と外儀礼は、一般には告知しない場合が多く親族のみで行ない、その後告別式として一時間から二時間程度一般の会葬者は焼香をし、遺族は祭壇の脇に立って弔問を受け答礼をする。従来の寺院などの外儀礼では、会葬者すべてが儀礼に立ち会い、それなりの空間が必要であったが、告別式の場合には会葬者は焼香をしてすぐに帰ることができるので、それほど広い空間は必要なく、会葬者がそれほど多くなければ自宅でも可能であった。

こうして、昭和初期に臨終から通夜、出棺儀礼であった内儀礼、メインであった外儀礼などの一連の儀礼がすべて自宅で行なわれるようになったのである。祭壇のある部屋に人びとが集まって儀礼をしてそこで解散をする。あとは残された親族だけで火葬のために霊柩車で火葬場に向かうという形態である。結局告別式の空間にかなり経済的、人的な資源が投入される一方で、それ以外は簡素になっていく。葬儀の儀礼空間が、葬儀告別式の場に収斂していくこととなった。こうして、内儀礼と外儀礼の区別が、儀礼を執行する僧侶の側では一応把握してはいるものの、宗教者以外の一般の人びとには一連の儀礼のように見え、その区別は難しくなっていく。

図 6　青山葬儀所での告別式（1923 年，『浄信院大徹正義居士葬儀之図』国立国会図書館近代デジタルライブラリー）

ただし、社会的地位の高い人など、大規模な葬儀を行なう場合には、いわゆる葬儀と告別式、つまり外儀礼と告別式部分を、寺院や葬儀場で行なうという形態は依然として継続していった。そして東京の場合には、一度空襲で焼け、一九五三年に再建される青山葬儀所や空襲の被害に遭わなかった築地本願寺が、団体葬や大規模葬で葬儀場としてよく利用された。

五　通夜の外部化

大正末期から昭和初期に成立した自宅告別式によって、葬儀の過程を自宅ですべて行なう形態が東京などの大都市を中心に広まっていき、それが戦後の基本的な葬儀の形態となっていった。つまり日常の生活領域のなかで死を迎え、本来死者の領域であった寺院や墓地、葬儀場で行なっていた外儀礼まで、自宅という生者の領域で行なうようになったのであった。この形態は、東京など都市だけでなく、次第に地方都市へさらに村落部へと広がっていったのである。

自宅告別式が普及していくなかで、依然として団体葬や社葬、大規模な葬儀は、寺院や葬儀場で外儀礼や告別式を行なっていたが、昭和三〇年代になると、葬儀式、つまり外儀礼だけでなく、その前夜の通夜までが同じ式場で行なわれるように変化する。つまり昭和二〇年代までは、寺院や葬儀場に飾られた祭壇は、あくまでも本葬当日の外儀礼だけのためのものであったが、昭和三〇年代以降次第に外儀礼だけでなく本葬前日の通夜から、同じ空間で行なうようになったのである。つまり現行の一般葬儀と変わりない形式である。

戦前から戦後にかけて青山葬儀所とともに大規模葬で使用されてきたのが築地本願寺であった。一九五六（昭和三一）年、戦後の保守合同を推進し自由民主党の誕生に大きな役割を果たした衆議院議員三木武吉の葬儀は自由民主党葬として、通夜、葬儀の双方を築地本願寺で行なっている。三木は一九五六年七月四日午前六時に自邸で亡くなった。その日の午後六時には納棺、八時より一〇時まで近親者の通夜が自邸で行なわれ、翌五日に密葬となり、三時より読経、午後五時出棺し桐ヶ谷斎場にて火葬した。つまり死去の翌日には火葬している。三木は党葬となるが、ちょうど参議院選挙中であり八日日曜日が投票日であった。そこで選挙の終わった一〇日午後六時より八時まで築地本願寺で一般通夜が行なわれ、翌一一日午後一時から党葬となり、午後二時から告別式となっている（『読売新聞』一九五六年七月四日付夕刊）。つまり本葬において通夜と葬儀、告別式といったすべての過程が外部化していくのが昭和三〇年代であった。

同様にこの九年後の一九六五（昭和四〇）年には第五八、五九、六〇代の内閣総理大臣であった池田勇人ががんのため亡くなり、八月一七日日本武道館において自由民主党葬となった。八月一三日午後零時二五分、東京大学医学部附属病院で亡くなると、午後四時には信濃町の私邸に遺体は搬送され、同日七時に納棺、八時から近親者の通夜であった。翌一四日午後三時出棺、火葬される。一五日午後六時から八時まで自邸で通夜、そして本葬の前日である一六日午後六時より八時まで、日本武道館で自民党による通夜があり、一七日午後一時から二時まで本葬があり、二時から三時が告別式となる（『読売新聞』一九六五年八月一三日付夕刊）。死亡広告においても通夜と本葬が日本武道館で開催される旨告知されている（『朝日新聞』一九六五年八月一四日付朝刊）。

ところが、密葬を済ませた場合、現在では、団体葬において本葬に対応した通夜はなされることはない。すでに昭和五〇年代になると団体葬の通夜は行なわれていない[11]。例えば一九七五（昭和五〇）年に第六一、六二、六三代内閣総理大臣であった佐藤栄作が亡くなり、内閣、自由民主党、国民有志の主催による国民葬となった。佐藤の場合には六月三日午前零時五五分に東京慈恵会医科大学附属病院で亡くなり、四日には火葬をしている。そして六月一六日午後二時から日本武道館で国民葬を行なっているが、国民葬の前日に武道館において通夜が行なわれることはなかった。

だが、三木武吉の党葬においても、池田勇人の党葬においても、団体葬としての通夜が行なわれている。もちろん現在からくらべると密葬の日時がかなり短いが、それぞれ私邸における通夜と密葬も行なわれており、またそれとは別に団体葬のための通夜が別個に行なわれているのである。つまり当時の通夜の認識は、翌日の葬儀と通夜が連続するものとしてセットとして捉えていることがわかる。これは自宅告別式によって、同じ場所で通夜、葬儀（内儀礼と外儀礼）、告別式が連続する儀礼として認識されたことで、密葬に通夜があるなら、本葬にも本葬のための通夜が必要になるという発想に至ったと考えられる。

そして、通夜が葬儀・告別式とセットとして認識されることで、後に述べるように弔問客を迎える儀礼として組み合わせられることになった。そして次第に参列者の増加やさらなる近隣の支援の減少により、自宅告別式が困難となり、一般の葬儀も次第に自宅以外の場所で行なわれるようになっていく。東京の場合には、近隣の寺院を式場として今度は通夜から葬儀までを一体化して、外部で行なうようになっていった。その際には式場となる寺院は必ずしも菩提寺ではなく、また宗旨が異なっていても、自宅近くということで利用されていった。

こうして昭和五〇年代になると、東京では一般の葬儀も徐々に寺院や葬儀場に移行するようになる。そして外部の利用が増えてくるにしたがって、葬祭業者自身が葬儀場を設置するようになり、通夜、葬儀、告別式と一連の過程をすべて専用の葬儀場で行なうようになっていく。この時期、冠婚葬祭互助会の葬儀場件数もこうした傾向を示している［社団法人全日本冠婚葬祭互助協会二五周年記念事業特別委員会編纂委員会編　一九八九］。一九七〇（昭和四五）年以前は三ヶ所しかなかった葬儀場が、一九七一年から一九七五年までの間に一〇ヶ所、一九七六年から一九八〇年までがさらに三九ヶ所、一九八一年から一九八五年にはさらに五〇ヶ所となり、昭和五〇年代以降、葬儀場建設はすすんでいく。冠婚葬祭互助会は、一九四八年に成立し、都市を中心に急速に成長していったが、当初は葬儀を中心に展開していった。しかし昭和四〇年代以降は結婚式場を積極的に建設することで、結婚事業も拡大していったことから、葬儀においても施設建設の重要性も把握したが、その需要が出てきたのは昭和五〇年代であったことがうかがえる。つまり通夜、葬儀、告別式が一体化したかたちで葬儀の外部化がすすみ、葬儀場へ移行していった。その際に葬儀場が自宅告別式の延長上にあり、最終的な死者の空間である墓地や火葬場でもなく、といってまだ病院でもない生活領域に、数々の葬儀場が設立されていくこととなった。

六　通夜の変質

ここで、いったん自宅に収斂した葬送儀礼を、今度は通夜をともなったかたちで外部化する点で、考慮しなければならないのが、葬儀前の一連の儀礼、なかでも通夜の性格の変化である。基本的には通夜は死者に寄り添うための時間であり、特に何かを積極的に行なうものではなかった。ただ夜を通して寄り添うことから、一晩中起きている「丸通夜」が本来的なものであった。しかし大正期以降「半通夜」の形で近親以外の人の参列が増えてきており、昭和初期になると、東京本郷では丸通夜は行なわれなくなり近親以外の人が数多く参列するようになった。つまり、通夜の性格が喪家を会葬する儀礼に変化していったと指摘されている［村上　一九九〇、四六頁］。こうした傾向は、作法書の記述をとおしても見ることができ、家族ではない人の通夜の参列は辞退するようにといった記述が昭和初期からみられるようになるといい、この点からも近親者以外の参列が現実には増えてきたことが指摘されている［井上　一九八四、一七三頁］。こうして通夜は葬儀前夜の会葬儀礼を行なうものと認識されるようになる。

しかし、政治家など公人の場合には、私邸だけではなく、わざわざ遺体や遺骨を公邸に安置することで外部の通夜の弔問を受け入れるようになった。つまり、私邸外の場所に通夜のために移動するようになるのである。例えば、一九五一（昭和二六）年、第四四代内閣総理大臣で衆議院議長の幣原喜重郎が三月一〇日に逝去した際には、私邸で通夜、一二日に密葬をして火葬をした後、遺骨は衆議院議長公邸に移され、一四日には自由党の通夜、一五日は衆議院事務局関係者の通夜とつづいて、一六日に築地本願寺で衆議院葬となっている（『読売新聞』一九五一年三月一三日付朝刊）。つまり、議長公邸というパブリックとプライベートが相なかばする空間によって、通夜を行なうようになっていった。そして、通夜の参列者も公人ゆえに、その関係によって分けられていき、自由党関係者の通夜、衆議院関係者の通夜と分類されていく。ここでは、近親以外に拡大するだけでなく、そのためにプライベート空間から引き離しが始まっているのであった。

また一九五六（昭和三一年）、元自由党総裁で自由民主党総裁代行委員であった緒方竹虎は、一月二八日に私邸で亡くなると、翌二九日には、元自由党総裁公館に移って、三〇日に一般通夜、三一日に自由民主党員通夜を行なっている。そして二月一日に築地本願寺において自由民主党葬として、葬儀と告別式が行なわれた（『朝日新聞』一九五六年一月二九日付夕刊）。つまり、政治家という公人としての性格から、通夜も遺族や親族だけでなく公職上の関係者もそれぞれ通夜の場に参列するようになり、かつて私的儀礼であった通夜が、故人の役職上公的と位置づけられ、通夜も公的な空間に移行させていくようになった。

ただし戦後になると、こうした公邸を持たず私邸を使わない場合には、別の空間を使用するようになっていく。憲政の神様ともいわれた尾崎行雄は、一九五四（昭和二九）年一〇月九日に亡くなる。尾崎は晩年、神奈川県逗子市の風雲閣に隠棲しており、そこで六日に通夜が行なわれ、翌七日朝円覚寺住職によって読経の後、東京の築地本願寺に安置され、また通夜が行なわれた。ただし築地本願寺での通夜は、葬儀を行なう本堂ではなく、本願寺内の公会堂という別の場所で行なわれている。翌八日には慶應義塾大学病院で解剖をし、五日後の一三日に衆議院葬として、築地本願寺本堂で本葬が行なわれている（『読売新聞』一九五四年一〇月七日付夕刊・一〇月八日付朝刊、一〇月八日夕刊、一月一三日夕刊）。

こうしてみると、昭和三〇年代に通夜葬儀が本葬会場で行なわれる以前に、自宅とは別の場所でありながら、一方で完全に葬儀告別式空間ではない場所での葬儀が行なわれている。つまり、昭和初期以降通夜の性格が、近親者とともに過ごすことから、近親者以外の弔問の場に変化していくことによって、一応外儀礼の空間ではない場所に移行している。よってすでに通夜の外部化が進んでいたのであり、その外部化が、葬儀告別式と一緒の空間に完全に一致するまでには、なお時間が必要であった。

しかし昭和五〇年代以降、基本的に団体葬における本葬の通夜がなくなっていくのは、密葬の段階において、完全に通夜が外部に公開される形式になり、密葬でも葬儀場を使用することが多くなり、団体葬の通夜を密葬通夜と切り分ける必要がなくなったからであった。つまり、通夜が葬儀場で行なわれることで、完全に外部化していき、会葬儀礼の一環に位置づけられていった、これは後に葬儀、告別式の区別を不明にしていく要因にもなるのであった。

七　地方における葬儀の外部化

図7　飯田市の自宅通夜（2005年，長野県飯田市鼎中平）

以上のように、こうした儀礼空間の変容については、その時代的な儀礼の受容のあり方によって、その葬儀場の使用の方式も実は異なっていた。ここでは長野県南部に位置する飯田下伊那地方の例を取りあげたい[12]〔山田　二〇〇八、一三七—一四七頁〕。ここ飯田下伊那地方でも、戦前までは基本的に自宅での伽（通夜）のあと、出棺などの内儀礼と、葬列を挟んで墓地での外儀礼の二段階の葬儀形態であった。特徴的なのは、亡くなっても枕経までは病気の状態として扱われ、顔に白布も掛けなければ線香もあげない。僧侶による枕経において剃髪、授戒をして仏弟子にしたということで、ここから線香をあげるようになり、湯灌をして納棺していく。いわゆる通夜に当たる部分である（図7）。葬儀当日には、喪家で出棺の読経など内儀礼が行なわれる。その際に葬列の役割を発表して葬列を組んで墓地まで向かう。墓地は飯田の

図 8　飯田市の葬儀場での告別式（2005 年，長野県飯田市鼎中平）

市街地は寺院境内に、村落部では屋敷近くに個人墓地があった。葬列は寺院墓地の場合には本堂前の庭先で、また個人墓地では墓地で棺を安置し、引導と焼香といった外儀礼が行なわれ埋葬となった。

しかし飯田の市街地では、一九四七（昭和二二）年に街を焼きつくす大火があり、復興都市計画によって市街地の墓地のほとんどは納骨堂に改葬された。納骨堂に変わったことによって、葬法が土葬から火葬に移行する。また葬儀形態も東京などの告別式の影響から、屋内での外儀礼の執行となり、さらに告別式が組み込まれることになった。この告別式は、現在この地方では葬儀前に行なわれるようになり、一般の会葬者は焼香をすませるとそのまま帰ることとなる。

こうして市街地に墓地を持つ人びとは、葬儀前日までの流れは従来どおりであったが、葬儀当日は、喪家で内儀礼の後、いったん火葬をして、その後菩提寺の本堂内でまず告別式を行ない、その後残った人びとで、引導や焼香など外儀礼に参列し、納骨堂に納骨して一連の葬儀過程が終わる。一方、村落部においても前日までは従来どおりであったが、葬儀当日はまず喪家で出棺の儀礼の後、火葬場で火葬して再び遺骨とともに喪家に戻って自宅座敷の祭壇に遺骨を安置して、まず告別式を行なった後、外儀礼を連続して行なう。その後葬列の役付けの発表をして、行列を組んで屋敷近くの個人墓に向かって納骨して葬儀が終わる。つまり墓での外儀礼ではなく、自宅告別式となって火葬を除けば、臨終から引導までを喪家室内で行なうようになった。

さて戦後その形態がしばらくつづいてきたが、一九九六年から連続的に葬儀社が葬儀場を建設するようになった。飯田の市街地に比較的近い村落部の人びとは、市街地の葬儀場を利用して、葬儀当日の告別式、外儀礼部分を行なうようになっていった（図8・9）。また市街地に遠い地域では、葬儀社の葬儀場の代わりに地域のコミュニティーセンターを利用して葬儀当日の告別式、外儀礼部分を行なうようになっていく。こうした葬儀の需要が起きることで、さらに葬儀場建設が進むだけでなく、地域のコミュニティーセンターの建替や改築が行なわれ、広いホールの舞台には地区で共同購入した祭壇が設置される。施設によってカーテンの奥に祭壇が常設化され、葬儀になるとカーテンを開けてひきだし、すぐ使用できるようになっている場合もある[13]。

飯田の場合には、戦前の東京のように告別式と外儀礼部分だけ、つまり葬儀当日だけが、現在になって専用葬儀場において行なうようになっている。これは飯田においては、通夜の外部化はまだ行なわれておらず、公開を必要とされていないため、自宅での通夜を継続しているからである。しかしこの前夜の通夜における枕経などは近親者だけであり、近所もせいぜい葬式組である数軒のクミアイが参加するかどうかの程度で、きわめて限られた人びとしか参列することができない。また遺族もこの晩は喪服を着けずに普段着で参列していることが多いことも、まだ私的な儀礼という位置づけを物語っている。こうして通夜部分まで外

図9　飯田市の葬儀場での葬儀（2005年，長野県飯田市鼎中平）

図10　通夜会館（2011年，奥州市江刺区）

部に移行する必要はなかったので、葬儀当日だけが葬儀場に移行するようになったと考えられる。つまり一九九〇年代まで村落部では自宅告別式でありながら、都市部も村落部も通夜部分が私的な儀礼の性格を依然として持っていたため、移行させる必要がなく、外儀礼と告別式の移行だけが行なわれた。ただし、葬儀場への移行は、クミアイといった地域共同体から、葬祭業者に葬儀の実質的な執行のエージェントが移行した。

外儀礼は寺院で通夜部分は自宅でという地域は、飯田下伊那地方だけでなく最近までかなり広く見られた。東北地方もそうした形態が最近まであったが、自宅での通夜が難しくなり、通夜専用の施設が「通夜会館」としてつくられている地域もある（図10）。それぞれの儀礼の状況によってその対応は異なっているが、外部化の傾向はすすんでいる。

八　葬儀過程の空間の変容とその影響

こうして東京では高度経済成長期以降、葬儀の肥大化のなかで、自宅告別式からすべての儀礼部分を専用の葬儀場に移行することになった。東京では寺院を使用することも多いが、それも専用の空間を用意したり、本堂を使用するようにしても貸式場として利用されている場合が多い。つまり、生活空間領域に葬儀式だけを目的とした葬儀場が設置されることとなった。病院など施設での死亡が増加していくなかで臨終の場でもなければ、また墓地や火葬場といった死の領域でもない、中間的な空間に葬儀場が成立するのは、自宅告別式といった歴史的過程の産物であった。

こうした葬儀場への移行はプロセスの簡略化とともに外在化であり［山田　二〇〇七、三二一―三二三頁］、死の変換のフロー化でもあった。昭和五〇年代前半には、死亡場所は自宅から病院に逆転していく。それでも、いったんは自宅に連れて帰って横たえた後、納棺をして、葬儀場で通夜、葬儀、告別式を執行していた。それも一九九〇年代になると、葬儀参列者の小規模化が進むなかで直接葬儀場に遺体を搬送して葬儀をする人が増えていく。さらには、通夜の会葬儀礼化により、通夜と告別式の区分が理解されなくなっていき、「一日葬儀」、「ワンデーセレモニー」と称して、通夜を省略し一日に儀礼を短縮化する形態が誕生した。さらには儀礼自体を行なわずに火葬のみで済ます「直葬」も、かつては一般的ではなく、経済困窮者や死因を知られたくない自死の家族など特殊な場合であったが、これも一般化していき東京では二割から三割を占めるようになっているという［碑文谷　二〇〇九、一八五―一八七頁］。

　このような葬儀の過程の効率化の結果として、現在では葬儀とは何かという、葬儀そのものの意義自体が問われるようになっており、葬儀の多様性が認知される一方で、葬儀として成り立たせるものの合意形成ができなくなっている。人びとにとって、何が葬儀なのか、死をどのようにして受け止めていくのかという社会的な合意がこれから求められており、それを模索していく必要がある。

注

（1）本章では「葬儀場」を、葬送儀礼を行なう空間を示す意味として用いている。斎場という言葉もあるが、日本の場合、儀礼をする空間の意味もあるが、火葬場を示す場合もあるため、ここでは固有名詞以外は儀礼空間としての用語としては使用しない。

（2）天台宗の葬送作法では、引導式を葬列前に行なってしまっている点は曹洞宗の葬儀形式とは異なっている。これは引導という仏道に導く儀礼をどの時点で設定するかによってかわってくるものと思われる。しかし、三昧式を行なっている点は、やはり野外の遺体を変換させる儀礼を重視していることにかわりない［藤井編　一九七七、二八一―二八三頁］。

（3）「東京都青山葬儀所」(http://www.aoyamasougisho.jp/about.html) 二〇一三年一二月二七日。

（4）「青山葬儀所」『新建築』二八巻一二号、三四―三七頁。

（5）甲乙丙種の三段階あり、甲種会員には三〇円以上、乙種は一〇円以上、丙種は一〇円以下《ママ》の寄付をした者の区分で、その会員が斎場を利用する際には、甲種は永代無料、乙種は一代無料、丙種は一回無料となっている［可南子　一九〇五、一一七頁〕。

(6)　一九三六（昭和一一）年六月一五日付『東京朝日新聞』によれば、同月一四日谷中斎場経営主、大野甲子次郎が自宅で縊死していたとの報道がある。ちなみに明治四五年二月一一日付『読売新聞』では、谷中斎場が経営難で売りに出されていることが報じられている。当時の所有者は深川洲崎の大垣楼主大野馬之助であり、大野は前年の明治四四年一〇月に大八幡楼の中村常蔵より買い取ったが、本業の妓楼が不景気のため「御幣を担ぎ」売りに出したが、ものがものだけに売れないとしている。大野甲子次郎と大野馬之助が親族であるかは不明だが楼経営者が斎場経営をしている点は興味深い。

(7)　一九三一（昭和六）年八月二九日、浜口雄幸の葬儀は、民政党葬として、日比谷公園旧音楽堂において、神葬祭によって行なわれた（一九三一年八月三〇日付『東京朝日新聞』夕刊）。

(8)　火葬炉の近くに仏像が安置され、読経できるようになっている施設が『東京風俗志』の挿絵にあるが〔平出　一九七一（一九〇一）、二五頁〕、火葬場で葬儀を行なった新聞広告は見られない。

(9)　『公設火葬場、公設葬儀場、及共同墓地ニ關スル調査』とある袋綴、謄写版の報告書で、表題には「積立金運用課」としかない。しかしこの調査報告書は日本勧業銀行のものと思われる。というのは、第一に本文二二頁の火葬場建設のための低利資金供給についての記述のなかで、「而シテ其ノ貸付利率ハ日本勧業銀行直接貸付年五分四厘農工銀行代理貸付年五分九厘ナリ。借入申請団体名、希望額、供給額ヲ示セバ佐ノ如シ」として「火葬場ニ対スル低利資金供給状況」の一覧が掲げられている。このことから、他の金融機関についての記述はない。日本勧業銀行自体が農工業の改良のための融資を目的としており、子会社である農工銀行を間接融資と表現している点で、日本勧業銀行である可能性が強い。第二に、これは東京大学経済学図書館に所蔵され、金井延氏寄贈となっているが、金井氏は東京帝国大学経済学部の初代学部長であり、退官後日本勧業銀行の参与理事になっている点であり、内部資料を持っている可能性は十分にある。

(10)　京都市では、市設の蓮華谷火葬場に葬儀場を併設し、荘厳堂と称しており、その飾り付けによって特等、一等、二等、三等、四等と分かれている。特等は金襴打敷、胴巻、宣徳三具足、連燭台二対、金紙花、前拝幕、門幕、手長桶一対、白張提灯五十張、蠟燭、華束台（金方立）四対（盛物付）であり、最下等の四等は、真鍮三具足、白紙花、華束台一対（供物付）、蠟燭となっている。つまり式場荘厳の基本は礼拝道具であり、棺を担いできて安置し、そこで引導式を行うようになっている。また神戸市の場合、民間火葬場併設の葬儀場を火葬場ごと買収した後に、大きな斎場を大正一三年に建設し、旧来の葬儀場とともに使用している。また名古屋市の場合には、大正三年に共同墓地の一部に葬儀場を建設したという〔積立金運用

課　一九二八、二五―三五頁〕。

(11) 一九六七年一〇月吉田茂の戦後唯一の国葬が行なわれるが、密葬はカトリックで行なわれたため、今回の通夜の問題については取り扱わない。

(12) 飯田下伊那地方の葬儀の調査は、二〇〇四年度国立歴史民俗博物館の民俗研究映像で制作した「現代の葬送儀礼」（すべて監督は山田慎也）全四部のうち「地域社会の変容と葬祭業」（四五分）、「村落における公共施設での葬儀――下條村宮嶋家」（四五分）、「都市近郊における斎場での葬儀――飯田市佐々木家」（四五分）の三本の制作のために行なった。

(13) 長野県下伊那郡下條村の事例。

参照文献

市岡正一『徳川盛世録』東洋文庫四九六、平凡社、一九八九（一八八九）年

井上章一『霊柩車の誕生』朝日新聞社、一九八四年

井下清「東京市のあらしき葬儀所の開設に当たりて」『都市と緑』前島康彦編、財団法人東京都公園協会、一九七三a（一九三八）年

井下清「都市の葬務緑地」『都市と緑』前島康彦編、財団法人東京都公園協会、一九七三b（一九三八）年

内堀基光・山下晋司『死の人類学』弘文堂、一九八六年

エルツ、R「死の集合表象研究への寄与」『右手の優越』（吉田禎吾・内藤莞爾他訳）、垣内出版、一九八〇（一九〇七）年
（"Contribution a une etude sur la representation collective de la mort," Robert Hertz, *Annee sociologique*, 1 serie. t. X)

王夫子「中国葬祭教育および葬祭職業資格証書の管理」『現代における死の文化の変容』予稿集、山田慎也編、二〇一一年

可南子『祝祭送迎婚礼葬儀準備案内』園屋書店、一九〇五年

社団法人全日本冠婚葬祭互助協会一五周年記念事業特別委員会編纂委員会編『冠婚葬祭互助会四十年の歩み』社団法人全日本冠婚葬祭互助協会、一九八九年

圭室諦成『葬式仏教』大法輪閣、一九六三年

張萬石「韓国の現代葬儀の状況と変化」『現代における死の文化の変容』予稿集、山田慎也編、二〇一二年

積立金運営課『公設火葬場、公設葬儀場、及共同墓地ニ関スル調査』（袋綴、謄写版、東京大学経済学図書館蔵）一九二八年

東京博善株式会社『東京博善株式会社五十年史』東京博善株式会社、一九七一年
碑文谷創『「お葬式」はなぜするの』講談社、二〇〇九年
平出鏗二郎『東京風俗志』新装版（明治百年史叢書）原書房、一九七一（一九〇一）年
藤井正雄編『仏教儀礼辞典』東京堂出版、一九七七年
松本友記「熊本県阿蘇地方」『旅と伝説』六七、一九三三年
村上興匡「大正期東京における葬送儀礼の変化と近代化」『宗教研究』九〇（一）、一九九〇年
村上興匡「中江兆民の死と葬儀——最初の「告別式」と生の最終表現としての葬儀」『東京大学宗教学年報』一九、二〇〇一年
森謙二『墓と葬送の社会史』講談社、一九九三年
山田慎也「葬儀の形」『人生儀礼事典』倉石あつ子・小松和彦・宮田登編、小学館、二〇〇〇年
山田慎也『現代日本の死と葬儀——葬祭業の展開と死生観の変容』東京大学出版会、二〇〇七年
山田慎也「過程としての葬儀とその効率化」『死の儀法——在宅死に見る葬の礼節・死生観』近藤功行・小松和彦編著、ミネルヴァ書房、二〇〇八年
山田慎也「葬儀の変化と死のイメージ」『近代化のなかの誕生と死』国立歴史民俗博物館・山田慎也編、岩田書院、二〇一三年

第三章　社会の無縁化と葬送墓制
――人口動態と墓制の変化を中心に

槇村久子

一　人口動態と葬送墓制のすがた

1　少子・高齢・人口減少社会へ

東アジア地域において経済成長による都市開発が著しい。大都市では周辺地域からの急激な人口集中と都市化により、都市構造と家族構造に変化が起こっている。中核的な都市は開発が進み人口膨張が著しく、その増大する需要に対して墓地の供給と火葬場の整備が求められている。そのため旧来の墓地や火葬場の様式や施設配置は都市計画などで大きな課題となっている。

葬送墓制は社会経済構造の変化や人口動態と密接に関係している。人口動態からは、日本はすでに少子・高齢・人口減少社会に入り、また人びとの意識やライフスタイルの変化は葬送墓制に変化を起こしている。東アジア地域でも中国や台湾、韓国も同様の現象が起きつつある。新しい方法として散骨や樹木葬の導入が進められ、また葬送への家族の意識も変化が見られる。中国、台湾、韓国の都市の現状から、課題と方向、葬送や墓制の政策を視野に入れつつ、日本における現在の課題を明らかにする。

日本は少子・高齢社会のみならず、すでに人口減少社会に入った。日本の二〇一〇年の人口動態は、死亡数は一一九万七〇六六人で、前年より五万五二〇一人増加、死亡率は九・五（一〇〇〇人当たり）で、前年の九・一を上回った。一方、合計特殊出生率は一・三九、高齢化率は二三・〇％である。二〇五〇年には、二〇一〇年当時の総人口の約二五％に当たる三三〇〇万人が減少し、高齢化率も三八・八％になると予測されている（厚生労働省「平成二二年度人口動態統計月報年統計の概況」二〇一〇年）。

日本は世界で最初の人口減少社会になり、その変化はライフスタイルや、これまでの家族や地域が担っていたさまざまな役割の継続を困難にし、現在はその変化の渦中にあり、葬送墓制のあり方を変容させている。

日本のみならず、このような傾向は東アジアの中国や台湾、韓国でも同様の傾向が到来すると考えられる。二〇一〇年の合計特殊出生率は、韓国やシンガポールが一・二二と日本よりさらに低い。二〇一〇年と二一〇〇年の長期的な人口推移の予測を見ると、日本は二一〇〇年に三五二〇万人減少し九一三三万人になり、増減率はマイナス二七・八％である。韓国は三七二二万人になり、一〇九六万人減少し、増減率はマイナス二二・八％である。中国は二一〇〇年には四億二九万人減少し九億四一〇四万人になり、増減率はマイナス二九・八％である（国連『世界と主要国の将来人口推計』二〇一〇年版）。人口推計から見れば、出生率が低下しつつある台湾や韓国、また長年一人っ子政策をとってきた中国も、いずれは少子・高齢だけでなく人口減少社会になる。

2　日本の葬送・墓制の動向

社会のあり方と墓の持つ性質の変化の関係を概観すると次のようになる。

〈地縁血縁社会〉→〈個人化社会〉→〈無縁化社会〉

	永続性		無縁化	無形化
墓	尊厳性	→	個人化 →	有期限化
	固定性		流動化	共同化

人びとが地縁血縁の社会に生きていた時代は、墓・墓地は、永続性・固定性・尊厳性を持っていた。それが、近代以降の産業構造や都市化のなかで、地方からの人口の流出と都市への人口集中により個人化社会になり、墓の無縁化・個人化・流動化が起きた。それを超えるものとして、墓・墓地の無形化・有期限化・共同化を導いた［槇村　一九九三、一六三頁］。

墓の無縁化・個人化・流動化に対して、日本は現在まだ過渡的な対応しかしていない。この変化を理論的に導いたときに問題になったのは、墓が継承されないという墓の無縁化であった。ところが今後起こってくる問題は、人びとが生きている間からの無縁化社会である。これからさらに個人化社会が進み、無縁化社会が進行すると、葬送墓制にどのような問題があるのだろうか。

3　単身化社会の問題――生涯未婚率の増加

無縁化社会になっていくと考えられる理由の一つは単身化社会になっていくことである。それは離婚と未婚者の増加によるものである。二〇〇二年は最高の離婚率で二・二六（一〇〇〇人当たり）、離婚件数は約二九万件、二〇〇九年の離婚率は二・〇一で約二五万三四〇〇件である。もっとも再婚もあるであろうが。また、すでに「第一四次国民生活審議会総合政策部会」（一九九四年）は、生涯未婚率が増えている実態から、「個人の自立を支える社会の形成に向けて」を提言している。生涯未婚率が高くなると、少子・高齢・人口減少がさらに進行する。家族は個人化し、地域社会の崩壊が進み、職場の終身雇用の崩壊も始まっている。この状況は無縁化社会を進めると考えられ、葬送墓制に大きな変化をもたらすと考えられる。

結婚年齢期にあると考えられる二〇歳から三四歳の男性と女性の未婚、既婚の割合を一九七〇年と二〇〇〇年で比較すると、次のようである。二〇歳から三〇歳の男性は、一九七〇年代は五〇％以下が未婚であったのが、二〇〇〇年では七〇％が未婚である。女性は、一九七〇年代は二〇％が未婚であったが、二〇〇〇年では五五％が未婚である。次に三〇歳から三四歳を見ると、男性は一九七〇年代は九〇％が既婚で、女性も九〇％以上が既婚である。それが二〇〇〇年になると、男性の四〇％が未婚で、女性も三〇％が未婚である。男女とも、一九七〇年代は三四歳までには九割の人は結婚していたが、二〇〇〇年では男女とも六、七割しか結婚していない。

国立社会保障・人口問題研究所「人口統計資料集」二〇一二年版によると、生涯未婚率は、一九六五年では男性一・五％、女性二・五三％であるが、二〇一〇年では男性二〇・一四％、女性一〇・六一％と年々上昇を続けている。

こうした生涯未婚者のなかには積極的に家族に依らない人間関係をつくりだしている人たちもいるが、多くの生涯未婚者は、いずれ高齢単身者になり、無縁化社会をつくり、葬送墓制における無縁化をさらに進めると推測される。

二　墓・墓地について

個人化社会では、墓・墓地の無縁化・個人化・流動化を超える墓制として、共同化・有期限化・無形化を導いたが、試行的に数多くのかたちがつくられてきた。詳細の説明は省くが、昭和五〇年代から見られる先駆的なものは以下のような例がある。

まず、無縁化・個人化・流動化の矛盾を克服するかたちで現れてきた墓が、筆者が名づけるところの「都市型共同墓所」である。家族を単位としない、そして地縁血縁によらずに同じ墓所に眠る形態である。こうした新しい共同墓は、当初仲間縁、社縁、女縁の墓として登場した。その後被葬者の異質性が高い、その人の属性を問わない共同墓が出現した。こうした民間の「都市型共同墓所」は、個人単位、共同祭祀、死後の平等性の三つの特徴を持っている［槇村　一九九三、一五二頁］。その後、公営墓地や民間霊園でも共同墓（合葬墓）へのニーズが高まった。

共同墓（合葬墓）は、公営では東京都府中市多磨霊園のみたま堂と合葬式墓地がみられ、民営の例としては東京都豊島区にある、もやいの会によるもやいの碑、また京都府京都市の常寂光寺女の碑の会の志縁廟、新潟県新潟市妙光寺の安穏廟などがある［槇村　一九九六、一六〇―一六一頁］。墓の有期限化は、日本ではほとんど事例がない。また、墓の無形化の例は、大阪府大阪市の一心寺の骨仏、また現在ではさまざまなところで行なわれるようになっている海洋への散骨、さらに樹木葬は、岩手県一関市の祥雲寺樹木葬墓地などがある。

1　樹木葬墓地への関心――散骨、樹木葬など無形化の方法

近年日本で関心を集めている墓・墓地に、樹木葬墓地がある。一関市にある祥雲寺（後の知勝院）は日本ではじめて「樹木葬墓地」を始めた。地域の環境保全が大きな目的のひとつであった。一九九九（平成一一）年に宗教法人祥雲寺が「樹木葬公園墓地」として申請し墓地の経営許可が下りた。現在は樹木葬墓地のある所は、祥雲寺の子院である知勝院が運営している［槇村　二〇〇五a、二四七―二五二頁・千坂　二〇一〇、一八―三三頁］。その後このような樹木葬墓地を模した墓地が他の民間霊園でも数多く造られるようになった。しかし、里山保全の立場からこのような本格的な樹林地を墓地とするかたちは他には見ることはできない。

それは、樹林地等の開発設置に課題があるからである。祥雲寺だけではなく、市民の自然志向に合わせて都市近郊の里山や放置林を樹木葬墓地にしようとする動きがある。しかし、はじめて樹木葬墓地を設置した祥雲寺の自治体との交渉は困難であった。「墓地、埋葬等に関する法律」は第四条において「墓地」以外に埋葬を認めていないので墓

地の許可を得た場所以外で、樹木葬として遺骨を埋蔵することはできない。そのため、周辺の住民も里山の樹林地を墓地として認めにくいからである。

樹木葬への関心からそれに類するものを設置する動きが公営墓地にも見られるようになった。二〇〇六（平成一八）年に開設された横浜市の墓地のメモリアルグリーン、最近では二〇一二（平成二四）年に設置された東京都の小平霊園の樹林墓地と樹木墓地である。しかし、横浜市の合葬式樹木型墓地は、真ん中に一本の樹木が植えられているだけで、芝生の下に骨壺を納骨するかたちである。山間の樹林地である一関・祥雲寺の樹木葬墓地や、イギリスの各地で見られるWood Land Burialのような樹林地［武田　二〇〇八、一五―五二頁］とは本質的に異なっている。また、スウェーデン・ストックホルム市営墓地の樹林地への散骨や森林墓地とも異なっている［槇村　二〇〇五b、六七―八一頁］。

樹木葬墓地は区画や石碑のない墓所である。わずかな銘板などの目印はあるが、墓標は樹木である。それゆえ、樹木が目印であっても、区画や石碑など家族による維持管理は必要にならず、また継承者がいなくても問題にならない。つまり無縁化、個人化へ対応しているのである。

2　葬送墓制の無形化と環境への関心とニーズの背景

こうした無形化する墓地のなかでも、樹木葬に人びとの関心が高い理由は、次のように考えられる。まず、既存墓地の維持管理が困難になっている点である。また、人びとの自然回帰や地域の自然環境保全に対するニーズが高まっていることがある。環境保全に対する欧州各国、自治体のニーズは、例えばイギリス、ドイツ、スウェーデン、ノルウェーでは、生態系など自然環境の保全や復元と、埋葬や火葬などから生じる土壌汚染や火葬炉から排出される大気汚染からの環境保全の二つがある。埋葬時の副葬品や骨壺がいつまでも土壌に残存したり有害な物質である場合があるなどで、環境への規制や配慮事項がある。

さらに墓地の開発に関する土地利用の問題からも、墓地の敷地内でミンネルンド（無名墓地）のような地下に骨壺を埋め地上を公園様式にしたものや花壇状の様式もあり、樹木葬など新たな葬法が出現している。例えばイギリスではノウリッチ市にあるコルネイ・メモリアル・パークス（民間会社）は都市近郊林をそのまま墓地とし、またクリズロー地域のリボル・バレイ・ブロウ自治体の墓地のもっとも新しい区画は白樺が墓標であり、ウラブネス地域にはオークフィールド・ウッド・エセックス野生生物トラストがある。オークフィールド・ウッド・エセックスは牧場地であったところにすべて墓標として白樺を植え、樹林地にする墓地である［武田　二〇〇八、一五一―五二頁・槇村　二〇一三b、一九二―一九三頁］。フランスの小さい地方都市のモンメリアン町の墓地は自然風景地である。散骨については、フランスでは二〇〇八年火葬および墓地に関する法改正が行なわれ、散骨の手続きなどを定め、自治体による場所の設置義務を課すようになった［槇村　二〇一三b、一六五―一六六］。ノルウェーではオスロ市墓地に公園様式のミンネルンドが、スウェーデンではストックホルム市墓地に散骨のための山林がある。ドイツではベルリン市墓地にサークルの形状で墓碑を設けず、周囲に花が飾られたものがある［槇村　二〇〇五b、六七―七五頁］。

このように葬送墓制の無形化と環境化の背景は、ひとつは個人のニーズに関すること、もうひとつは自治体や地域など社会の問題である。欧州のこのような傾向は、中国の大連市や上海市［槇村　二〇一二b、二八頁］にも、北京市［長江・八木澤　二〇〇七、四〇―四一頁］にも見られ、韓国ソウル市［張　二〇一二、六八―七四頁］にも見られる。そして日本も同じような傾向にある。

3　自治体の課題

日本の自治体が樹木葬墓地を設置する理由は、特に大都市では公営墓地の不足がある。首都圏は特に人口集中、死亡者の増加、死亡者のピーク時への対応が課題である。

高度経済成長の時代に、東京都を中心とする首都圏、名古屋市を中心とする中部圏、大阪市を中心とする近畿圏の三大都市圏に人口が集中した。その人びとは郷里へは帰らず、大都市圏で死を迎える。国立社会保障・人口問題研究所の「日本の将来推計人口」（平成二四年一月推計）によると、出生中位・死亡中位設定による推計結果は、二〇四〇年が死亡者のピークと予測されている。その量的問題に対応することが目的である。もう一つは「死後は安らかに自然に還りたい」という市民の要望に応える質的問題への対応である。例えば東京都小平霊園の樹林墓地の概要を次に見よう。

二〇〇八（平成二〇）年二月に東京都公園審議会答申「都立霊園における新たな墓所の供給と管理について」が出された。この答申のなかの〝新たな形式の墓所〟として整備されたのが「樹林墓地」である。これは、二〇一二（平成二四）年三月に完成し、コブシ、ヤマボウシ、ナツツバキ、ネムノキ、イロハモミジなど落葉樹林の下に共同埋蔵施設を設け、直接土に触れるかたちで、多くの遺骨を一緒に埋蔵できる。面積八三四平方メートル、埋蔵予定数は約一万七〇〇体で、献花や焼香は、墓地正面の献花台で行なう。使用料は一回だけで、遺骨は一体一三万四〇〇〇円、粉状遺骨は四万四〇〇〇円である。粉状にすると、より多く納骨できるからであろう。

これに隣接して、「樹木墓地」が現在工事中である。樹木墓地は、シンボルとなる樹木の周辺に、遺骨を三〇年間埋蔵した後に、共同埋蔵する。墓地の供給側は、第一に、小さい面積で多くの死者（遺骨）を受け入れることができる。第二に、継承者がいない墓所の無縁改葬にかかる手間と経費をなくすことができることになる。

このような樹林墓地への市民の申し込みが高い倍率になった市民ニーズの背景は、七つの要素が考えられる。（1）使用料・維持管理費が安い（安価）、（2）駅近くの利便性（立地）、（3）都立霊園という信頼や安心感（安心）、（4）土に還るという自然志向（志向）、（5）事務所による毎年の献花式（共同祭祀ともいえる）、（6）家族の多様化に対応（家族形態）、（7）個人や家族の墓の維持管理が不要（維持管理）の点である。使用料が安価で維持管理が不要であるという点は遺族（本人が事前に決定している場合もあるが）、自然志向は本人に関わる事項である。樹木葬への関心の傾斜は、土に還る、死後は安らかに自然に還りたいという自然への志向、そして家族形態が小規模になり、単身化し子どもがいても自分で死後の住みかを決め、家族に世話にならずにすむという市民の選択であると考えられる。

次に近畿圏の中心である大阪市の都市の発展と墓地政策を概観しよう。大阪市の公営墓地・葬儀場・火葬場は、都市の発展とともに、配置、設置数、墓地様式、管理形態（体制）を変化させ、その時代の社会経済構造の変化に対応してきた。近年は、無縁改葬のなかに無縁化社会の進行がみられる。

大阪市でもっとも古い公営墓地は一八七四（明治七）年に設置された南霊園と北霊園である。一九八六（昭和六一）年から無縁墓調査を開始し、一九九五年に約七五〇基を移転改葬した。北霊園は一九九八年から無縁墓調査を開始した。南霊園には整理された無縁墓の遺骨を合葬する無縁塚が、明治時代から期間ごとに建てられている。身寄りがなかったり、あったとしても引き取り手のない遺骨のための納骨堂が設置されており、最近は年間およそ二〇〇〇人ほどあり、増加傾向にあるという［槇村　二〇一二a、一一一六頁］。

墓の継承を必要としない合葬式の墓地は、大阪市営墓地ではじめて設置されたのは瓜破霊園であり、二〇一〇年のことであった。大阪市斎場霊園担当によると、まだ認知度は低いが、開設年の利用者は直接合葬型一五六件、一〇年保管型三八件、二〇年保管型五七件の計二五一件の申し込みがあった。子どもがいる人であっても、継承者を必要としない共同墓の利用者もいる。子どもがいる人であっても五一・七％は無縁化する可能性を考えているという。少子・高齢・人口減少社会、単身化社会は、無縁化社会をさらに進行させると推測され、自治体はどのように対応するかが課題である。

三　葬儀と葬儀場について

墓地だけでなく、葬儀場と火葬場も、少子・高齢・人口減少社会への移行の影響を強く受けることとなり、葬儀および葬儀場も現在変化の渦中にある。

自治体で異なるが、大阪市は近代初頭から、墓地と葬儀場と火葬場を設置しており、現在、墓地だけの所、墓地に火葬場が併設する所、火葬場に葬儀場を併設する所、墓地と火葬場と葬儀場が併設する所がある。大阪市二四区では、市内五ヶ所に市立斎場があり、火葬を行なうほか葬儀場もある。これは通夜にも利用できる。式場は大、中、小の式場があり、葬儀の規模に応じて使用が可能である。駅近くの都心に一ヶ所、葬儀の専門施設「やすらぎ天空館」が設置され、当初は社葬や大規模な葬儀を予想していたが、近年使用回数が減っているという。その理由は、親族や地域の人びとが多く集う葬儀が減ったこと、また周辺地域に民間事業者の家族葬など小人数で行なう葬儀場が急に増えたことである。

日本では、家族の小規模化に合わせて、個別の葬儀場も小さくなっている。そのため、民間事業者の小規模の葬儀場が各所にできている。沿道の店舗跡地を葬儀場に造り変えた建物もある。一方、大手葬祭事業者は、人口集積地の都心で、鉄道駅前や道路事情がよい立地を選択し、葬儀の利便性を高めている。

家族の小規模化だけでなく、葬儀の個人化に対応するようにもなった。葬儀の方法や祭壇のデザインを、生前の故人や遺族の要望を聞きプロデュースする。葬儀事業者のなかには、祭壇に花を飾っていた生花業者が葬儀もするようになったものもある。

しかし、葬儀事業者と打ち合わせができる遺族がいれば問題はない。家族葬は主として核家族を想定している。単身者や子どもがいても実質的に一人暮らしである場合、誰が葬儀を主催するのかという問題が生じている。これまでは、単身者であっても地域の人びとが葬儀の世話もしていた。しかし、現在は伝統的な地域以外は、地域の人びとはほとんど葬儀に関わらない。都市郊外の住宅地ではサラリーマンが多く、回覧板で亡くなった人の知らせが来る程度である。経済的に余裕のある人びとは生前契約により、自分の将来の葬儀を計画し、予約することができる。今後単身化が進むと、〝家族葬〟から〝単身葬〟へ変わる可能性がある。最近はインターネット葬儀事業者や小規模葬儀業者が乱立し、葬儀事業者が多様化しただけ市民の選択枝が広がっているが、一方不安も増えている。

四　火葬場の運営主体の変化と課題

日本では火葬場は、一連の葬送の場で、死者との〝最後のお別れの場〟としても重要な施設である。都市によって設立の歴史は異なるが、ほとんどが地方公共団体である市町村が設立・運営してきた。

一八九七（明治三〇）年の伝染予防法（一九九九〈平成一一〉年に廃止。現在の「感染症の予防及び感染症の患者に対する医療に関する法律」）が制定されて以来、埋葬方法として火葬は増加し、現在はほぼ一〇〇％の火葬率である。衛生環境を保持する観点から、公共性の高い施設である。

一九四八（昭和二三）年五月に「墓地、埋葬等に関する法律」が制定された当初、火葬場等の経営主体については明確な規定はなかった。そのため、当時の厚生省（現在の厚生労働省）が一九六三（昭和四三）年四月に「墓地、納骨堂又は火葬場の経営主体については、（中略）原則として市町村等の地方公共団体でなければならず、これによりがたい事情がある場合であっても宗教法人、公益法人等に限るとされてきたところである。これは、墓地等の経営については、その永続性と非営利性が確保されなければならないという趣旨によるものであ」ると通知している［大阪市二〇一二、二頁〕。そのため、日本ではほとんどの火葬場は市町村が設立、経営している。

ところが現在、火葬場の業務について変化が起きつつある。例えば大阪市や京都市はそれぞれ市立斎場運営検討委員会を設けて課題と今後の方向性を整理、提言したところである。大阪市は二〇一二年現在、人口二六八万人で二四区あり、火葬場は市内各所から四キロ程度の範囲に五ヶ所配置されている。一方、京都市は、二〇一二年現在人口一四七万人で一五区あり、火葬場はかつて市内の東部と西部に二ヶ所あったが、現在は東部に集約され一ヶ所である。

火葬場の抱える課題は以下の点であろう。火葬場は何回か建て替えられているが、古い施設は使用を開始してから三〇年以上経過し設備が経年劣化していること。しかし地方公共団体は財政的に厳しいために経営的に収支バランスをとり支出を抑制したいこと。さらに業務の効率化を進めたいこと。一方で市民サービスを向上させたいこと等である。そのため全国的な傾向として、これまで市が直営で経営してきた火葬場を民間事業者に運営を委ねたいと考えている。

例えば大阪市では、（1）サービスのあり方、（2）業務の効率性と改善、（3）施設のあり方、（4）その他について検討委員会が議論し課題を整理した。また直営と業務委託と指定管理者制度の三つの運営形態のメリットとデメリットを比較した。そして（1）安定性、（2）経済性、（3）サービスの質、（4）リスク対応、（5）公平性の観点から評価している。特に経済性では公務員の給与が高いことから、民間事業者の方が経費削減効果や市民ニーズに対応した柔軟な運営ができるとされた。

全国の政令指定都市（およそ人口規模は一〇〇万人以上の都市）の火葬場の運営形態は、五三施設のうち、直営は一八、直営ではない施設は三五（委託二〇、指定管理は一四、ＰＦＩ一）で、火葬業務は民間事業者の運営が増えてきている。

京都市では、（1）市民サービス、（2）文化慣習、（3）火葬技術、（4）財政・経営の観点から検討された。京都市の火葬方法は、燃焼効率を上げるため遺骨が骨受けに落ちるロストル式であり、お骨をきれいに残すための技術伝承が必要であるとされた。

しかし、都市の自治体にとってもっとも大きい課題は、第一に人口動態の問題であり、第二に家族の多様化にともなう市民ニーズの変化にどう対応するかである。また第三に東日本大震災のような災害時の対応である。

まず、人口動態の課題については、高齢社会の進行と平均寿命から、死亡件数が増大し今後火葬件数は増加する。財団法人厚生統計協会の「日本の将来推計人口」の死亡人口の推計資料をもとに大阪市が推定したところ、二〇四一（平成五一）年にピークを迎え、年間三万九七〇〇件を超える。京都市では火葬件数のピークは二〇三一―三五（平成四三―四七）年で、現在年間一万六六〇〇件、一日一〇二件が、ピーク時には年間二万二五二〇件、一日一三八件となり、一日の火葬能力を超えてしまうのである。しかしその後、火葬件数は減少していく。市としては、ピーク時の火葬件数に対応しなければならないが、設備を増やすと増設のコストと維持管理費に問題があると考えている。

もっとも大きな問題は、サービスに対する市民ニーズの多様化への対応である。現在の日本の火葬場は、火葬前に炉前で家族が集まり最後のお別れをして、火葬後は家族でお骨拾いをするが家族の人数が少なくなり、単身者の葬儀もある。葬儀を行なわない直葬や家族葬など葬儀の小人数化にどのように対応するのかが課題である。例えば東京都のある火葬場では、職員が火葬前に棺を祭壇に置き、花を棺の上に置いている。京都市の火葬場では「参勤僧」という制度があり、僧侶が常駐し最後のお別れの際に読経を行なう。京都仏教会の僧侶が交代で火葬場にいて、棺前勤行をする僧がいない場合、家族らの求めに応じて行なっているのである。通常日本では公共施設で特定の宗教関係者が関わることはない。しかし直葬や家族がいない場合など、死者の最後の見送り方として、職員が花を手向けたり参勤僧が読経するなどの方法は、その故人に対するひとつの敬意と考えられる。

また、火葬後、お骨を引き取らない場合も増えている。今後増加が予測されるため、納骨堂や無縁仏（者）への対応を考える必要がある。現在は、散骨希望者でもお骨拾いをして、あとで粉状にするが、火葬時に粉状を希望する仕組みも考える必要があろう。

五　東アジアの葬送墓制の変容から見える日本の変化への課題

1　中国、台湾、韓国の葬送墓制の現状と変容と日本の比較から

日本ではこれまで見てきたとおり、少子・高齢・人口減少社会への人口動態と、それに伴うライフスタイルの急激な変化により、家族や地域が担ってきた葬送や墓の承継が困難になっている。葬儀では直葬や家族葬が増えつつあり、また墓は無縁化が進むなかで承継の必要がない共同墓や、散骨、樹木葬等墓の無形化への希望も見られる。東アジア地域では、経済成長が著しい韓国、台湾、中国の人口動態の変化からも、同様の兆しが散見された。韓国では団塊の世代の意識変化や少子化時代で葬儀施設を管理する子孫が減少すると予測され［張　二〇一二、七一頁］、また中国では一人っ子政策による家族人員の減少が大きく影響すると考えられるためである。

一方、行政として中国の大連市や上海市、北京市、台湾の台北市、韓国のソウル市などの都市部では、人口集中と都市開発による土地利用上の課題から、各政府は火葬の普及と芝生葬や樹木葬、海洋葬など、散骨への政策を積極的に進めている［槇村　二〇一二b、二八―二九頁・張　二〇一二、七二―七三頁］。

人口動態の変化からすれば、共同墓や樹木葬、散骨などのような墓の無形化・環境化の方向に行かざるを得ないし、また有期限の方法も考えざるを得ないと考える。台湾の宗教学者鄭志明は「墓苑建設による自然破壊を防ぐように、自然と人文の調和を重視すべきである。墓地は有限の資源であるため、墓地の循環利用を確保できるように、墓地や納骨堂の使用期限を規定する必要がある」と指摘している［鄭　二〇一二、五六頁］。しかし、変わりつつあるとはいえ、現在でも残る中国や台湾、韓国の伝統的な葬送に対する市民感情はどのようになっていくのだろうか。大連市で

は共同納骨堂を設置したり、海への散骨を奨励しているがまだ希望者は少ない。台湾でも樹木葬墓地に最近人気がある一方、地方都市では風水観念による墓所の立地選好が色濃く残り、子孫と家族の繁栄を願う気持ちが墓地の造成にも表れている［槇村　二〇一二b、二八―二九頁］。市民は何を求め、何を残し、社会の変化にどのように対応していくのだろうか。

中国、台湾、韓国では樹木葬や海への散骨などは国の政策として進められ、自治体で実施している。韓国では二〇〇八年法律で自然葬（樹木葬）を導入したが、散骨に関して現行では法的規定がないため、散骨など制度化に向けて法律の改正など法的準備の必要性が求められている［張　二〇一二、七二頁］。

このように中国、台湾、韓国ではやはり人口動態の変化から、無形化の動きが見られ、施策も実施されている。しかし、日本においては、社会変化に対して葬送墓制に関する方向性を示す施策がない。散骨や樹木葬は国の法律がなく、民間に委ねられ、公営墓地ではその規定がなく散骨は実施されていない。最近〝近畿の水がめ〟といわれる琵琶湖への散骨に対して、飲料水を利用している市民から問題視された事例もある。日本ではまだ多くはないとしても散骨や樹木葬などのコンセンサスをつくっていくこと、また例えば公営墓地などで散骨の空間を確保することなど、政府や自治体は散骨に関する法律や条例などを整備する必要がある。

また、葬送や墓を家族や地域が担うことが困難になり、専門家に任され、専門化・企業化している状況は、中国や台湾、韓国、日本も同様である。都市部の人口集中と都市化の進展によってその必要性と巨大なマーケットが出現している。中国、台湾、韓国では、そうした専門化・企業化に対して、大学を含む高等教育機関での専門教育に裏打ちされた資格や評価システムがある［王　二〇一二、二〇―二三頁・鄭　二〇一二、五四―五五頁・張　二〇一二　七一―七三頁］。葬送墓制に関する法整備とともに、教育は今後日本が取り組むべき大きな課題である。

2　日本の葬送墓制に影響を与える大きな変化とこれから

現代日本の葬送墓制の変化について、東アジアとの比較をしながら、無縁化の進行と無形化・環境化する葬送・墓・墓地への変化の方向を整理し、個別の具体的な課題はこれまでに述べた。以下は、日本における葬送墓制に影響を与える大きな変化に対して今後の問題について述べたい。それは、既存墓地の維持管理や土地利用上の問題、葬送墓制と都市構造や家族構造の変化の関係性の東アジアとヨーロッパの類似性の問題、宗教性と個人の死のゆくえと新たなコミュニティの形成の三つの問題である。

まず既存墓地の維持管理や土地利用上の問題である。現在すでに広大な面積の公園墓地が都市近郊に開発されているが、今後無縁化が進行するなかで墓・墓地の維持管理はどのようになっていくのだろうか。公営墓地は東京都や大阪市などでは開設から一〇〇年以上（古い墓地で約一五〇年）が経過し、現在も管理維持されている。しかし、今後増加する無縁整理は大変な労力と経費が必要になる。少子・高齢・人口減少社会が進行すると、今後民間開発の大規模墓地は持続的に維持管理に耐えられるかどうかが懸念される。もし維持管理がされなければ、広大な荒涼とした土地の風景になるだろう。現在の墓地経営を主に支えているのは使用料と年間管理料である。管理料が支払われなければ無縁墓の整理をすることになるがその費用は含まれていない。墓地自体の永続性と個別の墓が無縁になったときの撤去・処理費用を基金や処理費用として別途徴収することなどの方策をこれから考える必要もあるだろう。

次に日本を含めた東アジアの葬送墓制がヨーロッパと同様の変化を起こしているのだろうかという点である。葬送墓制について、経済の進展、都市構造の変化と家族構造の変化に伴いどのように変化しているのか、その関連を分析し、今後の具体的な方向を探るのが筆者の一連の研究目的である。特に北欧では、少子・高齢社会がいち早く到来し、家族政策と労働政策、社会保障政策、都市政策が関連づけられてきた。先に述べたように、墓制ではスウェーデンやノルウェーだけでなく、イギリスやフランス、ドイツなどでは無名墓地や、樹林や樹木の下や芝生地への散骨、樹木葬のような、無形化・環境化の墓地がある。日本と中国や台湾、韓国は概観的には文化的・宗教的な共通性も多く、祖先崇拝が強いと言われているが、葬送墓制について無形化・環境化というヨーロッパの葬送墓制と同様の現象が起きていることがみられる。これは、経済の進展や都市構造の変化や家族構造の変化だけによるものか、宗教や市民の葬送に係る家計との関係性の変化等も考えられ、詳細に研究をしていく必要がある。しかし人口動態の変化の中で無形化・環境化は大きな方向と考えられる。

最後に宗教性と個人の死のゆくえと、墓を媒介にした新たなコミュニティについてである。日本には、これまで「家」制度にもとづいた家族と地域と宗教が一体となった地縁血縁社会の中で葬儀と墓・墓地があり、寺檀制度にもとづき仏式の葬儀を行なってきた。しかし高度経済成長とともにこうした関係は崩れ解放されていき、個人化してきている。故人や遺族が自分の意思によって葬儀や墓・墓地を選択できるようになった。近年無宗教による葬儀も見られる。人々が緊密な家族や地域、さらに職場から解き放たれて自由になった一方、自分自身が葬儀や墓・墓地、また宗教を選択しなければいけない状況になった。

これまで、葬儀や墓・墓地は生きている人が、亡くなった父母や先祖のために行なった。しかし現在は、自分の死後、葬儀をどのようにするか、墓は子どもに迷惑をかけたくないからいらない、自分で生前に建てておく、散骨してほしいなど、先祖や亡くなった人から自分の死後や子どものためなど、意識のベクトルは過去から未来の方に向いている。自分自身で死んだ後のことを決めておかねばならない、〝死後設計〟が求められているのである。ところが、これには自らの死後設計を託すものが必要である。また孤立した死を迎えざるを得ない人がいる。家族や地域に代わる新たなコミュニティが形成されなければ孤立した死を迎えざるを得ず、死が放置されることが懸念される。

このような状況に対して、葬儀と墓・墓地の問題を含め、自らの死の前後を託す組織・団体と墓・墓地が現れてきた。

地縁血縁社会による地域共同体を離れ、都市にバラバラに浮遊する個人が人生のラストステージとしての空間拠点を求めて、墓から逆照射する形で、家族や地域だけによらない新しい人間関係やコミュニティの形成を模索していることにこそ、近代を超える墓の萌芽が見られる。先に述べた女の碑の会・志縁廟、もやいの会・もやいの碑などの「都市型共同墓所」がそれである。いずれも自らの意思によって生前に死後設計を託すところである。そこでは、生前の会員同士や事務局スタッフ等とのコミュニケーションやともに参加する活動、人びとが集まる場が重要な意味を持ち、また死後の共同祭祀が行なわれている。

これまで方向性として述べてきた無形化・環境化の墓でも、祥雲寺の樹木葬墓地も埋葬するためにやはり死後に会員の遺骨を引き取りに行く必要性などが発生し、前述の都市型共同墓所と同様のことを行なっている。無形化・環境化の樹木葬墓地は、変化し続ける樹木や土地の生態系を継続的に管理していくことが必要になる。人びとが無形化という墓を選んだとしても、その空間を持続的に維持管理していく組織が必要になるのである。

しかし、自らの死後について生前に設計・契約ができる人びとばかりではない。孤立死を迎え、葬儀も埋葬もされない人びとが出てくる可能性が高い。個人化によって、その人の死が誰とも関わらず、〝個人の死〟としてしか位置づけられないようになるのではないかという不安である。社会的存在としての一人の死に対してどうするのか、個人化社会からさらに単身化した無縁化社会に進んだときに、どのように社会は人の死に対応するのか。

例えば、大阪市では火葬場から引き取られない骨壺が増加傾向にあることは先に述べたとおりである。「墓地、埋葬等に関する法律」第九条には、「死体の埋葬又は火葬を行う者がないとき又は判明しないときは、死亡地の市町村長が、これを行わなければならない」「前項の規定により埋葬又は火葬を行ったときは、その費用に関しては、行旅病人及び行旅死亡人取扱法（明治三二年法律第九三号）の規定を準用する」となっている。このような埋葬や火葬を行なう家族のいない、またわからない、孤立死に対して、これまでは地域社会の人びとが対応してきたのであるが、現在は困難になってきている。今後単身化社会に進んでいくと、このような死者が増える可能性がある。こうした人びとの死にどのように対処するかが問題となるが、現在の法的な対応はこの「墓地、埋葬等に関する法律」第九条か生活保護法によるものだけである。ただし大阪市や京都市では定期的に慰霊祭を行なっているように、このような人びとも先に述べた都市型共同墓所での新しいコミュニティ活動のように展開することも可能であると思われる。

無縁化社会のなかでこうした人びとの死に対して、社会全体が新たなシステムを創っていく時代に来ていると考える。

参考文献

槇村久子「日本近代墓地の成立と現代的展開」京都大学博士論文、一九九三年
槇村久子『お墓と家族』朱鷺書房、一九九六年
楊国柱「風水理論與賓葬設施用地規画之研究」『人與地』二〇七号、人與地雑誌社、二〇〇一年
槇村久子「日本的墓地、墓園的現状和課題」『人與地』二〇七号、人與地雑誌社、二〇〇一年
槇村久子「墓・墓地の共同化、無形化、有期限化への動向と背景」『研究紀要』一八号、京都女子大学宗教・文化研究所、二〇〇五年ａ
槇村久子「ノルウェーとスウェーデンにおける大都市の墓地の現状と変化への対応」『現代社会研究』。八、京都女子大学現代社会学部、二〇〇五年ｂ
槇村久子「都市と家族構造の変化における北欧とアジアの墓地の比較研究」『研究成果抄録集二〇』京都女子大学、二〇〇六年ａ
槇村久子「葬送と墓についての意識変化——全国意識調査から」『研究紀要』一九号、京都女子大学宗教・文化研究所、二〇〇六年ｂ
槇村久子「墓地や葬送の変化と人口一〇万人以上都市の公営墓地・火葬場に関する動向」『研究紀要』二〇号、京都女子大学宗教・文化研究所、二〇〇七年

長江曜子・八木澤壮一「現代中国北京市周辺の民間資金導入の墓地開発について」『火葬研究』一一号、火葬研究会、二〇〇七年
武田史朗『イギリス自然葬地とランドスケープ』昭和堂、二〇〇八年
槇村久子・武田至他「オランダ・アムステルダムの墓地における葬送サービス」『火葬研究』一二号、火葬研究会、二〇〇八年
厚生労働省「平成二二年度人口動態統計月報年統計（概数）の概況」二〇一〇年
国連 World Population Prospects: The 2010 Revision『世界と主要国の将来人口推計』
千坂嵃峰『樹木葬和尚の自然再生』地人書館、二〇一〇年
槇村久子「世界の葬儀・お墓――その新しい動き」『大法輪』二〇一〇年五月号、大法輪閣、二〇一〇年
槇村久子「都市と家族の変容と墓・葬送、そして環境」『中国・長沙民生職業学院葬儀学部国際研究大会』二〇一〇年
槇村久子・八木澤壮一他「フランスにおける葬祭施設の運営形態について」『火葬研究』一四号、火葬研究会、二〇一〇年
槇村久子「フランスにおける火葬及び墓地に関する法改正と墓地の変化――環境化する墓地」日本造園学会関西支部大会、二〇一〇年
槇村久子「都市史としての墓地――大阪市公営墓地の変遷と無縁化社会の進行」『現代社会研究科論集』六号、京都女子大学大学院現代社会研究科、二〇一二年 a
王夫子「中国葬祭教育および葬祭職業資格証書の管理」『現代における死の文化の変容』国立歴史民俗博物館、二〇一二年
鄭志明「現代台湾の葬儀にみる問題と展開」『現代における死の文化の変容』国立歴史民俗博物館、二〇一二年
張萬石「韓国の現代葬儀の状況と変化」『現代における死の文化の変容』国立歴史民俗博物館、二〇一二年
大阪市環境局『大阪市市立斎場運営形態のあり方について』大阪市、二〇一二年
槇村久子「東アジア地域における近年の葬送墓制の変容――中国、台湾、韓国を事例として」『現代社会研究』一五、京都女子大学現代社会学部、二〇一二年 b
京都市中央斎場のあり方検討委員会『京都市中央斎場の将来のあり方についての提言』京都市、二〇一三年
槇村久子「大阪市南霊園の墓標調査からみた近代から現代の変容（1）」『現代社会研究科論集』七号、京都女子大学大学院現代社会研究科、二〇一三年 a
槇村久子『お墓の社会学』晃洋書房、二〇一三年 b

第四章　死の自己決定と社会
——新しい葬送の問題点

森　謙二

一　葬送・墓制の史的展開

一九九〇年を境にして、日本の葬送は大きな変化を迎えた。この変化は、社会全体の大きな変貌のなかで起こったものである。「第二の近代（再帰的近代）」あるいはポストモダンと呼ばれる大きな社会のパラダイム変化のなかで墓や葬送のあり方が変わったのである。

私達の歴史のなかで確認できる墓制はおおむね一二世紀以降に確立されたものである。平安時代末期から鎌倉時代にかけて、浄土思想の浸透により、死者を供養するという観念が登場し、その後に祖先を祀るという思想が展開する。八世紀に貴族階層において火葬が導入されはじめると、次第に遺骨に対しての考え方が変化するようになった。火葬は穢れの源である遺体を短期間に浄化するものとして貴族階層に受容されたが、初期の段階では火葬後の遺骨（焼骨）には関心を示さず、遺骨はそのまま放置されるか遺棄されるのが一般的であった。しかし、九世紀になると、遺骨に一定の意味を付与するようになる。淳和天皇（承和七［八四〇］年五月八日崩御）は、以下のような遺詔を発している。「私は、人は死ぬと霊は天に昇り、空虚となった墳墓には鬼が住みつき、遂には祟りをなし、長く累を残すことになる、と聞いている。死後は骨を砕いて、山中に散布すべきである」（『続日本後紀』巻第九）と。これを散骨の詔と解釈する向きもあるが、私は全く別の解釈をしている。

古代の火葬は、それ自体としては完結した葬法であり、火葬によって死骸への浄化は終了したと考えてもよい。しかし、焼骨は残される。火葬場に焼骨を埋めるという行為も、拾骨をして川に流すという行為も、山中に撒くという行為も、この段階では「遺棄」という範囲を超えていない。ところが、淳和天皇の遺詔は、遺骨が死穢の問題ではなく、祟りをもたらす「御霊」の問題として位置づけ、遺骨が霊魂と不可分なものと認識されるようになったのである。御霊信仰が死者の葬送儀礼に対して与えた影響は、死者を「個」として捉える視点であり、もう一つは遺骨に死者の霊魂が宿るという新しい視点をもたらしたことである(1)。

この頃から日本の墓制は大きく変貌し、墓のあり方が大きく三つの方向に収斂されることになる。第一の形態は、火葬後の遺骨を保存し、それを墳墓のなかに納める習俗の誕生である。この習俗は、日本の貴族階層のなかで受容されていくが、これが庶民階層にまで浸透していくには長い時間が必要であった。第二の形態は、死体（遺体）は土葬をするが、死者のための供養・祭祀の場＝墓石を建立するというものである。日本の近畿地方を中心とする地域では遺体を埋葬する場所としての「埋墓」と祭祀・供養の「詣り墓」を設ける「両墓制」と呼ばれる習俗があるが、これがその一つの典型を示している。第三の形態は、屋敷内あるいは屋敷付属の土地に遺体を埋葬し、墳墓を設ける墓制である。

これら墓制に対する転換期は、一九世紀中期以降、明治維新になってからおとずれる。祖先祭祀が国民道徳の基礎として位置づけられ、墳墓を祭祀財産として〈家〉によって継承されるべきとする観念が支配的になった。一七世紀に江戸幕府の宗教政策もあって寺と〈家〉の間で、寺檀関係が形成され、葬送領域が庶民階層においても深く仏教との関わりを強める一方で、墳墓や墓地が〈家〉を単位として設けられるようになった。お墓（墳墓と墓地）は、〈家〉によって維持管理していくべきだとする考え方が支配的となり、明治民法では、一九世紀中頃までには墳墓の承継が法律上も「家督相続」の特権と位置づけられた。そして、一九世紀の中期以降は、日本の墓制としては、火葬の浸透とともに、前述の第一の形態に収斂されていく過程でもあり、「〇〇家之墓」と刻まれた墳墓が〈家〉の祖先祭祀のシンボルとして意識されるようになった。

二〇世紀末になると、火葬率も九九％を超えるようになったが少子化の影響もあって火葬後の遺骨を墳墓に納骨し、家族（跡継ぎ）がそれを維持・継承していく形態が困難になったのである。

二〇世紀末に日本で起こった変化は日本に固有のものではない。ヨーロッパでは葬送に対するキリスト教の規制が弱まることを通じて火葬率が上昇してきた。宗教の私事化と呼ばれる現象と軌を一にしながら、焼骨の処理の多様化の問題が表面化してくることになる。ただ、ヨーロッパでは人は「家族の子」として生まれて「市民社会の子」として死んでいく原則が確立していたために、死者の遺体や遺骨は最終的には「社会のもの」と位置づけられ、死者に対する「埋葬義務」は社会＝法律によって強制されていた。しかし、日本では「家族の子」として生まれ、市民社会において どのような活躍をしても「家族の子」として死んでいくという伝統を維持したままであり、新しい時代の要請に対応できる法体制は用意されていないので、葬送をめぐって日本社会に固有の混乱が生じることになる。

二　新しい葬法——新しく示された処方箋と矛盾の展開

跡継ぎがいなくなった段階での最初の問題は、無縁墳墓への対応である。一九九八年には無縁墳墓の改葬手続きの簡素化が定められたが、墳墓の「跡継ぎがいなくなる」という現実に対して処方箋だけが示された。しかし、この処方箋は対処療法にすぎず、抜本的な対応ではない。

もう一つの処方箋は、跡継ぎがいなくても困らない〈墓〉のあり方である。墓地使用の「有期限化」・〈埋葬〉の「共同化」・〈埋葬〉の標識としての墳墓の「無墓石化」という枠組みが一九九〇年代に示され〔森　二〇〇〇b、七頁〕、「合葬式共同墓」「樹木葬」「散骨」という新しい焼骨の処理方法（新しい葬法）が提案された。たしかに、跡継ぎがいない人びとにとって新しい葬法が提案されたことは一つの福音であったが、問題の根本的な矛盾が解消された訳ではなかったし、むしろ新しい矛盾を引き起こす誘因になっている。

その一つは、遺骨についての所有権は死者の属した家族（祭祀承継者）が持つという枠組みは何ら変更されていないことである。「遺骨の所有権」という何とも奇妙な法理論の法律上の根拠は、現行民法の第八九七条（いわゆる祭祀条項）にある。この条項を通じて、遺骨は祭祀財産として位置づけられ、その所有権は祭祀承継者にあると解釈されている。では、祭祀承継者がいなくなった遺骨の所有権を誰が承継することになるのだろうか。現行法のもとでは、遺骨は無主物として処理されることになる。無縁墳墓の改葬手続きのあと無主物としてゴミと同様に処理されるという既成事実だけが積み重ねられていっている。

多くの霊園で一般的な墓地使用権を取得しようとする場合、祭祀承継者の存在を前提としている。俗にいえば、「跡継ぎがいなければお墓を買えない」のである。公営墓地の場合、遺骨がなければ公営墓地の申し込みさえできないことが多い。このような制度を放置したまま、新たな葬法が展開しているのである。

その二は、合葬式共同墓と無縁墳墓を合葬した無縁塔の間にどのような違いがあるのかという問題である。無縁墳墓として改葬された遺骨は法律上はゴミと同様の取り扱いを受ける。無縁墳墓であっても、無縁墳墓の墓石は廃棄しながらも新たに無縁塔を建立しその遺骨を合葬してこれらを保管する自治体も存在する。しかし、制度としては無縁塔に納められた遺骨は祭祀財産ではなく、ゴミとして処理される。合葬式共同墓はゴミになった（将来ゴミとして処理される）遺骨の集積場なのであろうか。

近年、遺骨というゴミの集積場ではないかと思うばかりの合葬式共同墓に出会うことがある。公営の合葬式共同墓も例外ではない。一九九〇年のはじめに合葬式共同墓を提唱した創始者達は、合葬式共同墓の「共同」の意味に腐心した。しかし、安上がりで効率だけを求めて合葬式共同墓を建立するとすれば、その「墓」は死者への慰霊・供養のための施設というより、たんに遺骨というゴミの集積場でしかない。

その三は、法の空洞化の問題である。もともと現行の墓地埋葬法は土葬を前提としたものであり、焼骨の処理方法＝「埋葬」秩序について詳細に規定しているものではなく、ザル法であった。それでも、埋葬（土葬）・埋蔵・収蔵については法律上の定義があり、一定の役割を果たしていた。また、墓地埋葬法がザル法であっても、死体遺棄罪などの刑法典が遺体や焼骨の処理方法＝「埋葬」秩序の抑止力として事実上葬法を規制する役割を果たしていた。例えば、散骨である。一九九〇年以前には散骨は違法であり、死体遺棄罪が適用される可能性があるとされてきたが、ある法務官僚が弔意を持って行なえば違法ではないという見解を一九九〇年に発表し、散骨に対する歯止めがなくなった。このことをきっかけに日本の「埋葬」の秩序は混迷を深めることになる。

現在新しい葬法として脚光をあびる、合葬式共同墓も樹木葬も、そして散骨も現行の墓地埋葬法からすれば想定外の葬法であり、法規制の対象外であり、この新しい葬法の定義さえもが存在しない。また、新しい葬法が法制規制の対象外であることをよいことに、多くの人々が好き勝手なことをやりはじめた。例えば、環境保護のＮＰＯ法人を立ち上げ散骨業を営んだが、数年でＮＰＯ法人を解散した事例[4]。合葬式共同墓を事実上ＮＰＯ法人が経営をし、〈桜葬〉ということばを商標登録した事例。墳墓から墳墓への改葬は市町村の許可が必要であるが、墳墓から散骨への改葬は許可が必要ではないとした市町村の事例。墓地の拡張が認められないから、その墓地の側に散骨場をつくったある寺院の事例。

法規制の対象外としたことは、次の三つの意味を持つ。一つは、規制がなくなることにより、新しい葬法に対する新たな営利事業の展開が始まったことである。数多くの民間企業やＮＰＯ法人が散骨事業に参入するようになったことがそれを物語っている。閉塞した葬送関連業界で葬法の多様性を求めて新しい風を起こしたともいえるが、多くのケースは隙間産業として弱小の企業が葬送産業の利益のおこぼれに群がったにすぎない。第二は、法適用の不公平である。墓地をつくるには厳格な手続きによる市町村の許可が必要なのに対して、散骨場経営には市町村の許可はいらないという行政手続上の不公平さがあり、それは、前述の改葬手続きでも同じことがいえる。第三は、課税の不公平さである。隙間をねらって「埋葬」業に民間企業が参入しており、事実上収益事業であっても、民間企業が行なう散骨や合葬式共同墓への収蔵あるいは埋蔵には課税されないのに対し、墳墓の購入には消費税がかかるという不公平である。

三　イデオロギーとしての「自然葬」

遺体や遺骨を大地の懐に還す、自然に還すという葬法は、ある意味では世界で普遍的な葬法の一つである。日本の伝統的な葬法のなかでも、遺体や遺骨を自然に還すという方法が庶民階層では幅広く受容されてきた。

ところが、二〇世紀末になって〈自然葬〉ということがマスコミを通じて知られるようになってきた。もともと、自然葬ということばは「葬送の自由をすすめる会」が散骨と同義に用いていたものだが、火葬した遺骨を保存することなく（骨壺には入れず）埋蔵することも、「自然葬」と呼ぶようになった。

「人が死ぬと自然に還る」という論理は「自然葬」ということばの正当性を担保しているかのように思える。しかし、次の三つの意味でこのことばには留保が必要である。たしかに、「人が死ぬと自然に還る」という思想は、死者が自然に還る前に、必ず「個」としての死者を慰霊（供養）するという宗教感情をともなっていた。火葬した遺骨を墳墓に入れて保存するという日本固有の習俗も、死後三三年あるいは五〇年で弔い上げを行なうという習俗も、「個」としての死者の慰霊（供養）を前提したものであり、この過程を経て抽象的な「先祖」「仏様」へと姿を変えていった（誤解のないように断っておくが、供養するのはあくまでも「他者」であり、「個」の発見を通じて「他者」による供養が始まる）。この一定の期間に死者への慰霊・供養をくり返すことが死者を自然に還すプロセスであったのだが、死者への慰霊（供養）の時間が欠如するとすれば、墓地は供養・祭祀の対象とはならない遺骨の集積場になってしまうだろう。

第二は、高温で火葬した焼骨が物理的に自然に還るのかという問題である。[5] 高温でセラミック状になった遺骨は自然に還りにくいことはヨーロッパでも指摘されていることであるし、火葬というもっとも人為的な葬法に遺骨を骨砕機によって粉砕したとしても、この葬法が〈自然〉のものではなく、人工的で人の手を加えた文化的葬法であることには違いがない。

もともと〈自然葬〉という用語法は問題を内在していた。これが第三の問題である。すなわち、〈自然葬〉あるいは〈自然葬法〉は、風葬のように人為的ではない、人の手があまりかかっていない葬法として、民俗学者の五来重によって提唱された概念であった。この用語法を無視して、もっとも人的な葬法である散骨を「自然葬」と呼ぶ用語法がマスコミを通じて流布した。ことばは生き物であり、流動的であることは理解できるが、マスコミによって流布したことばを、『広辞苑』等の大辞書の編集委員がもともとの用語法を無視して無反省にこれを取り上げたことは遺憾であるといわざるを得ない。

〈自然葬〉ということばによって、マスコミの力を通じて新しい葬送のイメージを培養することには成功したが、マスコミは、国民の知る権利を代弁するための努力、つまり〈自然葬〉に内在する問題点を取材するという努力を怠った。私は、このような、散骨を〈自然葬〉に比定するような用語法を〈イデオロギーとしての自然葬〉（俗にいうならば、「嘘っぽい自然葬」）と呼びたい。

四　「葬送の自由（自己決定）」批判

「葬送の自由」ということばは多義的であり、「葬法の自由」と同じ意味においても用いられることがある。葬法の問題も重要な問題ではあるが、ここでは「葬送の自由」を葬送の自己決定論の問題として取り上げておく。

現代の葬送・墓制の混迷は、私達の意識変化にも反映されることになる。九〇年代以降、「葬送の自由」＝葬送の自己決定論が主張されるようになってきた。自己決定論は、近代化の議論のなかで、一九世紀から民族自決の議論が展開され、二〇世紀になってインフォームド・コンセントの問題としてその議論が展開されてきた。近代化論のなかで自己決定論が一定の役割を果たしたことは評価しなければならないが、他者の存在を前提とする葬送領域の問題に自己決定論を持ち出すことが果たして妥当であるかどうかである。これまで日本の伝統的な葬送秩序を支えてきた考え方は祖先祭祀であり、この思想は自己の死後を子孫に委ねるという思想である。これに対して、葬送の自己決定論は自分の意思で死後をも決めたいと願うことである。全く正反対の考え方が、現代の日本のなかで渾然と同居するようになった。

死者はみずからの遺体を自分で処理することはできない。葬送をめぐる問題は、ここから出発しなくてはいけない。死者を葬ること（「埋葬」すること）が第一義的に家族の役割であることは洋の東西を問わず普遍的なことであった。それを道徳的義務と見なしてきた。近代のヨーロッパでは、祖先祭祀という枠組みは持たなかったが、公園化された墓地は、アリエスが指摘したように、死者と家族との邂逅の場であった［アリエス　一九八三］。日本では、死者の霊魂が宿るものとして遺骨を保存し、少なくとも「弔い上げ」が終わるまでは「個」と死者を供養・祭祀をしてきた。

しかし、「葬送の自由」＝自己決定が主張されるようになってから、「埋葬」されない死者が登場し、また「葬式はいらない」「墓はいらない」と主張する死者、あるいはそうしたくてもできない死者が現れてきた。お墓があっても残された子どもに迷惑がかかる、お金がかかる、今は跡継ぎがいてもいずれ無縁になってしまう、と主張するようになってきた。この葬送の自己決定論の論理は、見方を変えれば「他者の拒絶」である。「生きる」こと自体が他者と共存し相互に依存する関係にありながら、依存している自己を見ないで自己決定を主張することによって他者を拒絶することにつながる。

もともと、葬送儀礼は、死者を中心に、その家族（「親密な他者」＝一般的には死者の死によって喪に服する集団）と地域社会（「第三者としての他者」＝「親密な他者」に喪に服することを要求する集団）による相互的な行為である。喪主は「親密な他者」から出すことになるが、儀礼の実際の実行責任者（現代風にいうと「葬儀委員長」）を出すのは、「第三者としての他者」からであり、この三者の相互行為のなかで葬送儀礼が行なわれてきた。この枠組みが崩れてきたのは、近代になってからのことである。

この枠組みのなかで葬送儀礼から最初に手を引くのは、「第三者としての他者」である。「第三者としての他者」の役割を葬送業者が引き受けるようになったからである。この側面を「葬送の市場化」ということばでこれまで表現してきた。ここでも誤解のないように断っておくと、「葬送の市場化」現象はたんなる葬具の商品化をいうのではなく、地域社会＝「第三者としての他者」が果たしてきた役割＝地域社会の互助行為を、市場＝葬儀業者が代替するようになってきたことをいうのである。葬具が商品化されるのはおそらくは近世のはじめにまでさかのぼることになるだろうが［木下　二〇一二、一九九頁］、葬送の市場化の展開は大都市のなかでも早くて明治末期であるだろうし、本格的には戦後になってからのことであろう。このような市場化の流れは、私がこれまでムラ＝共同体の解体現象として見てきたものと同じ現象である。

この段階では、なお「第三者としての他者」は弔問客として葬送儀礼に立ち会っていた。この時の「第三者としての他者」は、死者が生前に交流のあった人びとであり、地域社会の住民に限定されなくなってくる。日本では一企業が従業員のために供養塔を建立することが流行する時期がある。大正期から戦後の高度成長期にかけて企業による供養塔の建立が広範に見られるが、それは企業一家論の反映であると同時に、会社（企業）がかつての地域社会（ムラ）の役割を果たしていたのである。

「第三者としての他者」が葬送儀礼に関わりを持たなくなる傾向が顕著になってくるのは、私の理解では「家族葬」の流行と軌を一にしているように思える。直接的には、平均寿命が伸びたことにより、高齢者となった生前交流があった人びとの葬儀への参列が困難になったこと、医療の進歩によって終末医療にお金がかかるようになってきたこと、高いお金を出して葬儀を行なうことに意味を見いだせなくなってきたこと等、その要因は多様であるだろう。そして、どのような葬儀にするかを決定するのが死者であり、死者の家族である。葬儀を死者と親密なつながりがある人間に限定して行なうのは「家族葬」であり、結果的には社会とのつながりを拒絶することになる。「家族葬」は「第三者としての他者」の葬儀への参列を拒絶するのであり、「第三者としての他者」にとっては死者の自己決定の名の下で、死者との別れの儀礼を拒絶されたのである。

また、近年では火葬だけを行ない葬儀を行なわない「直葬」も増えてきている。かつては、火葬場から墳墓への納骨が行なわれることだと説明されてきたが、これからは火葬から散骨という流れもあり得るであろう。この「直葬」では、「第三者としての他者」だけではなく、「親密な他者」もここから排除されることになる。死者にとって「親密な他者」がいないことも考えられるし、家族や親族がいたとしても親密財(6)としてのまとまりを持たないことも考えられるが、ここではすべての他者が排除されることになる。

死者は自分では墓地に歩いて行くことはできない。ここに死の社会性の根本がある。死者は何らかのかたちで他者への依存を必要とする。社会の相互的な協力がなくなれば、それを市場に委ねざるを得ない。死は死者自身によっては処理できないのである。また、遺体や遺骨をそのまま放置することができないとすれば、国家は遺体や遺骨に対して死者の「埋葬義務」を定めなければならない。死者は家族のなかだけではなく、社会のなかで生きてきたのである。これが死の社会性の第二の根拠となる。社会＝国家が介入しなければ、市場原理だけが貫徹していくことになる。

わが国ではこの「埋葬義務」を家族の道徳的義務として考えてはいるが、法律には規定がない。「埋葬」の秩序を支えてきたこの道徳＝祖先祭祀の枠組みが現在壊れようとしているのである。

「家族葬」や「直葬」といった現象が今後どのように展開するのかまだわからないが、マスコミはこの新しい葬送のイメージの培養器になって情報をたれ流すだけになっている。もちろん、現在の現象は、時代の転換期の混乱の一表現形態かもしれない。その意味でも、新しい葬送の流れに潜む問題の所在を明らかにし、新しい日本の葬送秩序を再構築しなければならない。葬送の儀礼は、死者が生者〈社会〉と関わりを持つ最後の機会なのである。

新しい葬送の秩序はかつてのような〈家〉秩序を前提とした葬送の秩序の再構築ではない。新たな秩序の再構築である。また、新しい葬法を否定するものでもない。新しい葬法もこれからの歴史の一頁を担うことになるが、それは無秩序ではあってはならないし、死者の尊厳を損なうものであってはならない。

五　家族からの視座の限界

人は「家族の子」として生まれるが、ヨーロッパでは「市民社会の子」として死んでいくのに対し、日本では社会のなかで生きたとしても「家族の子」として死んでいく。表現を変えるならば、死者〈死者の安寧・尊厳〉に対して誰が責任を持つかと問うとすれば、ヨーロッパでは市民社会であるのに対し、日本では家族だと答えなければならない。

墓地は誰が提供するのかといえば、ヨーロッパでは市民社会であるが、日本は家族だと答えざるを得ない。日本では、原則として墓地は地方自治体による提供を原則としているが、個々の家族が墓地を私的に取得しなければならない。

したがって、これまでの墓地研究は、家族によって墓地を承継できなくなることに焦点をあてた研究であった。これまで墓地問題に関して先駆的な発言をつづけてきた井上治代も、造園学の観点から墓地問題に発言をつづけてきた槇村久子も、家族によって承継されてきた墳墓の形態が時代に合わなくなってきたのだと主張する(7)。

井上・槇村に共通していることは、ジェンダー視点からの「家墓」の拒絶と、承継を必要としない墓のありようである。井上の議論は、直系家族に対応した墓の形態を「家墓」とし、夫婦家族に対応するのは双系的な先祖祭祀に媒介されながら「両家墓」や「墓標に刻む文字は「非家名（宗教語や任意語）が次第に増え」るようになり、家族の個人化が進むと脱家的な現象が顕著になり、継承不要な墓の形態が設けられるようになる、というものである。そして、祭祀に関しても家族機能から外部化され、家族を超えた人びとの共同化が始まるというものである。近代家族の単純な進化論には賛成できないが、「第二の近代」においては、墓のあり方が脱「家」現象として展開することは確かにそのとおりであろう。問題はその後の問題である。

井上のいう「祭祀の共同性」とは何であるのだろうか。家族による祭祀を期待できない、あるいは期待しない時、その「共同性」の向こうに家族外のサポートネットワークの存在、井上自身が主宰する「エンディングサポートセンター」を想定しているのかもしれない。井上はこれを「家族機能の外部化（アウトソーシング）」と位置づけている。とすれば、家族機能の外部化は、「市場」にその機能を委ねることになるのではないかということである。井上は合葬式共同墓をつくる時も樹木葬墓地をつくる時もキーマンとして活躍し、非継承型の合葬式共同墓・樹木葬墓地をつくることには成功した。しかし、「祭祀の共同化」を試みたのは、自らが主宰する団体（NPO法人）を通じてある事業型墓地の一角を借りて「桜葬墓地」を運営することであった。また、そのNPO法人が「桜葬」を商標登録している。ここで見えてくるものは、新しい葬送をＮＰＯ法人を通じて、市場原理に委ねることではなかったのか。

槇村は、脱家的な墳墓の形態として、都市型共同墓所を提案する。ここでも井上と同様に「祭祀の共同」を問題として、その共同性を支える〈縁〉として「活動縁」「社縁」「女縁」をあげている。そして、槇村は「ムキ出しの個人、浮遊する個人が、自らの意思による選択とその集団による縁を作りながら、共同祭祀によって定着化を企図するものである。そのしかけがさまざまな会や寺院の共同墓所の維持管理システムであり、舞台装置が（中略）都市型共同墓所である。墓所に葬られる単位を家族ではなく個人にすることによって、共同墓所の構築が可能になったのだ」と論じている［槇村　一九九六、二一九頁］。

「祭祀の共同」は葬られる単位を個人にすることによって担保されるというのはいささか乱暴である。この共同化の担い手が「さまざまな会」や「寺院」であるとすることも、その団体にそれだけの信頼性を委ねることができるかどうかも問題となる。

ここで問題としたいのは、家族による承継が困難になった時代に、承継を必要としない「埋葬」形態を提唱することは意味を持つことであったが、合葬式共同墓（槇村のいう「都市型共同墓所」）の共同性の意味、何が共同性を担保するかである。

また、ここで改めて「家墓」の理解についても確認する必要がある。死者を「個」として慰霊・供養する思想はおそらくは中世段階から徐々に形成されていたと思われる。実際、一七世紀のはじめ、庶民階層でも〈家〉が形成され、〈家〉の墓地に石塔が建立されたとしても、それは「家墓」であった訳ではなく、個人墓であったし夫婦墓であったであろう。[8]「家」権力の強さが「家墓」をつくるのではない。その証拠に大名家の墳墓にも、江戸時代に建立された墳墓に家墓は存在しない。むしろ「家墓」は近代の産物なのである。

死者を合葬するという発想はかなり昔からあったと思われる。たとえば、江戸時代の庶民階層においては寺院の共同墓に合葬して埋葬された話が現代にも伝えられている［東京都公文書館　一九九九］。しかし、墳墓を建立できた階層では、墓地が狭隘になってくるとこれまでに建立した墓をまとめて（石塔を集合させて）新しい一つの集合墓を建立するケースもあった。これが「家墓」ができる前触れであったとしても、「弔い上げ」（時間の長短はある）が終わるまでは「個」としての死者を供養・祭祀をしていた。本格的な合葬墓が形成されるのは、火葬が流行しその遺骨を家を単位としてまとめた合葬墓＝「家墓」の誕生の時であり、その時期は明治末期から大正初期になるだろう。この時も、「個」としての死者は年忌を通じて祀られていたのである。

その意味では、「家墓」の形成は日本の近代化のなかで起こった現象である。〈家墓〉が問題となるのは、「日本型近代家族」［森　二〇〇〇a・二〇〇一・二〇〇四］の解体現象とともに起こった。その一つは、跡継ぎの確保ができない＝少子化という人口学的転換変化（第二の人口転換）が起こったこと、そしてジェンダー視点からの〈家墓〉への疑問（＝なぜ女性は婚家の家墓に入らなければならないかという疑問）である。

ジェンダー視点からの〈家墓〉批判は理解できるとしても、その矛盾は「日本型近代家族」に内在した問題であり、日本近代自体の特殊性によるものであろう。(9) 問題は、明治国家＝明治民法が墳墓を祭祀財産と位置づけ、これを家督相続の特権と位置づけたこと、戦後の民法改正でも祭祀条項（第八九七条）を設けて、死者の供養や祭祀を祖先の祭祀を主宰する者が承継することを定めたことである。つまり、根本的には、死者へのケアーの責任を〈家〉に押しつけたことの是非について議論すべきであった。このことは「祭祀の共同性」の理解とも関わることになる。

最終的に、死者への責任は社会が負うべきものであると私は考えている。人は「家族の子」として生まれるが「市民社会の子」として生きる。その意味では、葬送においては社会をその視座に入れなくてはならないのであり、近代において葬送・墓制を家族の枠組みにだけ閉じ込めてきた国家の墓地政策を問う必要がある。葬送儀礼は現代においても死者を中心として「親密な他者」（一般的には家族）と「第三者としての他者」（社会）の関係性のなかで問い直す必要がある。

すでに述べたように、死者は一人で墓地に歩いて行くことはできない。何らかのかたちで他者への依存を必要とする。他者への依存を必要とするのであれば、その仕組みをどのようにつくるかが問題となるのである。ここでは「家族と墓」という視点の限界性が見えてくることになる。「埋葬」の脱家族化は不可避のことであるが、それがただちに「祭祀の共同化」に結びつく訳ではない。槇村のいう「女縁」や「活動縁」や井上の主宰する「エンディングサポートセンター」、そして新潟の安穏廟のような宗教活動を通じての死者の共同性の確保が、家族を超える共同性を確保しようとする試みは一つの可能性を秘めたものではあるにしても、現実に「祭祀の共同性」を確保できるのであろうか。現代社会のなかで結局は市場原理に組み込まれてしまう可能性が高い。市場原理に組み込まれた共同性は脆弱であり、見せかけの共同性にすぎないのではないか、と思う。

六　「埋葬」の脱商品化

墓地行政を公衆衛生政策から福祉行政政策へと視点を切り替える必要性はかなりぼんやりとではあるが、以前から考えてきたことである［森　一九九三］。火葬率が九九・九％に達した段階で、墓地行政を公衆衛生政策として展開する意味はほとんどなくなっているといわなければならない。

死はすべての人に平等に訪れるが、私たちが考えるほど民主的ではない。死＝「埋葬」と葬儀を家族に委ねていた時代は地域社会の協力の下で死者をあの世に送ることができた。これを市場原理に委ねるようになると、死者の属する世帯の所得に応じて大きな格差が生まれてきた。あるいは、死者がどの家族にも属さない場合には、死者自身の手によって生前に準備をしておかない限り、遺体は放置されるか、死者に家族がいたとしても親密な関係を築くことに失敗すると遺体はそのまま放置される可能性がある。孤独死・無縁死と呼ばれる状況はそれを示している。

誤解のないように断っておくと、家族は葬送領域から手を引くべきであると考えている訳ではない。一般的には家族で死者がでた場合は、家族は大きな悲しみに包まれるだろうし、死者を「埋葬」し、死者に対する慰霊・供養・祭祀を行なうだろう。それが「親密な他者」が死者に対する最後の儀礼である。その意味では、第一義的には「親密な他者」は葬送において大きな役割を果たすことになる。これからも葬送において「親密な他者」＝家族の果たす役割は大きいし、これからも親密な関係を維持してきたことは大きな資産になるはずである。ただ、死者に「親密な他者」がいない、あるいはいなくなった場合、その死者の葬送がどうなるかという問題がある。ここでは、死者を葬むることは私的な問題であるから社会（国家）は関わらないという仕組みが妥当であるかどうかを問わなければならない。

近代日本では家族が死者をケアーする＝死者を家族に委ねるという仕組みを国家が選択した。しかし、少子化という「第二の人口転換」のなかでこの仕組みが維持できなくなった。そのツケをこれから支払わなくてはならないのである。その意味では、葬送墓制をめぐる問題は、「新しい葬法」の提言で終わる訳ではなく、またこれを市場原理に委ねることだけで終わる問題でもない。つまり、新しい葬送墓制システムの再構築が必要である。ここで提案することが「埋葬」の脱商品化である。

ここで「脱商品化」とはエスピン＝アンデルセンの用語法ではあるが［G・エスピン＝アンデルセン　二〇〇一］、ここでは「埋葬」の脱商品化とは、死者が市場に依存しないで「埋葬」されることと定義しておきたい。「埋葬」が「脱家族化」することが必要であることはすでに述べたとおりであるが、それと同時に「脱商品化」も必要となる。ことばを換えるならば、誰もが「埋葬」される権利を社会が保障すべきなのである。このことは、すべての墓地の公有化を目指し、すべてを公的な管理の下におくということではない。「埋葬」される権利をすべての人に保障したうえで、お金がなくても家族がいなくても「埋葬」されるということである。

もっとも、このような誰もに「埋葬」される権利を保障することには国や地方自治体に多額の財政負担を強いることになるという指摘もあるかもしれない。しかし、現在でも遺族に対して国民健康保険やその他の社会保険でも一定の埋葬料の支出があり、市町村によれば弔慰金を支出している場合もあり、それほど大きな負担にはならないだろう。つまり、「埋葬料」や「弔慰金」を家族に支払うよりは、死者自身に支払う仕組みを考えるべきなのであろう。

また、墓地の供給者は原則として地方公共団体であるとしてきたが、実際は墓地供給を民営墓地＝事業型墓地に依存してきた。事業型墓地を否定するつもりはないが、墓地のあり方は問い直さなければならない問題がいくつかある。まず、地方自治体が墓地を家族に提供するという現在の原則である。墓地の実際の利用者は実質的には死者であり、その原則は死者に墓地を提供するという意味合いに変更しなければならない。となれば、ここには大きなパラダイム変化が必要となる。墓地は、〈家〉の「祭祀財産」ではなく、死者に提供する公法上の施設あるいは公法によって死者の尊厳が守られる措置が必要となる。死者に対して墓地を提供するという考え方はこれまでにはなかったものであり、このような視点から墓地の供給のあり方を考えると、これまでの墓地政策を見直すことになるだろう。

現在、公営墓地では、承継者＝アトツギがいない人は事実上墓地使用権を取得することが困難であるか、遺骨を所有する人間でなければ墓地使用権の取得ができないことが多い。このようなルールが果たして妥当なのだろうか。また、アトツギがいなくなった墓地が無縁墳墓として改葬されるという原則は果たして妥当であるのだろうか。アトツギ＝家族がいない、いなくなった死者の墳墓について、墓地経営者はどのような管理をしなければならないのか、新たな政策が必要となる。

注

(1) 墓制に与えた御霊信仰の影響は大きいものがあると私は考えている。「祟る」という思想はこれ以前からあったものと思われるが、「個」としての霊を祀るというのはこの時期から始まったものであろう。そして、「個」としての霊を祀るという発想がなければ、「先祖」という観念も生まれてこない。改めて論じたいと思うが、とりあえず肥後和男「平安時代における怨霊の思想」柴田實編『御霊信仰』(雄山閣出版、一九八四年)を参照。

(2) ここではヘーゲルの「死にまつわる自然の行為とは、個人が共同体の死者になる過程を、一個の肉体の運動として示す……」[ヘーゲル　一九九八、三〇五頁]を念頭においたものである。ここで共同体(Gemeinde)は、全世界、国家・民族や市民社会・地域社会を含めた生活の基盤となる社会を意味することばであるが、死者は家族によって排他的に独占されるのではないことを示すために、これを「市民社会」ということばに置き換えた。

(3) 「埋葬義務」については拙稿「埋葬と法――家族・国家・市民社会」を参照。ここで「埋葬義務」を改めて問題にする理由は、葬送秩序の崩壊のなかで「埋葬されない死者」が登場してきたことによる。この問題については、[森　二〇一〇]を参照。

(4) NPO法人「里山未来」(二〇〇六年設立)が福岡県朝倉市杷木に散骨場を設営した。朝倉市役所からの要請により杷木の散骨場を廃止したが、すぐに江川ダム近くの朝倉市江川に新しい散骨場を設置し、インターネットなどで散骨希望者を募集をした。その後どのように展開したが不明であるが、二〇一一年には散骨場経営のNPO法人を解散している。

(5) 二〇一一年のヨーロッパでの調査で、デンマーク・コペンハーゲン市の墓地担当者にヒアリングをした。デンマークでも「自然に還す」意識は強く、焼骨を紙製あるいは木製の骨壺に入れて埋葬することが多く、芝生墓地などの使用が開始され二〇年を超えるようになったので墓地の再利用のために埋蔵場所を掘り返してみたが、焼骨は土に戻るどころか塊になってそのまま残っており、改めて埋め直した、と聞いた。墓地の再利用については改めて考えるという話であった。

(6) 「親密な他者」の典型は家族や親族であろうが、家族や親族であっても彼らがアプリオリに(経験とは無関係に)親密な関係になる訳ではない。家族や親族であっても「情報の共有」と「相互行為の蓄積」を通じて親密な関係になっていくのである。ここで「親密財」ということばを用いたのは、「個」にとってその関係が親密なものとしてあるとすれば、その関係は「個」にとっても重要な資産であるからである。親密財については、[筒井　二〇〇八]を参照。

(7) ここでの記述は、[井上　二〇〇三][槇村　一九九六]の記述を念頭においている。この二人はジェンダー視点からの葬送墓制研究を含めて、新しい葬送に関する研究の草分け的存在である。最近、［安藤　二〇一三］も刊行されているが、歴史人口学的な観点の導入という点では評価できるが、意識変化のみを扱い、葬送墓制に関する実証的な研究が欠如している。

（8）私は『吐山の墓制』［森　一九九七］において、次のように整理した。吐山（現奈良市都祁吐山）では個々人を供養の対象とした墓は一七世紀前半に登場し、一七世紀後半には夫婦墓も建立される。一七世紀後半には吐山でも家観念が形成されるが、供養祭祀の対象として「先祖」という観念も形成されていた（ただし、一系的な家を前提とした先祖観念ではない）。江戸時代の後半になってくると、集合墓も登場し、これが家墓に先行する。家墓が吐山で登場するのは大正年間になってからである、と。

（9）日本近代の特殊性というのは、日本型近代家族が近代天皇制国家のあり方に規定されたものであることである。日本の葬送墓制が〈家〉によって規定され、「家族主義」的であることについて、ヨーロッパ近代に比べたときに日本の近代化の時間が短いことから、そこに「圧縮された近代」という枠組みで理解することも可能かもしれないが、ここで「特殊性」というときには、当時の日本国家（政府）が積極的に「家族主義」であることを選択したという意味も含んでいる。

参考文献

アリエス、P（伊藤晃・成瀬駒男訳）『死と歴史――西欧中世から現代へ』みすず書房、一九八三年
安藤喜代美『現代家族における墓制と葬送――その構造とメンタリティの変容』学術出版会、二〇一三年
井上治代『墓と家族の変容』岩波書店、二〇〇三年
エスピン＝アンデルセン、G（岡沢憲芙・宮本太郎監訳）『福祉資本主義の三つの世界――比較福祉国家の理論と動態』ミネルヴァ書房、二〇〇一年
木下光生「近世の葬送と墓制」勝田至編『日本葬制史』吉川弘文館、二〇一二年
筒井淳也『親密性の社会学――縮小する家族のゆくえ』世界思想社、二〇〇八年
東京都公文書館編『江戸の葬送墓制』（都史紀要三七）一九九九年
ヘーゲル、G（長谷川宏訳）『精神現象学』作品社、一九九八年
槇村久子『お墓と家族』朱鷺書房、一九九六年
森謙二『墓と葬送の社会史』講談社現代新書、一九九三年

森謙二『吐山の墓制』（一九九五年度文部省科学研究費「墓と祖先祭祀に関する法社会史的研究」報告書）一九九七年
森謙二「近代の家――日本型近代家族論へのプロローグ」江守五夫先生古希記念論文集『歴史と民族における家族と結婚』第一書房、二〇〇〇年a
森謙二『墓と葬送の現在――祖先祭祀から葬送の自由へ』東京堂出版、二〇〇〇年b
森謙二「家（家族）と村の法秩序」水林彪・大津透・新田一郎・大藤修編『法社会史』（新体系日本史2）山川出版社、二〇〇一年
森謙二「日本型近代家族の形成」清水浩昭・森謙二・岩上真珠・山田昌弘編『家族革命』弘文堂、二〇〇四年
森謙二「埋葬と法――家族・国家・市民社会」『法社会学』六二、二〇〇五年
森謙二「人間（死者）の尊厳性と「埋葬義務」――「葬送の自由」のほころび」『いま、この日本の家族――絆のゆくえ』（岩上真珠・鈴木岩弓・森謙二・渡辺秀樹共著）弘文堂、二〇一〇年
山田慎也『現代日本の死と葬儀――葬祭業の展開と死生観の変容』東京大学出版会、二〇〇七年

第五章　「わたしの死」の行方

——現代日本の葬送への意識の変容

小谷みどり

一　本章の視座

本章では、日本の葬送儀礼と墓の変容について、特に一九九〇年代以降の動向を中心に考察する。社会学者の中筋由紀子は、葬送儀礼は死を時間的に処理する非日常的なイベントであるのに対し、墓は死者を空間に位置づけるものである［中筋　二〇〇六、六三―六四頁］と述べているが、社会学を中心としたこれまでの研究では、個人としての死者を対象としている葬送儀礼は、死者が所属していたムラや共同体の変化によって変容したのに対し、先祖祭祀の装置である墓は、永続を前提とした「家」の変質によってそのあり方に変化が起きており、変容過程にもそれぞれ別の背景があるとされてきた。

しかし「わたしの死」について考えるという観点で葬送儀礼や墓を捉えたとき、両者は、「わたしの葬儀」「わたしの墓」という一連の問題として理解される。「死」の概念は本来、抽象的であるが、「わたしが死ぬのなら」という立場で考えたとき、「わたしはどのように死を迎え、どのように送られたいか」といったように、具体的に死のイメージを思い描くことができる。従来、葬送儀礼や墓は、遺される人が対処すべき事柄だったが、一九九〇年代以降、「わたしが死ぬのなら」という立場で考える「わたしの死」概念が台頭してきた。こうした生活者の意識が葬送の変容に与える影響は大きい。さらには、一九九四年に高齢化率が一四%を超え、高齢社会に突入したわが国は、裏を返せば多死社会を迎えたことにもなり、こうした社会構造の変化が葬送の変容に与える影響も、現代的な背景であると考えられる。以上のことから、本章では一九九〇年代以降の葬送儀礼および墓の変容について、「多死社会」や「生活者の意識の多様化」の影響の観点からも捉えたい。

二　葬送儀礼の変容

1　自宅から葬儀会館へ

山田慎也は首都圏の葬儀社の業務を参与観察し、「葬儀のあらゆる過程において、遺族は葬儀を進行する知識を持っておらず、葬祭業者のサポートによって葬儀を行っていることがうかがえ」［山田　二〇〇七、二五二頁］たとし、「葬儀に関する知識のよりどころは、すべてを葬祭業者に依存することになり、儀礼を行う上での正統性の根拠も移行していった」［同　二五三頁］と述べている。関沢まゆみも、一九六〇年代から一九九〇年代の葬送の変化の一つに葬祭業者の関与の増大を挙げる。そして、葬送儀礼の作業が血縁関係者や地縁関係者の手から離れ、葬祭業者の手へと移ってきたことは、血縁関係者が死者と密着する時間と空間の縮小化を意味すると指摘している［関沢　二〇〇二、二二三頁］。

葬送儀礼の実働補助が地縁関係者で構成される葬式組から葬儀社へと変化したことについて、宗教学者の村上興匡は、「就業形態が農業など自営的なものから勤めにでる形態へと変わって（職住の分離）、つきあいの範囲が広くかつ浅くなることで普及する」［村上　二〇〇五、三五頁］と解説し、「葬儀は地域共同体が行う公的儀礼から、より大きな社会の一つの単位である家の私的儀礼」［村上　一九九一b、九八頁］となったと述べている。地方の村落においても東京における葬儀の変容過程が同様に見られたことから、村上は、こうした葬儀の変容は「葬儀の都市化」を意味すると述べ、社会構造の変化による地域共同体の崩壊を葬儀の変化の重要な要素として挙げている［村上　一九九一a、一〇六―一〇七頁］。

一方、死者の家族を「喪に服する集団」、地域共同体を「喪に服することを要求する集団」と捉えた法社会学者の森謙二は、地域共同体の解体によって相互扶助活動が解消するということだけではなく、葬儀における地域共同体の固有の役割（監視機能）が解除されることで両者の関係に変化が起き、結果的に家族は葬儀を市場に委ねなければならなくなったと考えた［森　二〇〇〇］。

しかしこの点について山田は、「葬儀の変容を扱っている社会学や宗教学などでは、都市化を分析の前提としており、葬儀の変容の要因を地域社会の崩壊といった社会構造の変化に一元的に結びつけてきた」［山田　二〇〇七、三〇頁］と批判し、「それぞれの地域社会ごとにさまざまな社会的、文化的背景を持っており、葬制の変容もそれらの背景の影響を多分に受け、変容の要因や過程は決して一様ではない」［山田　二〇〇七、三〇頁］としている。つまり、これまでの社会学や宗教学では、地域共同体の崩壊、すなわち都市化によって葬送儀礼が変容したとみる向きがあったが、山田は民俗学の観点からこれを批判し、変容の背景や過程はさまざまであり、画一化できないことを指摘した。

業者への依存は、葬儀を行なう場所の変化にも現れている。日本消費者協会が行なった調査によれば、一九八五（昭和六〇）年の調査では、自宅で葬儀をした人が五八・一%だったが一九九五（平成七）年調査では四五・二%と半数を下回った。さらに一九九九（平成一一）年には三八・九%、二〇〇三（平成一五）年には一九・四%となり、二〇〇〇年頃を境に、葬儀を行なう場所が急速に自宅から葬儀会館へと移行したことが推察できる。最新の二〇一四（平成二六）年調査では、自宅が六・三％、葬儀会館が八一・八％となっており、この傾向がさらに進んでいる。

以上のように、死者の血縁関係者が受動的な立場に置かれ、葬祭業者の主導で葬儀が行なわれる傾向が強くなってきたことは、以下に挙げる新聞記事の一例からも読み取れる。

関西では、葬儀場の建設ラッシュが続き、生き残りをはかる業者たちが新アイデアの方法を次々に生み出している（一九九二年一月二八日朝日新聞大阪版）。

昨年一年間の死者は八十三万人。年々増えて、数年後には百万人を超すと厚生省は予測する。都市化、核家族化に伴い業者への依存度が高まり、今や〝お葬式〟は二兆円産業との声が（一九九二年一二月五日大阪読売新聞）。

2　異業種からの参入による形式の多様化

都市化や核家族化によって葬祭業者への依存傾向が強まると同時に、死亡者数の増加による市場拡大への期待が大きくなると、葬祭業者内で熾烈な競争や異業種参入が起きてくる。高齢社会となった一九九〇年代半ば以降、わが国の年間死亡者数は猛スピードで増加している。国立社会保障・人口問題研究所の推計によれば、死亡者数がピークを迎える二〇四〇年には、二〇〇〇年の一・七倍以上になるとされている。

実際、一九九〇年代以降、異業種からの参入が相次いでおり、例えば電鉄グループでは、九七年に阪急阪神東宝グループの阪急メディアックスが葬儀会館を開設したのを皮切りに、京急メモリアル、東武セレモニー、せいわライフサービス（東急）、グリーフサポート（南海）と、枚挙にいとまがない。また、結婚式や法人の宴会需要の拡大が見込めないホテル業界では、いわゆる「御三家」と呼ばれる超一流ホテルもこぞって、偲ぶ会を積極的に提案している。ホテルが社葬に使用されることは以前からあったが、一般家庭向けの偲ぶ会（お別れ会）を受注するようになった契機は、九五年に亡くなったホテルニューオータニ会長のお別れ会だとされる。こうしたお別れ会ビジネスは、宗教儀礼をともなわない、形式にとらわれないといった点に共感をおぼえる人たちの出現というかたちで、葬送儀礼のかたちを変えた。東京を代表する劇場として知られる明治座も、都内の火葬場に隣接する葬儀会館を二〇〇三年に開設しているほか、生花業の日比谷花壇は二〇〇四年、オリジナル花祭壇など個人向け葬儀サービス事業を立ち上げ、二〇〇六年からは指定管理者として東京都の青山葬儀所の管理運営を行なうなど、葬祭業への異業種からの参入はいまなお、つづいている。

新聞記事でも一九九〇年代半ばには、「葬儀ビジネス」や「葬儀マーケット」という表現が散見され、葬祭業が高齢社会における有望産業として取り上げられるようになった。例えば以下に例示した新聞記事は、葬儀マーケットが成長産業であり、異業種参入が相次いでいることを報じている。もっとも、供養ビジネスとして葬祭業が成立したのは昭和の終わりから平成のはじめにかけてであり、この時期はいわゆるバブル景気であったことも念頭に置かねばならない。葬祭業の成長産業神話は、死亡者数の増加と葬祭業者への依存傾向だけでなく、好景気であったという時代背景も後押ししたと考えられるからである。

結婚式など〝晴れの場〟のイメージが強いホテルで、故人をしのぶ社葬やお別れ会を開く例が増えている。（中略）しきたりにとらわれない風潮が広がる中、三兆円市場といわれる葬儀ビジネスを不況のホテル業界が見過ごすわけにはいかず、本格参入を図り始めたようだ（一九九五年一二月一二日大阪読売新聞）。

葬儀が有望マーケットということで、葬儀ビジネスには生協、農協や生花店、造花屋など新規参入が盛ん（一九九六年二月五日日本経済新聞）。

高齢化社会をむかえて葬儀ビジネスはさらに大きくなる。（中略）将来は五兆―六兆円になるビッグビジネスなので、これを他業界が指をくわえて眺めているはずがない（一九九六年一一月二六日産経新聞）。

3　葬送儀礼の小規模化、簡素化

バブル景気崩壊後、特に二〇〇〇年以降になると、家族を中心とした少人数での葬儀が増えてきた。公正取引委員会が二〇〇五年に葬祭業者に行なった調査によれば、個人葬の参列者が減少したと回答した事業者は六七・八％にのぼった。参列者の減少は葬儀単価の下落につながっており、同調査によれば、葬儀一件あたりの平均売上高が減少したと回答した業者は五五・五％もおり、増加したと回答した業者（一九・七％）を大きく上回っている。経済産業省の「特定サービス産業動態統計調査」（二〇一〇年）では、葬儀社の一件あたりの平均売上高は二〇〇六年の一五二万円を境に減少し、二〇一〇年調査では一四五万円となっており、死亡人口は増加するものの、葬儀単価の下落で、市場規模が大きく拡大するとはいえない状況が露呈してきた。

総務省「事業所・企業統計調査」によれば二〇〇六年の葬儀業の事業所は七三〇一事業所、従業者は七万二〇四六人だったが、二〇〇一年には六二二五事業所、六万二一〇三人だったので、ここ五年間で事業所数、従業者数どちらも大幅に増加したことがわかる。しかし、二〇〇一年とくらべると二〇〇六年には、廃業した事業所は一四三四ヶ所もあった。経済産業省「特定サービス産業実態調査」では、従業者規模が九人に満たない事業所の減少がみてとれ、単価の下落や消費者ニーズの変化に迅速に対応できない小さな事業所では、淘汰や吸収統合が進んでいる。

葬送儀礼が小規模化している背景の一つには、長寿化で死亡年齢が高齢化したことが挙げられる。厚生労働省「人口動態統計」によれば、八〇歳以上で死亡した人は、一九七〇年には全死亡者の二一・〇％、一九九〇年でも三八・七％だったが、二〇一二年には五八・三％にまで増加している。死亡年齢の高齢化は特に女性で顕著で、二〇一二年に八〇歳以上で亡くなった女性は、全女性死亡者の七〇・六％を占める。その結果、故人の子どもも定年退職を迎えている高齢者であるというケースがめずらしくなく、地域とのつながりが薄れていることもあいまって、故人や遺族の仕事関係で参列する人や近所の人たちの参列が少なくなり、葬儀は家族や親族を中心としたプライベートな儀式になりつつある。バブル景気の時代は、一般的な葬儀でも、参列者は優に一〇〇人を超えていたが、そのほとんどは、遺族の仕事関係者など、故人とは直接面識のない人たちだった。

こうした傾向は「家族葬」という新語を生み出し、例えば以下の新聞記事では、近親者や故人に近しい人だけで行なう「家族葬」が増加、あるいは一般化してきたことを報じている。

故人に近しい人だけで最期の別れをする葬儀が増えている。「近親者のみで済ませた」という言葉を、新聞の訃報欄で見かけることも珍しくなくなった（二〇〇三年三月一二日毎日新聞）。

親族だけで小規模に行う葬儀は以前は密葬と呼ばれ、社葬が予定されている場合などの特別なものだったという。今は一般化し、親しい友人を招く場合を含めて家族葬と呼ばれるようになってきた（二〇〇四年六月二日読売新聞東京版）。

一方、東京都が二〇〇一年に葬儀関連企業に行なった『葬儀にかかわる費用等調査報告書』では、「葬儀が今後どうなっていくと思いますか」という質問に対し、「それぞれの考え方により、規模・やり方がばらばらになる」と回答した業者（四二・六％）と、「地味に営む人が増える」（三四・二％）という回答が多かった。すなわち二〇〇〇年以降になると、葬儀の小規模化や低価格化という流れと、形式にとらわれないという意味での葬儀の個性化という二つの流れが顕著になってきたことがみてとれる。

4　生活者の意識の多様化が与える影響

葬送儀礼の小規模化や個性化は、社会構造の変化や異業種参入だけでなく、生活者の意識の多様化による影響もある。葬祭業者への依存傾向がますます強まるなかで、一九九〇年代後半以降、高騰する葬儀費用やお仕着せの葬儀に不満を抱く生活者が増えてきたことが、その一つである。国民生活センターに寄せられた葬儀への苦情相談件数は二〇〇〇年以降急増しており、一九九六年度には八三件だったのが、二〇〇〇年度には一六四件、二〇一三年度には七二四件にまで増加した。苦情相談の内容は、見積額と請求額が異なるなど、葬儀の契約や解約のトラブルに関することがらに集中している。

このころには新聞報道においても、葬儀費用や価格設定の不透明性に不信感を抱く人たちが出てきたことを紹介した記事がみられるようになる。

膨らみ続ける葬儀ビジネス。その中で、多様な要求、価格の低下にも応えようとする動きが活発になってきた。結婚式と違い、事前に準備をしておくことがためらわれる葬儀は、情報がなくてプロの言うなり、予想以上の出費になってしまうことが多い。消費者側の意識改革も必要だ（一九九五年一一月八日毎日新聞、傍線筆者）。

遺族らは限られた時間で葬儀の準備を迫られ、寺院などへのお礼や香典返しを含め、平均で三〇〇万円を超えるとされる費用への不信感も根強い（二〇〇五年八月二〇日朝日新聞、傍線筆者）。

故人の肩書や家族の所得で決める風習があったとされる葬儀料金。遺族の意識は変わり、最近は「どんぶり勘定」でなく明朗会計を求める動きが増えている（二〇〇六年八月一五日日本産業新聞、傍線筆者）。

遺族を中心とした葬儀費用への不信感は、消費者意識を芽生えさせ、自分の葬儀について考える契機ともなった。一九九〇年代以降は、医療スタッフに管理された死の迎え方に対する反発として、自分らしい死やその自己決定という考え方が普及していった時期とも重なる。例えば、がん告知や尊厳死の問題、ホスピスケアの普及を求める運動などが挙げられる。倫理学者の霜田求は「多くの人が病院で死を迎える中で、死が管理・操作されるものとなり、それに対抗する形で〈死の自己決定〉が称揚される。」［霜田　一九九七、一九七頁］と述べ、「人はどのようなとき死を選ぶのか」、「人はどのようになったら死んだといえるのか」、「人は死んだらどうなるのか」、「人はどのような死に方（死の迎え方）を望むのか」といった問いによって、現代人は死の意味を探ろうとしていると指摘している。また、一九九〇年代以降は、高齢世帯の核家族化が進んだ時期でもある。子どもたちに頼らない老後の過ごし方を模索する高齢者が増え、自分らしい生き方の延長として死の迎え方や死後についても考えたり、自己決定したりしておこうという意識が台頭してきたという背景もある。一九九〇年代以降、葬送を考えるさまざまな市民団体が登場してきたことに加え、二〇〇〇年以降になると、自治体などが葬送セミナーを主催するようになり、遺族任せではなく、「わたしの死」という観点で葬儀を考える風潮が社会に浸透していった。このことは、いくつかの新聞報道からもみてとれる。

葬儀を話題にすることは縁起が悪く、「葬式は遺族がするもの」といった意識が強く、これまではタブー視されていた。葬送の自由や自分らしい葬儀について積極的に語られ始めたのは、最近のことだ。様変わりした背景には、急ピッチで進む高齢化と核家族化がある（一九九四年三月二〇日東京読売新聞）。

「人生究極のイベント」に自分の意思を反映させたい——。こんな願望の広がりを受けて、広い意味での葬儀の生前計画をサポートするビジネスが活気をおびてきた。背景にあるのは、従来の形式主義への反発や、少子化など家族形態の変化。新しい葬儀観と、高齢社会をうかがう商魂がないまぜになって、命の幕引きセレモニーは大きく変わろうとしている（一九九五年七月二七日日本経済新聞）。

こうした「わたしの死」概念が、葬儀の小規模化や個性化に与えるインパクトは大きい。日本消費者協会の「葬儀についてのアンケート調査」では、望ましいと思う葬儀について自由記述を求めたところ、一九九五年調査では「質素・簡素に・シンプルに」という趣旨の記述が三六・一％、「親族・知人・友人のみで」が一三・五％、「親族・身内のみで」が一二・三％あったが、一九九九年には「質素・簡素に・シンプルに」が三八・七％、「親族身内のみで」が四四・六％、「親族・知人・友人のみで」が一〇・二％となり、参列者を親族や身内に限定したいとする声が増加している。また二〇〇三年調査と二〇〇七年調査では、上位に挙がったのは、「費用をかけないでほしい」（五六・五％→六四・一％）、「家族だけで送ってほしい」（三二・九％→四四・〇％）という項目で、いずれも、二〇〇三年調査より二〇〇七年調査の回答率の方が高くなっていた。

自分の葬儀に対する希望をたずねたいくつかの意識調査をみてみると、東京都の「葬儀にかかわる費用等実態調査」（二〇〇一年）では、「親しい人とこぢんまりと行ってほしい」と回答した人が五九・一％ともっとも多く、「多少のお金はかかっても人並みにしてほしい」（一二・六％）という回答や「お金をかけてでも立派にしてほしい」（〇・三％）という回答は少なかった。これは東京だけの傾向ではなく、鈴木岩弓による「死者と追悼をめぐる意識変化——葬送と墓についての総合研究」（科学研究費補助金基盤研究(A)）の二〇〇三年の全国意識調査（全国の二〇歳以上の男女二〇〇〇人）でも、自分の葬儀について、「質素な葬式を行ってほしい」（三九・四％）との意見がもっとも多く、「人並みの葬式を行ってほしい」と回答した人は一九・二％であった。さらに第一生命経済研究所が二〇一二年に全国で調査した結果（二〇歳以上八四歳の全国の男女七六五人）でも、「身内と親しい友人だけでお葬式をしてほしい」（三三・一％）、「家族だけでお葬式をしてほしい」（三〇・三％）という回答が多く、「従来通りのお葬式をしてほしい」と回答した人は九・〇％にとどまった。読売新聞社が二〇一二年に行なった世論調査でも、葬儀をなるべく簡素に行なう方がよいと考える人は九二％にものぼっているうえ、通夜や告別式をしない「直葬」を、七二％が特に問題はないとしている。実際、東京都内では、通夜や告別式をしない割合がすでに二割を超えているという。以上のことから、居住地域や世代にかかわらず、意識のうえでも葬儀の小規模志向、低価格志向が進展していることが推察される。

戦後の葬儀の変容について、村上は、「従来の地域を中心に『送り出し』を行う共同体的なものから、家や家族を中心とした『弔問を受ける』個人的な儀礼へと変化した」［村上　二〇〇五、三五頁］と述べたが、二〇〇〇年以降になると、家族が弔問を受けるという意味合いが薄れ、葬儀は家族内で完結する私的な行事となってきたと考えられる。

個性化の流れも同様で、二〇〇四年には、このような新聞報道がなされている。

「自分らしく人生を締めくくりたい」と、葬式のやり方について家族で話題にする人が最近増えているという。

故人が生前に好きだった音楽で送る「音楽葬」や、絵画、陶芸など趣味の品を並べて故人をしのぶ葬儀など形式も多様化。生前からどんな葬式をするか、業者に相談にくるケースも増えている（二〇〇四年八月二六日産経新聞、傍線筆者）。

日本消費者協会が一九八二年から二〇一〇年まで九回にわたって行なった「葬儀についてのアンケート調査」では、参列したことのある葬儀について、「形式的になりすぎている」と回答した人が二〇一〇年には四二・二％であったが、一九八二年調査では二一・一％にとどまっていた。第一生命経済研究所の二〇一二年調査でも、葬儀の形式について「こだわらない」と回答した人が五〇・五％と半数を占めたほか、「宗教色のない、お別れ会形式」を望む人が二五・五％と、「宗教色のある形式」と回答した人（二六・四％）を上回った。

こうしたことから、昨今では、葬祭業者は既存の大きな葬儀会館を二、三〇人規模の小型ホールへと改装したり、キッチンや和室、寝室やゲストルームを完備した一軒家型の葬儀会館を建築したりする動きがある。個性化志向は、葬儀の祭壇の変化にも現れている。八〇年代までの祭壇では白や黄色の菊が主流であったが、故人が好きだった花や色を飾りたいという要望が強く、花祭壇が増加している。

三　葬祭業界の取り組み

1　人材育成

これまでの葬儀のあり方について、不必要なものが多い、費用が不明朗などといった消費者意識が高まるにつれ、遺族と葬祭業者とのトラブルが増加したことを背景に、二〇〇五年には公正取引委員会が「葬儀サービスの取引実態調査」、二〇〇七年には総務省が「葬祭業取引適正化に関する調査」を行なったほか、二〇一一年には経済産業省が報告書『安心と信頼のあるライフエンディング・ステージの創出に向けて――新たな絆と生活に寄り添う「ライフエンディング産業」の構築』をまとめ、国も葬祭業に対する社会的監視を強化している。

消費者の立場に立ち、質の高いサービスを提供するよう求められた葬祭業界では、従業者の知識・技能と社会的地位の向上を図ることを目的とし、一九九六年に、厚生労働省が認定する葬祭ディレクター技能審査制度を設置し（試験実施は、民間団体の葬祭ディレクター技能審査協会が行なう）、二〇一三年度までに、一級葬祭ディレクター、二級葬祭ディレクターの累計は二万七二一二人となっている。試験内容は、実技（幕張装飾、司会、接遇に加え、生活者へのアドバイス能力を判定する筆記）と学科試験に分かれ、学科試験では、葬儀に関わる仕事の内容だけでなく、社会的環境、公衆衛生、法律、行政手続き、遺族心理、宗教などの関連知識も問われる。葬祭ディレクター技能審査を受験するには、二級で葬祭実務経験を二年以上有すること、一級では葬祭実務経験を五年以上有するか、二級合格後二年以上実務経験を有することが条件であるが、日本ヒューマンセレモニー専門学校フューネラル学科、駿台トラベル&ホテル専門学校葬祭マネジメント学科、東京観光専門学校フラワーサービス学科葬祭ディレクターコースで、所定のカリキュラムを修了すれば（修了見込み含む）、その期間を実務経験に算入することができる。日本には葬祭教育機関は専門学校の三校しかなく、中国、台湾、韓国のように専門学科を設置している大学はない。

またわが国にエンバーミング（遺体衛生保全）がはじめて導入されたのは一九八八年で、この年には一九一件の実施しかなかったが、二〇一一年には二万三四九九件にまで増加している。アメリカやカナダでは、専門大学や職業訓練校を卒業し、州ごとに実施される公的な資格試験に合格したエンバーマーでなければ、エンバーミングを行なえない。わが国でエンバーミングを導入した当初は、こうした資格を持つ外国人エンバーマーしかいなかったが、二〇〇三年にＩＦＳＡ（日本遺体衛生保全協会）が日本でエンバーマーの養成を開始して以降、日本人エンバーマーは一〇〇人を超えている。エンバーマー養成施設は、二〇〇五年に開校した日本ヒューマンセレモニー専門学校フューネラル学科エンバーマーコース（二年制）、二〇一五年開校のおくりびとアカデミーエンバーマーコース（二年制）の二校のみである。日本では、エンバーマーは国家資格ではなく、ＩＦＳＡがエンバーミングに関する自主基準を定めており、日本でエンバーマーとして活動するには、ＩＦＳＡからエンバーマーとして認定される必要がある。

なお、医師免許を持たない者がエンバーミングを行なうことは死体損壊罪にあたるのではないかとの民事訴訟においては、ＩＦＳＡの自主基準（（1）本人や家族の署名による同意にもとづいて行なうこと、（2）ＩＦＳＡに認定され、登録されている高度な技術能力を持った技術者によってのみ行なわれること、（3）処置に必要な血管の確保および体腔の防腐のために最小限の切開を行ない、処置後に縫合・修復すること、（4）処置後のご遺体を保存するのは五〇日を限度とし、火葬または埋葬すること）に従って実施される限りは合法であるとの判例が二〇〇五年に出ている。昨今、延命措置や高度医療により、遺体の腐敗のスピードが速くなっているうえ、葬送儀礼に対する意識の変容で、故人を美しく送ってあげたいという遺族の意向が強くなっており、遺族ケアの観点からもエンバーミングの需要は増えていくと思われる。

2　葬祭業者の役割

一九九〇年代以降、社会や家族の変化に呼応し、葬祭業者に求められる役割が本来の葬儀施行だけでなく、納棺やエンバーミングなどの専門的な遺体処置、葬儀に関する相談や知識の提供、死を受容するまでの遺族の支援など、多岐にわたる。

一方、葬祭業は国の許認可が必要なく、規制もないため、業者の実態がわかりづらいことが消費者からの苦情やトラブルにつながっている側面もある。こうしたことから、一四〇五社の専門葬儀社が所属する全日本葬祭業協同組合連合会では、顧客情報の守秘義務、説明責任、料金体系の明確化、見積書交付をルール化した全葬連葬祭サービスガイドを二〇〇七年に制定している。高齢世帯の核家族化の進展、生涯未婚者の増加、ひとり暮らし高齢者の増加など家族の多様化に加え、死亡年齢の高齢化や終末医療の高度化で、死の迎え方や葬儀のあり方は今後も変容していくことは想像にかたくない。時代の変化に応じ、葬祭業者の役割も変わっていかざるをえない。

四　墓の変容

1　墓制の現代的問題

日本の家墓は民法上では祭祀財産と規定されており、子々孫々での継承を前提としているところに特徴がある。厳密には、「慣習に従って」継承されることになっているが、『広辞苑』（第六版）によれば、慣習とは「ある社会の内部で歴史的に発達し、その社会の成員に広く承認されている伝統的な行動様式」とされており、明治民法では、家督相続人である長男子が継承者であったことをかんがみると、現行法でも家督相続が慣習として存続しており、「事実上、家族を連続させる法的装置は維持され」［森　二〇〇〇、三頁］たといえる。

民法で規定する先祖祭祀の継承がもたらす問題の一つに、家族によって管理・継承されない死者のゆくえが挙げられる。言い換えれば、「直系家族制であるところの家は、連綿と続く家族であったからこそ『〇〇家之墓』を代々継承する墓のシステムは適合していたが、一代限りで終わる不連続の夫婦制家族に、代々継続する『家墓』は適合するとは言い難い」［井上　二〇〇三、二二二頁］ということである。また、「離婚による単身者の増加、生涯未婚者、生まない選択をした夫婦や、子どもがいない夫婦は、墓からみれば『継承者のいない人』の増加を意味し」［井上　二〇〇三、二二三頁］ており、ライフスタイルの多様化によって家墓の継承が困難な人たちが増加してきた。森は、少子化や非婚化に加え、高齢化の進展によっても、墓の継承者の確保が困難となってきたと述べている［森　二〇〇〇、六頁］。高齢化が進み、死亡者数が増加する一方で、少子化により、祭祀の担い手が減少しているからである。

しかし核家族化し、都市人口の流動性が激しくなっていった高度成長期でも、家墓は建立されつづけた。墓や祭祀の継承が困難であることが社会問題化したのは一九八〇年代で、一九八五年以降、「無縁墓」の増加を取り上げた全国紙の記事が目立つようになる。例えば以下の記事では、昔からある公営墓地のほか、民間霊園でも核家族化や転勤などで無縁化する墓が増加していること、一方で、改葬の手続きが煩雑で進んでいないことを報じている。

明治時代から市営墓地を持つ京都市、大正時代（当時東京市）からの公園墓地を持つ東京都は大量の無縁墓地を抱え、京都市は五十四年度から十年計画で、東京都は五十五年から七年計画で、無縁墓地整理の縁故者確認調査を進めている。

また市町村の公営墓地も無縁墓地は管理料が納入されないので墓地の経営基盤を弱め、公有地を個人に無料で使わせる〝無法状態〟も生じている。近年増えている民間経営の霊園でも、核家族化や転勤などの影響で管理料を長期間滞納する墓が増加。霊園の中にはこの種のケースの墓地を無縁墓地として処理したいという意向を示しているところもある（一九八五年九月三日日本経済新聞）。

お墓参りに訪れる人もないまま荒れるに任され、管理料も不払いが続いている「無縁墓」がふえている。改葬は、複雑な手続きが必要なためほとんど進まない（一九八五年一〇月一三日朝日新聞）。

また社会環境の変化に起因するだけではなく、意識のうえでも、墓や祭祀の継承が困難であることがうかがえる。例えば第一生命経済研究所が二〇〇九年に行なった「お墓に関する意識調査」では、「自分のお墓が将来、無縁墓にはならない」と考えている人は、一三・九％にすぎなかった［小谷　二〇一〇b、一〇頁］。子どもがいる人でも過半数の五二・七％が無縁化する可能性があると回答していたことから、年齢性別、子どもの有無にかかわらず、墓の無縁化は、多くの人が共有する問題である様子がうかがえる。

森が一九九八年に行なった「墓地に関する意識調査」によれば、墓地に関する社会問題として、「墓地の高騰」「墓地の不足」「墓地の継承者がいないこと」の回答率が高かった［森　一九九八］、このうち、「墓地の高騰」「墓地の不足」は大都市部でのみ顕著な問題であったが、「墓地の継承者がいないこと」は、都市規模に関係なく、問題が顕在化していることが明示されている。つまり、大都市部では、少子化や人口移動などで墓の継承者の確保が困難になっているのに対し、地方都市や郡部では、過疎化のなかで継承者の確保が困難になっているという構図がみてとれる。継承者確保が困難になっている背景は地域の特性で異なるものの、将来的に家墓の継承がますます難しくなる傾向は全国的なものであるといえる。

一九八〇年年代後半以降、墓の継承問題がクローズアップされた一方で、バブル景気で土地の値段が高騰したため、墓地の価格が値上がりし、墓が買えない人たちが増加するという現象が起きた。例えば一九八七年九月二一日付けの日本経済新聞朝刊は、「お墓が静かなブームを呼んでいる。地価の高騰でマイホームの夢がますます遠のくなかで、せめて墓ぐらい持ちたいという人が増えているためか、東京周辺の墓地見学会には購入希望者が殺到するほどの人気ぶり。」と報じており、その原因について次のように触れている。

最近の墓地ブームは主に大都市部での現象。特に首都圏の墓地需要は多く、西暦二〇〇〇年までに新たに七十二万基分の墓地が必要になるという推測もある。核家族化の影響と地方から首都圏に墓を移し替える動きが出てきたためである（一九八七年九月二一日日本経済新聞朝刊）。

また一九八七年一一月二五日の読売新聞東京本社版は、「宝クジ並み／都営霊園」という見出しで、「東京都八王子市にある都営八王子霊園の新規募集がこの六月行われた。七百五十区画に約一万四千人が詰めかけ、二十倍近い競争率となった。しかも、明治七年の谷中墓地から百十四年も続いてきた都営霊園の新規募集はこれでひとまず終わり、あとは無縁墓を整理した〝空き家〟募集を待つしかない。地価高騰などで霊園づくりの適地がないのだ。」と報じ、公営霊園にお墓を建てることの難しさを宝くじ当選になぞらえている。

総理府（当時）が一九九〇年に行なった「墓地に関する世論調査」では、「現在、都市では墓地の不足が深刻な社会問題となっていますが、あなたは、このことをご存知ですか。」という質問に対し、六五・八％が「知っている」と回答しており、この頃には、価格高騰にともなう墓地不足の問題が広く報じられていた様子がうかがえる。

こうした問題を検討するため、東京都では、一九八六年七月から一九八八年三月までの間、「霊園問題調査会」を開催し、墓地はそれぞれの時代の住民の考え方や地域社会の認識を反映するものとして対応していかなければならないという理念のもと、「公営霊園が率先して新しい慰霊形態を検討することによって、新しい墓地の形態に対する需要を喚起し、先導又は誘導することが強く要望される」〔東京都　二〇〇七、五頁〕との答申を出している。

東京都ではその後も一九九〇年に東京都新霊園等構想委員会、一九九七年に東京都霊園管理問題等検討委員会、二〇〇二年と二〇〇五年には東京都公園審議会を開催し、これらの答申にもとづき、壁型墓地や合葬式墓地の整備、無縁墓所の整理、合葬墓式墓地による生前申し込み制度の導入などを行なっている。しかし二〇〇七年に出された東京都公園審議会の報告書『都立霊園における新たな墓所の供給と管理について』では、「大都市の墓所需要は依然として高く、加えて核家族化の進行など家族構成の変化や、墓所に対する都民意識の変化を反映し、墓所のあり方への要望が多様化するなど、霊園行政をめぐる環境はさらに変化してきている」〔東京都　二〇〇七〕と述べており、人口増や家族形態の変化にともなう墓地不足とともに、生活者のニーズも変容していることを指摘している。

2　家墓から家族墓へ

総理府（当時）が一九九〇年に行なった「墓地に関する世論調査」で、「あなた自身は、一つの区画の墓地に一緒に入るのはどういう人が望ましいと思いますか」という質問に対して複数回答を求めたところ、回答率が高かったのは「配偶者」（八六・八％）と「子ども」（七一・〇％）で、「自分の両親」（四七・六％）や「配偶者の両親」（三〇・三

％）の回答率を大きく上回った。第一生命経済研究所が二〇〇五年に行なった「老い支度に関する意識調査」でも、「あなたは、誰と一緒にお墓に入りたいと思いますか」と複数回答でたずねたところ、「配偶者」を挙げた人が五〇・三％ともっとも多く、以下、「子ども」（三〇・三％）、「自分の両親」（二四・六％）の順となった［小谷　二〇〇六、八頁］。

また鈴木岩弓らが二〇一一年に行なった調査（「わが国の葬送墓制の現代的変化に関する実証的研究」科学研究費補助金基盤研究Ⓑ）では、先祖代々の墓に入りたいと回答した人は三八・九％にとどまり、「今の家族で一緒に入るお墓」を志向する人が三一・一％となった。これらはそれぞれ調査対象者の年齢や選択肢が異なるため、回答率の比較はできないが、どの調査結果も、先祖代々の墓ではなく、家族で入る墓を望んでいる人が圧倒的に多いことから、意識のうえで墓の核家族化が進んでいる様子がうかがえる。

しかし一緒に入りたい人として配偶者を挙げる人が多い一方で、第一生命経済研究所が二〇〇三年に行なった「お墓に関する意識調査」では、「夫婦は同じお墓に入るべきである」という考えに対して「そう思う」と回答した人は男性では四二・二％いたのに対し、女性では二九・四％と少なかった［小谷　二〇〇五、二八頁］。このように墓に対する意識は多様化しており、「こうあるべき」という固定観念にとらわれない人たちが出現してきたことが特徴として挙げられる。

3　私化した墓碑銘の出現

墓石には、家名、家紋、戒名、宗教上の言葉、墓石の建立年月、建立者名、死亡年月日、享年などが記載されている。宗教学者の鈴木岩弓は、「墓石を祀っている人々が、原則的にはイエ単位となる点から判断するなら、そのような内容が書き込まれた墓石は、イエ及びイエに関連した人々についての一種の「データバンク」と見なすことが可能となる」［鈴木　一九九八、一〇〇頁］と考え、一九九六年に仙台市営墓地において墓碑銘の調査をした結果、一九九三年に「自由記述の墓碑」の数が「宗教的影響の明らかな墓碑」を上回って以降、その数が増加傾向にあることを明らかにした。また自由記述の墓碑に注目すると、漢字一文字の場合は偲や寂など死者との関連を持つものもあるが、和・心・愛など、生者にとっての人生の指針となるような漢字も数多く見受けられたという。さらに単語や短文では、安らかであることを意味するものが好まれる傾向があるとしている。これらのことから、鈴木は、「宗教的影響もイエ意識も希薄化する傾向が窺え、仏塔と墓塔との兼用形態とも家墓とも異なった、私化した形態の墓塔が現れている」［鈴木　一九九八、一一〇頁］とし、「造墓行為にみられる新しい動向の背後には、現世中心的死生観があるということになろう」［鈴木　一九九八、一一一頁］と結論づけている。

井上も、福岡市立の平尾霊園にある複数家族墓（複数家族墓とは、一つの墓所を複数の家族が使用している、あるいは一つの墓所に複数の家族の故人が祀られている墓をさす。墓石数で分類すると、一つの墓石を複数の家族で使用する場合と、一つの区画に複数の墓石を建て、複数の家族で使用する場合がある）を調査し、墓標に刻む文字は家名だけでなく、「宗教語」（南無阿弥陀佛、南無妙法蓮華経、倶会一処、奥津城など）や「任意語」を刻むケースが増えていることを確認している［井上　二〇〇三］。また最近では、複数の墓石を使用するタイプの複数家族墓より、一つの墓石を複数の家族で使用するタイプの複数家族墓が多くなっており、こうしたタイプの墓石には、宗教的な言葉よりも、一文字や二文字の語や自由な言葉を刻むケースがやや多くなっていると述べており、家名を刻んだ墓石が減少し、自由な言葉が増加する傾向にあることが先行研究から明らかになっている。

都内の墓石業者N社の資料でも、同社が手がけた墓地で墓碑銘として使用される言葉には建立者の人生観や好きな言葉を表わしたものが多い（表）。N社で手がけた墓地では、墓石の形態にも変化がみられる（図）。二〇〇二年に洋型墓石の新規建立数が和型墓石を超えて以降、その数が急増しており、同社ではここ一〇年間で比率が逆転した。洋

表　N社で多く使用されている墓碑銘

愛	愛ほほえみをのこして	倶会一処	青い空	和楽	一期一会
祈	憩	永眠	安らかに	縁	永遠の恵み
いつもあなたの心に	Love＆Peace	悠久	穏	回想	風
感謝	和	薫	希望	空	心
夢	心安らかに	真	翔	慈	安らぎ
慈愛	伝	絆	春夏秋冬	道	昴
静寂	想	旅路	平和	梵	ありがとう
華	偲	平安	聖	飛翔	無

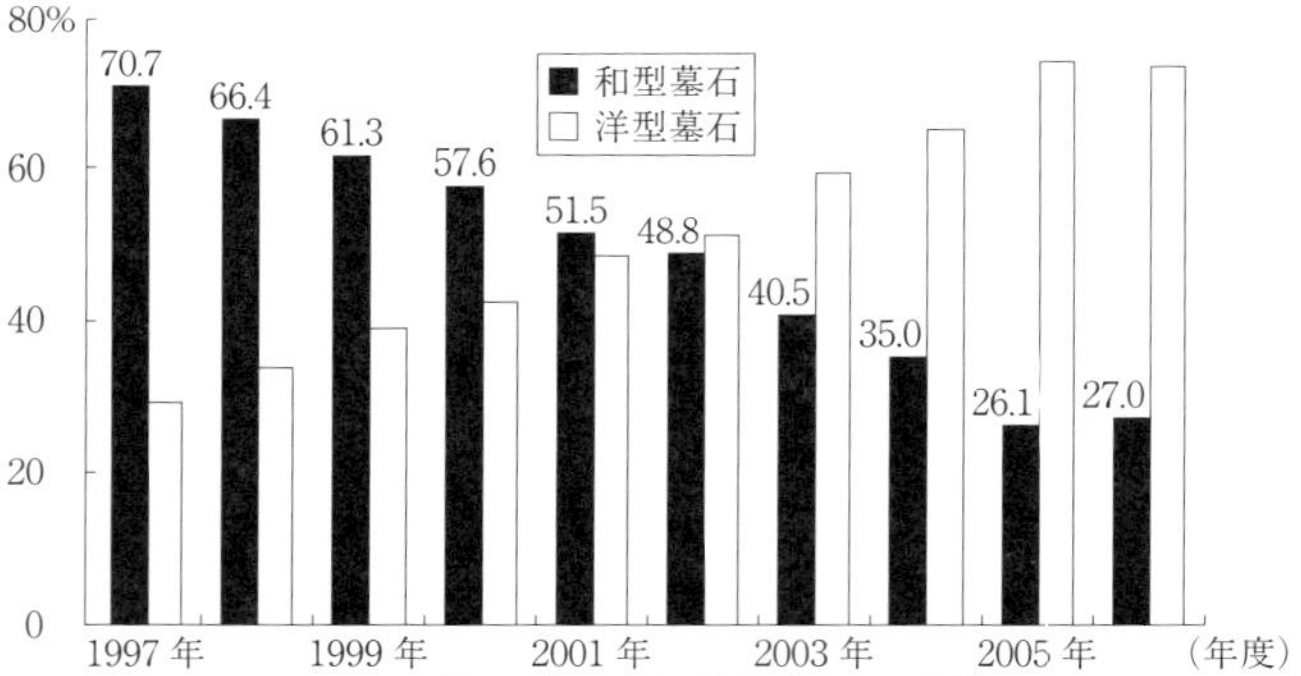

図　N社で手がけた新規墓石の形態

型墓石の場合には、「自由記述の墓碑銘」や「任意語」を刻むことが少なくないことから、鈴木が指摘したように、私化した形態の墓塔が支持される傾向は、今後ますます顕著になると推察できる。

4　血縁を超えた人で入る墓の出現

一九九〇年代に入って、祭祀継承者がいない人たちや家の枠組みでの継承のあり方に疑問を持つ人たちを中心に、合葬式の共同墓が普及してきた。合葬式の共同墓とは、「墓地の経営者、地域共同体、宗教団体、福祉法人等の各種団体あるいは市民団体が共同墓の管理者となり、その利用者を特定の家族や親族に限定せず、またその利用権の承継が問題とはならない墳墓の形態」［森　一九九八、一一頁］をさす。森が一九九八年に行なった「墓地に関する意識調査」で、こうした墓についてどう思うかたずねたところ、「積極的に評価する」と回答した人は八・三％、「関心をもっている」人は五・九％と多くはなかったが、「ふさわしくない」とする人も一四・六％にとどまり、五七・七％と過半数が「承継者がいなければやむを得ない」と回答した。これを未既婚や子どもの有無でみると、「積極的に評価する」人と「関心を持っている」人を合わせた回答率は、有配偶者で一番高い（一四・九％）ことから、合葬式の共同墓に関心を持ち、共感する人は、祭祀継承者がいない人には限らないといえる。

また第一生命経済研究所が二〇〇六年に行なった「生と死に関する意識調査」では、こうした合葬式の共同墓について、「自分は希望しないが、承継者の問題など事情があればやむをえない」とする人が四二・九％ともっとも多く、ついで「自分は希望しないが、これからの時代に必要だと思う」人が二九・四％であり、こうしたシステムは社会的に必要だと考える人が多かった［小谷　二〇〇七］。さらに、子どもの有無や婚姻状況にかかわらず、合葬式のお墓を肯定的に捉えている人は少なくないことから、子々孫々での継承を前提としない新しい考え方に共感する人は、自らの継承者の有無にかかわらないといえる。

妙光寺（新潟市）は、継承を前提としない永代供養墓（安穏廟）を、一九八九年に全国に先駆けて建立したが、安穏廟を契約した人たちの理由として多いのは、「子どもがいない」（二四％）、「子どもが娘だけ」（二一％）を挙げた人が二割を超えたほか、「シングルの女性」も一一％おり、継承者がいないことを永代供養墓選択の理由として挙げている。しかし「夫や夫の家の墓と別を希望」「子どもに頼れない、頼りたくない」など、家墓から脱却したいという価値観のほか、再婚や離婚を理由に挙げる人も少なくなく、継承を前提としない永代供養墓や、血縁を超えて入る共同墓などが、ライフスタイルや価値観の多様化に対応しつつあるといえる。

5　墓に入らない選択

一九九〇年代以降、散骨に象徴されるように、墓に入らない選択をする人たちも出現している。欧米では、墓地の一区画に散骨する区域が設置されていることが多いが、日本では、海や山などの墓地以外の区域に散灰を撒くことが一般的である。

日本では、一九九一年に「葬送の自由をすすめる会」が神奈川県の相模灘沖ではじめての自然葬を行ない、それまで漠然と違法行為だと考えられていた散骨がにわかに注目を浴びることとなった。「墓地、埋葬等に関する法律」では、焼骨の埋蔵や納骨堂への収蔵については手続きを定めているが、散骨については規制がない。このことについて厚生省生活衛生局は、一九九八年に出した「これからの墓地等の在り方を考える懇談会」の報告書のなかで、「散骨が公衆衛生上問題を生じたり、社会通念上国民の宗教的感情を損なうような形で行われるのでなければ、現行法上特に規制の対象にする必要がないというのが現在の行政の考え方であり、これは是認できるものである」との見解を示している。「葬送の自由をすすめる会」の会員は、現在では全国に一万数千人おり、散骨や自然葬に対する社会的な認知が急速に広がっている。

それと同時に、散骨に対する忌避感も薄れている。例えば、一九九〇年の総理府（当時）の調査では、「現在諸外国では、墓地などにお骨を埋葬しないで粉にして、墓地の一定の区画、山林、河川、海、空などに散布することが葬法として認められている場合があります。あなたは、このような葬法を認めてもよいと思いますか、認めるべきではないと思いますか」という質問に対し、「葬法として認めるべきではないと思う」とする人が五六・七％と過半数を占め、「葬法として認めてもよいと思う」という回答は二一・九％にとどまった。

ところが、森が一九九八年に行なった「墓地に関する意識調査」では、「最近、海や山にお骨を撒く、いわゆる散骨を求める市民団体が登場し、現実に散骨を行う人々も出てきました。あなたは、散骨についてどのように思いますか」という質問に対し、「認めるべきではない」という回答は一九・四％にすぎず、「積極的に認めるべきである」と考える人は五・六％しかいないものの、「本人の希望があれば認めてもよい」とする人が六九・％もいた。鈴木らが二〇一一年に行なった調査でも、散骨をしたくない人が六三・％いたものの、散骨が葬法としてふさわしくないと考える人は九・四％しかおらず、「撒く場所や方法などを制限したうえで、認めてもよい」（五二・九％）、「故人や遺族の希望があれば、自由に認めてもよい」（三二・〇％）と、散骨を容認する人が大多数となっており、散骨という葬法に一定の理解を示す人が急激に増えている様子がうかがえる。

しかし、日本には散骨に関する規制だけでなく、撒き方に関するルールさえもなく、撒く人のモラルに任されているのが現状だが、市町村条例で散骨を規制する自治体が出てきている。発端は二〇〇五年に北海道の長沼町で、散骨を請け負う団体と近隣住民との間にトラブルが起き、墓地以外に人骨を撒くことを禁止した「さわやか環境づくり条例」が施行されたことである。この条例では、ごみや犬猫の糞尿と並び、人骨を撒くことを禁じている。長沼町の条例制定を受け、七飯町（北海道）、諏訪市（長野県）、岩見沢市（北海道）、秩父市（埼玉県）、御殿場市（静岡県）でも、散骨を規制する条例が制定されている。一方、島根県隠岐に位置する海士町には、散骨所となっている無人島がある。散骨のために島に上陸できるのは、年に二回の決められた時だけで、撒く遺骨の大きさや撒き方、撒く場所も細かく決められているほか、この時期以外のお参りは、無人島を見渡せる対岸の慰霊所からに限定するなど、厳格な自主ルールを定めている。

五　変わらない意識

一九九〇代以降、少子化や核家族化、ライフスタイルの多様化により、墓のかたちの多様化が顕著になってきた。

しかし一方で、いまなお多くの人にとって、墓は死者を偲ぶ大切な装置であることには変わりがない。第一生命経済研究所が二〇〇九年に行なった調査では、年に数回以上墓参する人は七割を超えており、三五歳から四九歳の若い層でも六六・〇％が年に数回以上は墓参していた［小谷　二〇一〇a］。このような墓参行為率の高さは、家意識にもとづく先祖崇拝からではなく、顔ぶれが特定された故人への親密性が背景にあるからではないかと考えられる。さらに、この傾向は、現代人の先祖観からもみてとれる。三省堂『大辞林』によれば、先祖とは「家系の初代。また、その血統に連なる先代までの人々。祖先。」とあるが、実際には、先祖を「自分の家系の初代または初代以降すべて」といった辞書的な意味合いよりも、「自分の親や祖父母などの近親者」というイメージで捉えている人の方が多かった［小谷　二〇一〇a］。墓参の被対象者と行為者が親密性で結ばれているため、現代人の多くが「お墓に行くと、亡くなった人に会える気がする」という感覚を持つようになるが、お墓のかたちが多様化しているのも、このことと無関係ではない。先祖観の変容は、仏壇保有率の低下にもみてとれる。鈴木らの二〇一一年調査によれば、子どもの頃に自宅に仏壇があった人は七二・二％いたが、現在の自宅での保有率は四四・七％と大きく減少している。仏間のある家が少なくなったという住宅事情もあるが、両親など、先祖になるべき近親者が存命なうちには仏壇を置かない家庭が増えているとも考えられる。

わが国では、無宗教を標榜している人は多く、統計数理研究所の「日本人の国民性調査」では、この五〇年間、一貫して「特定の宗教や宗派を信じていない」と回答した人が七割を占めている。その一方で、「先祖は私たちを見守ってくれている気がする」と感じている人は八割近くもおり、「お墓に行くと、亡くなった人に会える気がする」といった意識も強い［小谷　二〇一〇b］。

こうした先祖祭祀から故人祭祀への変容は、手元供養への社会的関心の高まりなど、供養の方法の多様化として現れている。「お墓に納骨したが、自宅に遺骨の一部を置いておきたい」「遺骨の一部をペンダントやダイアモンドに加工して身につけておきたい」といった感覚である。遺骨や遺灰からメモリアルプレートやペンダントなどに加工する方法、遺骨そのものを収納するさまざまな形状のオブジェなど、二〇〇〇年以降、手元供養商品を扱う業者は増加している。すぐに墓に納骨せず、骨壺を自宅に安置しておきたいというニーズに対応し、全国の有名窯元に焼かせた高級骨壺、パステルカラーのポットやガラスの骨壺、故人の趣味のゴルフボールやサッカーボールをかたどった骨壺など、骨壺もインテリアとしても使用できるよう、多様化している。

遺された人にとって観念上では、死は死にゆく人との別れを意味するが、大切な故人との関係性はこの先もずっと維持されていく。すなわち、死者を追慕し、死者と生きつづけるという視点が、遺された人に必要であり、その意味では、葬送儀礼や墓祭祀は、死を受容し、死別の悲嘆を和らげるという重大な効用を持つ。仏壇の前に朝夕座り、手を合わせる行為は、死者と対峙する大切な時間であるし、先祖の写真に囲まれて生活することで、亡くなった人が見守ってくれているという実感を遺された人たちは得られたはずだ。こうした習慣は遺された人たちによって、大切な人の死を受容し、死別の悲しみを和らげ、死者と共存していくための装置であり、日常生活のなかで、グリーフケアがなされていたといってもよい。

もちろん、命日や年忌の法要、仏壇には仏教的に意味があるが、墓参などを通じて死者と対峙することが遺された人のグリーフワークになるという効用に、もっと注目するべきではないだろうか。例えば、宗教色のないお葬式をした場合や、仏教以外の宗教を信仰している場合でも、故人と対峙できる仏壇に代わる小さな空間を家のなかに設置したり、節目節目に故人を偲び、思い出を語り合う機会をつくったりすることの意義を考えてもよいだろう。

しかし、本章で述べたように、昨今のわが国の葬送儀礼や墓祭祀のあり方は、多様化というよりは、縮小化の傾向が強くなっている。その背景の一つに、本章では、「わたしの死」概念の台頭を指摘した。家族を中心とした小さな規模のお葬式が増えているのは縮小化の一つの事例であるし、お葬式をせずに火葬のみですませる「直葬」は、縮小化がもっとも進んだすえの消滅の結果だといってよい。自分の死を想定して葬送を考えれば、「派手に盛大にお葬式をしてほしい」といい残す人はまれで、たいがいの人は「こぢんまりと家族だけで」と願うのは当たり前だともいえる。余命告知の是非や終末期医療のあり方、死後の葬送など、死に関わる一連の問題は、これまでは遺される遺族が考えるものとされ、自分の人生をどう締めくくりたいかという視点で死を捉えるようになったのは、日本では一九九〇年代以降のことである。

ところが、「わたしの死」という視点は、遺される人にとって、大切な人の死を受容できないという問題にもつながるおそれがある。たとえば、「わたしの死」を想定した場合に、「死んだら無」という意識を持つ人でも、「大切な人の死」を「死んだら無」だとは思わないということが、二〇〇六年に行なった筆者の調査で明らかになっている［小谷　二〇〇八］。こうした、一見矛盾した意識は、「わたしのお葬式は不要だが、大切な人が亡くなったときにはお葬式をする」とか、「わたしはお墓はいらないけれど、大切な人のお墓参りはする」といった行動にも現れている。

つまり、自分の葬送について「死んだら無」という前提で思考すると、当然、「お葬式はしなくていい」「家族だけでこぢんまりとしてほしい」、あるいは「お墓はいらない」「海に流してくれればいい」などとなる。しかし遺される人の立場になった場合、その人を大切だと思っていれば、「死んだら無」だとは思えない。大切な人だからこそ、遺された人たちは本人の意思を尊重するのだが、お葬式をしない、お墓もない、となれば、死の悲しみを共有する仲間や場もないまま、死を受容できないでいる人もいる。

さまざまな宗教が死後の世界について説いているが、大切な人の死をどう受け止めるかという問題は、信仰のある人でも必ずしも宗教が解決してくれるとは限らない。なぜなら、人は死んだらどうなるのかという問題は解決できても、わたしと大切な故人との関係や絆をどう結び、どのようにして死者と生きつづけるかというのは、きわめて個人的な問題であるからだ。社会や家族、ライフスタイルが多様化し、故人の偲び方も人それぞれに多様化しているが、大切な人を亡くせば、激しい悲しみや喪失感、衝撃を受けるのは、どんな時代でもどんな人でも同じであろう。自分らしくどう逝くかという視点は、どう生きるかという問題を考えるうえでとても重要であるが、同時に、遺された人たちが大切な人の死をどう受容していけるかという観点でも、葬送のあり方を考える必要がある。前者の視点が大きくクローズアップされ、遺される人の視点が見過ごされがちな昨今の状況だからこそ、グリーフワークの重要性について再認識する必要がある。その意味で、自己決定が是とされる風潮のなか、今後の葬送のゆくえにも着目していきたい。

参考文献

井上治代『墓と家族の変容』岩波書店、二〇〇三年
小谷みどり「墓に関する意識」『ライフデザインレポート　二〇〇五年一月号』二〇〇五年
小谷みどり『変わるお葬式、消えるお墓――高齢社会の手引き』［新版］岩波書店、二〇〇六年
小谷みどり「葬送に対する意識」『ライフデザインレポート　二〇〇七年一一月―一二月号』二〇〇七年
小谷みどり「中高年の死観――自己と大切な人の死観の比較」『日本家政学会誌』五九巻五号、二〇〇八年
小谷みどり「死者祭祀の実態」『ライフデザインレポート　二〇一〇年四月号』二〇一〇年ａ
小谷みどり「お墓のゆくえ」『ライフデザインレポート　二〇一〇年七月号』二〇一〇年ｂ
霜田求「死をめぐる問い」石崎嘉彦・山内廣隆編『人間論の二一世紀的課題――応用倫理学の試練』ナカニシヤ出版、一九九七年
鈴木岩弓「墓碑銘からみた現代人の死生観と仏教」『日本仏教学会年報』六三、一九九八年
鈴木岩弓「わが国の葬送墓制の現代的変化に関する実証的研究――個と群の相克」科学研究費補助金基盤研究(B)、二〇一一年
関沢まゆみ「葬送儀礼の変容」国立歴史民俗博物館編『葬儀と墓の現在――民俗の変容』吉川弘文館、二〇〇二年
東京都公園審議会『都営霊園における新たな墓所の供給と管理について――中間のまとめ』二〇〇七年
中筋由紀子『死の文化の比較社会学――「わたしの死」の成立』梓出版社、二〇〇六年

村上興匡「都市化・近代化と葬送儀礼の変容1――地域の都市化と葬祭業務」『SOGI』四、一九九一年a
村上興匡「都市化・近代化と葬送儀礼の変容3――葬儀の都市化とその意味」『SOGI』六、一九九一年b
村上興匡「現代日本における葬儀慣習の個人化」『死者と追悼をめぐる意識変化――葬送と墓についての総合的研究』平成一四年度――平成一六年度科学研究費補助金基盤研究(A)研究成果報告書（研究代表者　鈴木岩弓）、二〇〇五年
山田慎也『現代日本の死と葬儀――葬祭業の展開と死生観の変容』東京大学出版会、二〇〇七年
森謙二『墓地に関する意識調査』平成九年度厚生科学特別研究事業報告書、一九九八年
森謙二『墓と葬送の現在――祖先祭祀から葬送の自由へ』東京堂出版、二〇〇〇年

第II部　国家による死の管理

第六章　国家の葬墓管理

——中国における葬儀の現状と教育

王　夫子

一　中国における葬儀事業の概況

中国の葬儀教育や資格制度を述べるにあたってまず、葬儀事業の概要について確認しておきたい。中華人民共和国政府による民政年報の統計によれば、二〇〇九年末において、全国には一七二九ヶ所の殯儀館がある。殯儀館とは、中国において葬儀式場のことをいうが、火葬場も付設している施設である。さらに共同墓地については、政府の民政部門管轄下の共同墓地は一二六六ヶ所である。

葬儀サービス機関の職員は七万四〇〇〇人であるが、そのうち殯儀館の職員は四万五〇〇〇人である。また二〇〇八年の火葬率はおよそ四八・五%となっている(1)。

ただし、これらの統計データは非常に限定的な内容しか示していないのが実態である。例えば、右にあげた職員の数は政府の財政事業上の定員の数であり、いわゆる正式の職員定数を示したものである。よってそれは実際の葬儀従業員数を指しているわけではない。

図1　2004年に使用開始した長沙市の殯儀館

図2　公園化する墓地のゲート

現在、各地にある葬儀所[2]、葬儀会社、葬儀用品の生産および販売等に関わっている従事者の総数は、実際には皆目見当がつかない。これらの人びともみな葬儀に関連している事業の従事者である。控え目な見積もりでは、各省ごとの平均を約一万人とすると、全国でおよそ三〇万人の葬儀従業員がいることになるであろう。

また民政部門管轄下の共同墓地一二六六ヶ所以外に、民政部門が管轄していない共同墓地が多数あることがわかってはいるが、それらについての統計はない。先に述べたようにこうした葬儀関連の従事者の統計が実際には把握されていないことは、つまり彼らの存在を無視することに等しく、国家としてはその管理を放棄することを意味しているといえよう。

現在、殯儀館、共同墓地、葬儀所、葬儀会社の所有権と管理の形態は次のとおりになっている。殯儀館と共同墓地は、民政局の運営によるものが大部分を占めており、おそらくは七五%以上となるものと思われる。一方で、残りの約二五%程度の殯儀館および共同墓地は、個人の投資によるものであるが、その株式の一部は民政部門が所有している。また、民政局が所有しているいくつかの殯儀館、葬儀所、共同墓地は、個人に運営をゆだねているものもあり、その場合には五年、一〇年、二〇年と一定のリース期間が定められている。一方で、葬儀会社は基本的に個人所有であるが、そのうち政府に届出のあるものだけでなく、届出のない非合法の葬儀会社もある。

つまり、葬儀業に関する実際の状況を統計的に把握することは困難であり、ここではある程度個人的な推計を述べるにとどまらざるをえない。つまり統計のデータによる数値は、葬儀市場における実際のシェアを示しているわけではないのである。

現在、葬儀事業従事者の文化的な資質は大いに向上しており、一般の殯儀館、共同墓地の従業員など、従事者の学歴は大学卒業以上が約六五％程度を占めるようになってきた。すなわち三人に二人が大学卒なのである。

さらにここ一〇年は、殯儀館、共同墓地における施設は、壮麗化が進んでおり、現在では殯儀館は、その地域における一流ホテルよりも外観的には豪華であり、墓地も公園のように整備されている（図1・2）。

また、政府は国民のための葬儀政策を、主に以下の二点に重点をおいて推進してきた。まず第一点は、低所得者層への葬儀に関する無償措置である。現在、納棺、三日間の遺体の冷蔵保管、火葬、三年間の遺骨の保管といった、四つの項目については「基本的葬儀サービス」と位置づけられている。いくつかの都市では、低所得者層など一定範囲の市民に対し、これらの役務を無償提供している。例えば長沙市では、市内の低所得層および火葬を行なう周辺の農村部に対して、前述のような無償政策を実施しているのである。第二点は、一般に提供される葬儀役務や葬儀用品の料金設定をなるべく低価格にするよう努力している点である。こうして葬儀を行なう環境も次第に整備されているのである。

二　中国葬儀教育の概況

つぎに葬儀教育について述べていきたい。葬儀に関連する職業は、ある程度の専門性が要求される一方で、人びとから忌避される側面もある。こうしたことから葬儀の職業教育は古くからなされてきた。ただし従来の葬儀教育は、古代からつづいているものであり、父子間や師弟間において伝承されてきた個人的な行為である。

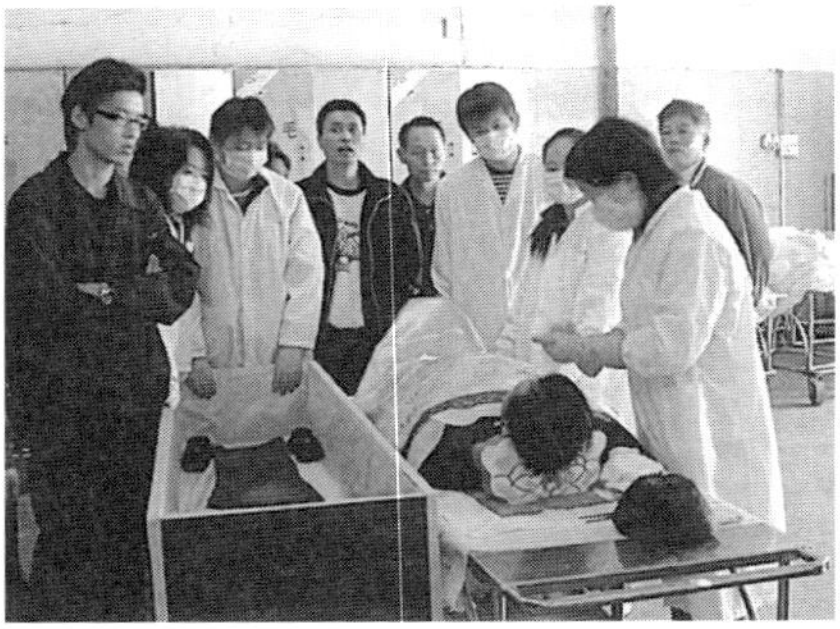

図3　遺体の整容の実習

しかし、現代では学校教育として葬儀教育がなされるようになってきたのである。すなわち学生を募集し入学させ、葬儀の文化、葬儀の企画、執行について教育し、一定の課程を経て葬儀業へ就職することとなる。このように現代社会に適応した葬儀従事者の需要を満たすこととなる。

つまり、現在の中国においては、葬儀教育は教育機関における全日制の教育がなされ、葬儀従事者を養成するようになってきた。一方で父子間、師弟間などによる伝統的な葬儀の知識や技術の伝承もいまだ存在しているのも事実である。

一九九五年秋、民生部所属の長沙民政学校、済南民政学校に、「現代葬儀の技術と管理」という専攻が設置され、学生の受け入れを開始した。これが現代中国の葬儀教育開始の歴史的瞬間である。のちに長沙民政学校は、一九九九年に長沙民政職業技術学院に昇格し、また済南民政学校が、一九九九年に済南大学へ併設されることとなった。

さらに二〇〇〇年には、長沙民政職業技術学院葬祭学院が「霊園の設計と管理」専攻も設立した。同時に、「現代葬儀の技術と管理」専攻を細分化して、「葬祭儀礼」専攻、「葬祭設備」専攻、そして「防腐整容」（図3）専攻の三専攻を設置した。ちなみに防腐とはエンバーミングのことであり、整容とはエンジェルメイクつまり死化粧のことである。

これによって、さらに葬儀業界が求める専門的人材の需要に応えてきたのである。今日では、筆者の所属する長沙民政職業技術学院葬祭学院における葬儀教育は、関連する分野を全面的に包括することができた。現在の在籍の学生数は約八〇〇人であり、毎年二七〇名ほどの新入生を迎え入れている。一九九五年に入学した第一期生のなかには、大きな葬儀会社の経営者になっている卒業生もいる。

さらに、設立の順番でいうと重慶民政学校であった現在の重慶城市学院、福建民政職業技術学院、河南民政学校、湖北省民政職業技術学院、北京市社会管理職業学院がそれぞれ葬儀教育を開始した。毎年三〇人から一〇〇人程度の新入生を迎え入れている。また今までには残念ながら定員割れにより専攻を廃止したところもあった。また葬儀会社といくつかの大学が共同で修士課程の授業を行なっているところもある。

三　中国職業資格証書の管理

1　中国職業資格証書の普及

こうした葬儀の専門課程が設置される一方、その少し前の一九九三年七月、政府の労働部は、「職業技能検定規定」を発表した。これ以後、各地で各種の「職業検定所」を設立し、それに対応するための「試験問題」と「検定基準」を設けた。さらに検定員の養成も行なうことになった。

翌一九九四年二月、政府労働部、人事部が、「職業資格証書規定」を発表した。それによると、第四条の規定では、「職業資格証書は、国家が申請者に対して専門知識および技術能力の認定、そして求職、就職、企業設立および企業採用のおもな根拠となるものである」としており、職業の資格化が始まった。これによって大規模な職業資格取得の時代となったのである。同年六月には、労働部は「職業技能検定センター」を設立している。これ以後、各地区、各部委（これは日本の省庁に相当する）の職業技能検定センターが相次いで設立され、職業技能検定ネットワークができあがった。

また一九九九年労働保障部は『中華人民共和国職業分類大典』を発表した。これは中国における職業分類の権威ある文献であり、また職業技能検定体系の技術的な基礎ともなる。そして一九九九年一一月、労働部は「職業技能検定作業規則」を発表する。これは職業技能検定所、検定人員、出題問題、検定試験事務管理、証書作製などの作業に対して規定したものである。

これによって、中国の各職業の技術雇用に対して、「法に守られた」社会性のある管理ができるようになった。もちろん、一九九三年以後の労働部発表の「職業技能検定規定」の法律制定に始まり、現在に至る一連の制度整備は二〇年ほどの短期間で行なわれたものであるがゆえに補完すべき箇所は多いことが予想される。

2　中国職業教育の普及

中国政府は職業教育に精力的に取り組むことにより、現代の社会発展に十分適合する職業技能人員を大量に養成することとなった。一九九六年九月一日、「中華人民共和国職業教育法」が正式に施行された。これは中国が本格的職業教育に取り込んだことへの起点と見ることができる。二〇〇五年一〇月、「国務院の職業教育に全力で取り組むことに関する決定」と題するものが発表され、職業教育に取り組むことが方針として打ち出され、これをもって経済社会発展における重要な基礎として、重点的戦略がとられることとなった。

四　中国葬祭職業資格証書の管理

一九九九年に発刊された『中華人民共和国職業分類大典』には、一八〇〇の職業分類があり、そのなかで葬儀に関しては六職種が含まれている。二〇〇五年七月、「民政部職業技能検定指導センター」が設立され、「民事特有職職業技能検定実施規則」が発表された。そして八つの特有職種の検定作業を執行している。

六つの葬祭に関する職種とは、(1) 葬儀従事員、(2) 遺体搬送員、(3) 遺体防腐師、(4) 遺体整容師、(5) 遺体火葬師、(6) 墓地管理員である。さらに別の二つの職種である (7) 義肢製作装着員、(8) 装具製作装着員をふくめて八つの特定職種となっている。ちなみに (7)、(8) は日本における義肢装具士に相当するものであろう。

民生部は、二〇〇六年四月三日、「民事特有職職業技能検定所設立計画および検査人員の推薦に関する通知」を発表し、さらに四月一一日には、労働と社会保障部事務庁、民政部事務庁は共同声明で、「義肢員（義肢装具士）等八つの国家職業基準設立に関する通知」を出した。これによって八つの職種の国家職業基準が制定され、試験に関する手続きも定まることとなる。こうして中国葬祭職業技能資格試験は、これにもとづいて執行され、葬祭職業技能の管理も法にのっとって開始されたのである。

葬儀に関する六つの職種にはそれぞれ等級が定められている。(1) 葬儀従事員の場合には、初級、中級、高級、技師の四等級である。また (2) 遺体搬送員の場合は、初級、中級、高級の三等級である。(3) 遺体防腐師、(4) 遺体整容師、(5) 遺体火葬師、(6) 墓地管理員は、いずれも五段階であり、一級を最高位とし、二級、三級、四級、五級で、五級が最下位である。

こうしてみると、葬儀関連の職業六種が国家の『職業分類大典』に入ることとなり、葬儀業が社会的な職業のひとつとして認知されることとなった。いわゆる「どんな職業でも、すぐれた人物は出るもの」といわれるが、葬儀業の従事者が社会に認められるに相応しい地位を獲得したことを意味しているのである。以前は、葬儀の仕事は社会的に軽視され、また忌避されたものである。

葬儀の六つの職種に関しての基準が設置され、組織的な養成、職業資格証書の発行がなされることで、「資格をもって就職する」ことが提唱され、葬儀関連従事者が法にのっとっている点など、中国有史以来、はじめてなされた葬儀業に対する国家レベルでの職業規範となった（図4）。つまり葬儀業にとって歴史的に大きな転換点であった。

図4　葬儀に関する6職種の国家職業標準

しかし弊害もみられる。職員の養成と資格の取得は、本来切り離されるべきであるが、依然として分離されていない点である。いくつかの省では、「特有職種職業技能検定所」が設けられているが、これは民間機関で企業ではないものと位置づけられている。そこでは、従業員の組織的養成をし、なおかつ検定も行なっている。一つのところに二つの機能があり、いうなれば「二者一体」であり、「金のなる木を見つけた」というに等しいものである。それは、従事者の養成において収益を上げ、さらに資格の授与によっても収益が上がる点である。つまり二重の利得が可能であり検定所の運営側にもうまみが大きい。また検定所の受講者側も受講すれば基本的に証書をもらえることで受講者にもうまみがあり、この構造は問題をはらみながらも依然として解消していない。

ただし最終的には、葬祭職業資格証書はそのうち無意味に近いものになるかもしれない。養成する側と検定する側が同一であることは、結果として管理面において深刻な問題を引き起こすものであり、組織の脆弱性を招くことになる。そしてこの悪影響は計り知れないものであり、養成機関と検定機関の分離が、まずは健全化の第一歩と考える。

注

（1）中華人民共和国民政部一〇一研究所編著『中国葬儀事業発展報告』二〇一〇年、二〇一一年を参照。

（2）葬儀所とは葬儀だけを行なう施設であり、葬儀場と火葬場を併設している殯儀館とは区別している。

第七章　死生学の構築と政策

――現代台湾の葬儀に見る課題と方向性

鄭　志明

一　はじめに

葬送儀礼とは、安定した伝統的な社会構造のなかで数千年来継続されてきた文化伝承であり、集団生活における経験の累積、拡充、実践であり、死に直面する際の行為と倫理の規則でもある。葬送儀礼はもともと深い意味をもった文化様式であり、外部環境の急速な変化がもたらした挑戦に耐えられるものであり、その堅固な儀礼と礼文制度によって人に生命の究極的な価値を体験させ、その順序と規範に従うことにより、よりよい生と死を導くものである。現代は伝統的な農耕社会から科学技術的な商工業社会へ転換したことで、非常に残念なことに、巨大な変革の嵐が伝統的な文化体制を強く圧迫し、世界的な不安に直面している。政治や経済、社会構造等の急速な変化の影響を受けて人の価値観と生活形式も変化しており、そのなかで、葬送儀礼は全面的に崩壊する危機に陥るおそれがある。そして工業を中心とする科学技術中心の経済体系は、伝統的な農業を中心とする経済体系に取ってかわり、それまでの生活状況や歩みは、すでに社会構造の全体的な変遷に合わなくなっている。古い習俗や儀礼はもはや持続することも普及することもできなくなり、徐々に停滞し消失しつつあり、また本来の生活のなかにあった舞台も失い、時代の流れのなかで消えていくしかない。

現代の商工業社会は科学技術の高度な発展のもとに築かれており、科学技術がもたらした物質文明は世界の秩序と人びとの生活様式を変え、人類社会を生産力と成長率が低い農耕社会から、生産力と成長率が高い工業社会へと転換させた。このような経済構造の転換は、人類史上もっとも大きな文化変革である。高度に科学技術化、工業化、情報化した現代社会は、グローバルに広がり、数千年来の伝統的な生活様式の存在空間を縮小させた。科学技術は伝統農業の維持方式に取ってかわり、すべての生産力と経済力の源となり、国際的な人びとの生活や政治統制、経済成長などの分野も左右してきた。そして人びとは自然環境から離れ、科学技術によってつくり上げた機械と情報の世界に左右されるようになった。人びとは大半の時間を工業製品の製造・販売・消費に費やし、またそれらの工業製品を過度に享受し、依存した生活を送っている。例えば交通機関・スケジュール・仕事・レジャーなどと関連する日常生活は、科学技術を無視しては成立しないといっても過言ではない。特に、インターネット情報の発達にともない、これまでの生活様式や人の思想まですべてがコントロールされるようになり、結果として、精神の領域における人と宇宙、心のなかの世界と歴史との調和的な関係は崩れ、消滅していくのである［沈　一九八四、四九頁］。

こうした状況を背景に、伝統的な葬送儀礼は真っ先に衝撃を受けた。新しい時代の生活様式は社会構造に大きな変化を与えただけではなく、人と人との相互の倫理関係をも変化させた。家族が元来有していた紐帯が弱体化し、さまざまな愛情やつながりが弱まり、臨終者に対する信仰的なケアが失われ、そして人は死という課題を無視し、あるいは死から逃避するようになった。葬儀の行為からはすでに教養としての礼儀の精神が失われ、空洞化した儀礼しか残っていない。しかも、礼儀の精神という実質を失うことで、儀礼もまた簡略化され、次第に意識されなくなっている。現代においては、葬送儀礼の衰退は必然的な傾向である。伝統社会の構造が解体した後、人は技術や物質を強く求めるようになり、その一方で精神領域を探索することへの志向は弱まっている。物質的な合理性が過度に膨張するなかで、自己の倫理的実践は無視され、結果として、葬儀の形式は保たれても、そこに含まれる意味は維持されずに徐々に破壊され、最終的には新たな動力の欠如によって淘汰されてしまう。科学技術文明が浸透した現代の生活において、伝統的な葬送儀礼を保護、発展させることは非常に難しい。そうした伝統に対抗するネガティブな文化の衝突と挑戦、生存空間と環境のさらなる悪化等により、これまでの葬送儀礼を継続し、またその伝統を再度維持し、展開させることは難しくなっている。

二　現代の葬送儀礼に見られる諸課題

葬送儀礼が衰退する要因の一つとして、現代のイデオロギーの持つ力がある。例えば、伝統に対抗するイデオロギーは、数千年も継続されてきた葬送儀礼を現代文明にふさわしくない旧俗、あるいは時代遅れの迷信や因習と見なし、社会の労働力、物質、財力を大量に浪費させ、さらに現代化した社会秩序を乱してきたと主張した。また、葬送儀礼は迷信や階級の色彩を強く帯びた、時代遅れで愚昧、煩雑、贅沢などを意味する望ましくない社会風習として、現代国家の文明建設を妨げたと認識されている［王編　二〇〇二、二八七頁］。こうした強烈な反伝統イデオロギーは、葬送儀礼に内在している礼を無視し、表面的な形式批判を強く打ち出している。例えば、煩わしい儀式、虚栄的な豪華さ、三年服喪の決まり等に反対し、簡潔な現代葬儀、つまり簡単な告別式があれば十分で、葬儀の過程も簡略なほどよいと呼びかけた。こうした主張は、葬儀が持つ命の教育という役割と心理的なケアの役割を、全く考慮していない。

また葬送儀礼が簡略化されるもう一つの要因は、現代人のテンポの速い生活にある。忙しい商工業社会と都市生活のなかで、服喪期間はやむを得ず短縮され、また衛生上の配慮から、遺体を数日以内に埋葬か火葬することを要求す

図1　家庭での納棺

る国もある。さらに、現在の住宅は棺を置くスペースもなく、自宅葬はますます不可能になっている。台湾の「停殯」（もがり）の期間は、およそ一週間から三週間までと他の国々より少し長い。そうした場合、遺体の保存が最大の問題となる。保存には葬儀社や病院の冷蔵施設に預けるか、冷蔵庫をレンタルして家に置く場合が多い。そうした場合、納棺の儀式は簡略化されることになり、喪家において伝統的な葬送儀礼に従った手順をこなすことは不可能になる。現在、納棺、出棺と埋葬は同じ日に行なわれる場合が多く、また、葬儀社の式場で葬儀を行なう場合には、二―三時間以内にすべての儀礼を終わらせなければならない。時間が短いため、儀礼はそれなりに簡略にせざるをえず、納棺、「家奠」（家族での儀礼）、「公奠」（一般の告別式）が続けて行なわれ、その後すぐに埋葬か火葬となる（図1）。現代人は仕事や経済的理由から、出棺終了をもって服喪期間の終了とする傾向があり、葬儀後の規制にしばられていない。例えばある地域には「安清気霊」という慣習があり、出棺して埋葬か火葬が終わり自宅へ帰ってくると、喪家の人びとは喪服を脱ぎ、ふつうの生活に戻ることができると考えている［五南編輯部編　二〇〇七、八四頁］。

　現代の葬送儀礼には、簡略化だけではなく、世俗化の危険性もある。儀礼自体は簡略化されても、虚栄心など形式的なものは相変わらず重視されている。特に生活水準と経済状況の向上により、人はますます葬儀の礼儀の精神から離れ、儀礼に内在する生命への感情を無視し、儀礼の形式だけに力を注いでいる。工業化と商品化が進んだ現代社会において、物質的な環境は一般的に改善され、人の寿命も医療技術の発達により伸びたが、精神領域の教養は日々世俗化している。葬送儀礼の世俗化とは、人が死に対処するための儀礼活動において、人間の精神に見合った精緻な行為規範が失われ、長い間伝わってきた深遠な文化体系を継続せず、また儀礼行為の象徴的な文化精神体系も無視し、ただ物質的なものと儀式の表面的な見栄を求め、豪華なものを享受し、消費することから、物質的な満足感を得ることを意味している。簡単にいうと、教養としての部分が乏しく、人はただ本能的に行動し、死の儀礼の本来の意味を忘れたことを指している。

葬送儀礼の世俗化は、葬儀の商品化と密接に関連している。現代社会の葬送儀礼は特殊な経済産業になっている。人は必ずいつか死を迎えるため、葬儀は安定した消費産業であり、死亡から埋葬まで膨大な消費をともない、さまざまな関連産業も発展しはじめている。葬送儀礼は専門的な人生儀礼を行なう職種になり得るが、必要なのは経営の理念と管理の戦略を持ち、葬儀製品とサービスの営業を重視し、喪家の各種のニーズと希望に応えられる物、サービス、保証、組織、意識といった有形無形のものを提供できるかどうかである［舒・林　二〇〇四、一七五頁］。葬送儀礼の産業化と商品化自体は問題ではなく、それはむしろ現代社会の経済発展の必然的結果である。問題は、葬儀商品が消費市場に参入したことで、さまざまな争奪と競争の後遺症が生み出され、さらに業者は消費者の欲望を満たすに手段を選ばず、贅沢で低俗な商品を次々と出していることである。こうした商品化は、消費市場の利益を求めるために、消費者のどんな欲望にでも迎合するものであり、儀礼の実質を完全に無視し、たんなる経済利益と物質効用を求める金銭交換と商業行為になっている。

葬儀の商品化は伝統的な荘厳な儀式をして手厚く葬る風習（厚葬）に起因しており、そのため簡素な葬儀（薄葬）を呼びかける人もいるが、そのような主張には賛同できない。伝統社会において、厚葬と薄葬は同時に併存しており、それぞれ礼儀の精神を内包しているものである。原始社会には、すでに霊魂信仰にもとづく厚葬が現れ、先秦時代になると、祖先崇拝と儒家の孝道思想の影響から、死後の葬送儀礼が非常に重視された。しかし、同時に墨家と道家は自然的な生命観に従って死後の遺体を処理するという薄葬を提唱した。後の秦漢の時代にも、厚葬と薄葬が併存している。つまり、葬送儀礼はもともと多元的であった。厚葬と薄葬は物質的な経済条件によって判断するものではなく、喪家の感情によるものである。本心からの感情がなければ、厚葬は形式上のものにすぎず、薄葬も行なうべきではない。つまり、喪家が慎重に葬式を取り扱い、敬虔に先祖を思えば、厚葬でも薄葬でもかまわない。孝を表現することができれば、それで十分である。厚葬か薄葬かは公権力で強制的に規制すべきものではない。精神的な教育を通して、民衆に健全な死生観を持たせ、真心からの儀礼へと導くことが肝心である。

葬儀の商品化の本当の危機は、商品化の嵐により人びとが素朴誠実な感情を失い、比較し、顕示するといった消費心理が生まれたことにある［殷・鄭 二〇〇四、一八七頁］。葬儀は見栄となり、拝金主義と成果主義を助長した。商品化の過程において、一般の葬儀行為には二つの極端な傾向が見られる。一つは、見栄や華やかさばかりを重視するタイプで、もう一つは適当に簡略化し、杜撰にするタイプである。どちらも間違った方向性である。現代は人びとの精神教養が衰えていることがうかがえる。後者の場合、葬儀は軽率で簡略なものとなり、前者の場合、葬儀は低俗で贅沢なものとなり、結果として葬送儀礼のあり方はますます悪化している。前者は葬儀産業を栄えさせたように見えたが、実際には過度な物質化によって葬儀の生存を危機に陥らせた。利益一筋の競争と買収の過程のなかで、葬送儀礼の礼儀の精神は混乱し矛盾を引き起こし、さらに物質的享受を求めて衰退していった。それにともない、各種の礼文や礼器の使用も変質し混乱した。葬送儀礼は金銭と富の交換にもとづく純粋な商業活動に陥り、しかもその形式は民衆の好みに合わせて思うがままに調整され、変化させられるようになった。

葬送儀礼は、もともと社会階層や経済条件の違いによって規模が異なっていた。例えば、周の時代には、皇帝から庶民まで階層によって異なる儀式、風俗、墓地、棺、副葬品が明確に規定されていた。だが、現代は社会階層の区別がなくなり、さらに経済状況と消費能力の向上によって、人はみな高級な葬儀を模倣し、贅沢さと豪華さを競い合っている。例えば、現代の葬送儀礼はほとんど出棺当日に集中して行なわれる。葬送儀礼が簡略化されていくのに対して、出棺だけは盛大に行なわれる場合もあり、故意に孝行を表現するなど、違和感をおぼえることもよくある。また、必要のない虚栄心は、葬儀の静粛な雰囲気を乱し、葬儀会場を政治的な交際の場と変える。人は葬儀の表面的形式だけを比較し、誇示している。埋葬においても同じで、輸入品の高級ステンレス製や有名人と同じ棺など、高価な棺を競い合っている。墓地の場合は方位、広さ、値段、製造技術などを競い、火葬の場合は骨壺の材質とランク、火葬儀式の規模、骨壺置き場の場所、方位、価格などがくらべられる。結局、葬送儀礼が持っていた命の教育という役割は失われ、多くの贅沢と浪費が行なわれるようになったのである。

現代人は死を非常に恐れているため、死に関するさまざまなタブーがあり、死に関するものに触れることを嫌がり、またいかに死に対処するかなどといった情報も拒んでいる。だが、死はいつでもどこでも起こりうる。ときに、死者は無念な思いを抱いたまま亡くなり、生者もまたいかに対応すべきか、いかに葬送儀礼において自分のすべきことを果たせばよいかわからない。人生において人びとは、いつもさまざまな役割を果たさなければならない。老いや病によって死を迎える臨終者であれば、長い準備期間があるため、生への執着を捨て、最後まで平然と病気と死を迎えられるが、喪家にとって死は最悪な知らせであり、ときに過度なショックにより泣きわめいたり、ヒステリーになったり、自殺行為まで起こることもある〔鄭曉江　二〇〇四、九三頁〕。しかし喪家では、死への対処、弔問客の対応、および葬送儀礼のすべての過程を進めなければならない。しかし、喪家のなかには情緒面からそうした役割を務められない場合もある。

喪家は葬儀業者や礼儀師と協力することで葬儀の流れをある程度処理できるが、決定、協調と執行の役割は果たさなければならず、すべてを他人任せにはできない。これは相当重要な役割のため、もし専門的な生命教育と精神的指導を受けたことがなければ、いざという時に緊張やストレスを感じ、そのうえトラブルや衝突も起こり得る。喪家にとって、葬儀を行なうことは一時的なものであり、平素から勉強や練習をする機会もなく、実際の葬儀の際には家族の死を背負いながら平然と対応することができず、ただ困ったときの神頼みで、礼儀師や親族のいいなりになるだけである。儀礼をどう準備するか、どう進めるか、またそれにどういう意味があるのかも知らず、葬儀の任に堪えることができないような場合であっても、喪家はそれを引き受けるしかない。結局葬儀ではさまざまなトラブルが生じる恐れがあり、安易に、もしくは遺憾と衝突のなかで終わる可能性があり、現代の葬儀はますます不健全なものとなっている。

現代社会における葬儀の機能の喪失や、各人の役割の矛盾、衝突、対立などもよく見られることである。例えば、伝統的な葬送儀礼は遺族の人間関係を確認し、家族の権利と義務を継承、調整、移転、延長する役割を持っていた。もし親族間でそうした理解が欠けると、遺産争奪の衝突が起こりやすくなり、結局葬送儀礼は不愉快ななかで終わってしまう。また、親族が葬儀に対して違う意見を持つ場合もあるし、相手の役割を疑い、否定する場合もある。その時理性的に交渉ができなければ、葬儀をスムースに進めることはできず、さまざまなトラブルが起こってしまう。喪家が葬儀の仕事を葬儀業者や礼儀師に任せたとしても、経済利益やサービス品質をめぐってもめる場合もある。もちろん、双方ともに責任があるかもしれないが、葬儀業者や礼儀師は喪家がストレスを抱えている事情を配慮し、自身の職業道徳とサービスの品質を重視し、自分の役割を果たし、また喪家に役割を果たさせるべきである。特に現代人は葬儀の役割をほとんど学習したことがないため、死に対面したその時に同時進行で学ぶことが多く、そういった場合、礼儀師の指導責任は特に重要である。

葬儀の機能の喪失は、多くの場合は悲嘆という心理情緒に起因する。喪家は過度な悲嘆により、自分の役割をきちんと果たすことができなくなる。このような悲嘆は、その原因と過程が非常に複雑で、大体死の原因、死の過程、死者との関係、臨終段階および死後の関わりなどによって、状態も異なってくる［王・賀　二〇〇四、一九六頁］。例えば、事件や事故による死は年老いてからの死や病死よりショックが大きいし、老人の死より若い人の死はもっと悲しみが大きい。突然の死に直面し、最後の別れができなかった場合、親族の悲しみは一層深くなる。また、死者との付き合いの程度により、悲しみの程度も異なる。伝統的な葬送儀礼には悲嘆を表現し、感情を調節する役割があり、その重点は葬儀の過程を通して生者の悲しみを吐露することにある。人が死を悲しむことは自然な反応であり、追悼、悲嘆と苦痛の過程を経てから、徐々にショックから立ち直り、普段の生活に戻ることができる。このように、悲しみを表出することで、抑えられた悲嘆や過度な悲嘆による心理的な病気を防ぐことができる。

しかし、残念なことに、現代の葬儀は過度に簡略化されたため、もはや生者の心の悲嘆と苦痛を調節することができなくなった。形式は残されていても、それに内在した心理補助という役割が失われ、儀礼を通して悲嘆を表出するという効果も得られなくなり、生者が傷つく悲劇が生まれるようになった。現代において、葬送儀礼はこのような保護機能を失い、人は死によって異常な状態、あるいは心理的な病気になりやすくなったとも考えられる。生活のバランスが崩れ、鬱病や焦燥になってしまったら、伝統的な葬送儀礼を行なう代わりに、喪家は現実と向きあって自分の役割を果たせるよう、専門の補助業者や専門家に介助してもらうしかない。これもまた現代人の悲しみといえる。数千年も積み重ねてきた智恵の遺産を捨て、全く知らない知識体系ばかりを頼ってしまう。その知識体系は悲嘆を癒す効果があるにしても、それは主に病気の治療に偏っており、予防することもできないし、葬儀期間中に喪家を補助しながら、儀式を通して悲嘆から立ち直らせるというような効果も得られない［胡編　二〇〇五、二六六頁］。

現代の葬送儀礼の失墜は、形式の変化とはあまり関係がない。つまり、厚葬にしろ薄葬にしろ全うな葬送儀礼を展開していけなくなっている。問題は人間性への配慮にある。人びとは科学技術と物質に過度に依存し、本能的な満足感だけを偏って享受しその過程において、生命としての主体性を失い、物質的な欲求の増大にともなって、精神領域の信仰をも失いつつある。葬送儀礼はもともと生命の営みにもとづく儀式と実践であり、人は人間性への関心を持つことで生死の本質、すなわち生の価値と死の尊厳を悟るのである。つまり、葬送儀礼とは人間性を基盤とする礼儀的な教養であり、物質的な側面より精神的な側面が重要視されていた。現代の状況は正反対で、物質文明はますます独占的かつ支配的になり、その反面で、人間の本質を悟りその意義を探求することはなく、生に執着し、死を恐れるという本能がクローズアップされた。結果として、濃厚な死のタブーを背景に、人は精神的な礼儀を失い、物質的な生存競争に陥り、時には手段を選ばず、人間の尊厳と引き換えにもっとも有利な生存状況を求めるようになってしまった。

現代の葬送儀礼は礼儀だけではなく、儀礼のなかの人間性をも無視している。例えば、葬儀における霊魂観念を初期人類の無知な迷信行為と見なし否定している。このような霊魂の否定、反宗教的行為は、もともとは個人の信仰の問題であり、つまりそれを肯定するか否定するかは個人の自由であるはずだった。しかし、現代の科学主義の風潮のなか、為政者は公権力を利用し、無神論を主張する。各種の超自然的な生命観念はみな人をまどわすアヘンであり、理性的な判断を阻害し、科学意識の伝播と発展を妨げると主張し、人びとの霊魂観念を破壊している。このような科学と宗教、物質文明と精神文化との衝突は、政治と教育によって拡大し、結局相容れないものになってしまった。こうした衝突は葬送儀礼の精神を失わせ、人を唯物と唯心、性善と性悪の間に迷わせ、さらに生命と生活に対する不安感を持たせてしまったのである。

霊魂不滅の観念にもとづく祖先崇拝と霊魂信仰は、葬送儀礼の中心的な部分である。もしそれが科学に反する無知と蒙昧な観念とされたら、それと関連する礼文と礼器も存在する意味がなくなってしまう。葬送儀礼はもともと霊魂信仰と宗教活動から切り離せない人の超自然的な交流の儀礼であり、一種の精神的な救済でもあった。それゆえ科学によって真偽を判断するものでもなく、理性を持って否定するものでもない。いったんその中心となるものが根本的に否定されてしまうと、制度と規範が整った葬送儀礼でさえ時代遅れの迷信とされ、祖先崇拝や法事などの儀礼も無意味で余計な行動とみなされ、現代人はそれらをできるだけ省略するようになった。平たくいえば、科学主義者としての現代人の理想的葬儀とは、葬送儀礼や祭祀も一切必要なく、死後すぐに火葬にし、遺骨を大地に返すことである。

しかし、これはあくまでも個人的理念と主張である。言い換えれば、科学主義者は民衆に葬送儀礼を放棄させたり、祖先の祭祀や祈念をやめさせたりすることはできない。科学主義者のそのような観念と行為は他人の権利を侵害し、人間性に反しているとも考えられる。

現代社会では、超自然的な儀礼のみが衝撃を受けたのではなく、文化としての父母への孝も維持しにくくなっており、人間関係とともに変化している。家庭の倫理が薄れ、もはや生前にさえ孝行することができなくなり、死後はなお無理である。孝道が欠けた葬送儀礼は今や〝富比べ〟の場と化し、出棺時の儀礼もショー的な見世物になり、そのため、より盛大で贅沢なものが好まれている。葬送儀礼の本意は生命の意義と善の追求を教育することである。そこに孝道も含まれている。孝道とは強制的な規約ではなく、道徳において自覚的に実現される部分でもあり、内心からの悟りでもあり、生死教育から得た体験でもある。孝道は自分の命を重視するだけではなく、祖先と父母など自分の命の源と、それとのつながりも重視している。葬儀の形式は、そこに内在する理念に由来しているため、人びとが孝道という理念を失うと、葬送儀礼も孝道を表出することができなくなる。そして、その代わりに、葬儀は見栄を張って贅沢を競う場となった。

同時に、現代の葬送儀礼は人を善へ導くという教育的な役割も失い、逆に人を堕落へと導いてしまった。現代の葬儀はますます実質がなく、形式を重視し、利益を求める道具にすらなっている。目に見える部分のみを重視する形式主義と文化意識、礼儀の観念の喪失により、葬送儀礼は継続して行なわれてはいるものの、物質化と世俗化の一途をたどっている。かかる状況は「有礼無体」、つまりきれいな殻は残っているが、実質的な本心からの感情がなくなった状態である〔鄭志明　二〇〇七、二一〇頁〕。具体的には、機械化された最新の葬儀設備、豪華な霊柩車、最先端の火葬炉、コンピュータ化されたサービスといったような技術と設備は次々と更新されているのに対し、礼儀の意味は理解されず、実践もされていない。こうした外面と実質とは、非常に対照的である。現代の華やかな葬儀の背後には各種の葛藤、心身の危機が潜んでいる。それが爆発したら、厳しい結果になるだろう。

三　現代葬送儀礼の展開

葬送儀礼は人生儀礼の重要な部分として、現代人が体験しなければならないプロセスである。葬送儀礼は社会的規制と倫理規範によって規定され、また安定した社会秩序を作ってきた。そうした役割を果たすために葬送儀礼が存在し、その展開のための環境が確保されてきた。しかし現在、生存環境の悪化によって、葬送儀礼はさまざまな課題に直面している。その影響によって、形式のずれが生じるだけではなく、それに内在する礼儀の精神も崩壊する可能性がある。葬送儀礼はそもそも時代とともに変化するものであり、必ずしも従来の形式にこだわる必要はないが、ただ思いのままに整えるわけにはいかない。形式が崩れることで、本来の儀礼の内実に適合することはなく、民衆の嗜好や欲望に従って、極端に簡素になったり奢侈になったりして、形式化が進み内実を伴わないので、珍奇な芝居のようになっている。このような葬送儀礼は、外形的な形態はずっと残していても、儀礼の観念や価値体系はもはや欠落しており、人びとは適当に、変化し内実を失った儀礼を行なっている〔鄭志明　二〇〇四、三七二頁〕。

そのような現状から脱出するため、葬送儀礼の文化を再興する必要がある。それは科学技術にあわせて現代的にすることではなく、世代をこえて伝承してきた葬送儀礼の精神性に結合した礼儀の精神を継承し、実践することで、現代にふさわしい新たな人生儀礼を構築したい。葬送儀礼の根本精神は生命の尊厳と人間性の思慮に基づき、儀式を通して生命体験をすることで、人は教養が身につき、社会道徳と倫理規範が実現する。つまり、現代人は命の本質を認知し、生と死の意義を内在化し、また死を乗り越えるための知識を共有化する必要がある。葬送儀礼の中心的課題は精神的な人間性の探求であり、人格の形成を実現することである。

葬送儀礼はこのように精神的なものであるため、その復興は生命意識の覚醒と人間性に富んだ生活規範の再建から始まる。そして、現代人のかたよった死生観、混乱した価値観、道徳の欠落などを正して、生命の本質を認識することが重要である。現代人のかたよった死生観とは、例えば命を私物化する考え方である。こうした考えによって、人びとは死を過度に恐れ、あるいは情欲や財欲のため命を粗末にする。また他者の思いや自己の価値も認識せず、家庭や社会に不安定な要素をもたらす［林　一九九七、二七五頁］。葬送儀礼の再構築には、その精神性を重視し、人と自然や宇宙との関係、また肉体の有限性また精神の無限性を認識し、調和した状況を作り出す必要がある。

葬送儀礼を現在の世俗化した現状から精緻な文化のレベルに引き上げることは非常に難しい。なぜなら、葬送儀礼は人間性のレベルと深く関わっており、人間性を向上させないかぎり、世俗化および功利化している環境において、葬送儀礼が自然に再生することは望めない。そのため、人間性を向上させることが唯一の道といえる。そこから入らなければ、葬送儀礼を再生させる原動力はどこにもない。人間性を向上させることは知識の教導によるだけでなく、葬送儀礼の実践までを含んでいる。さらに、個人のレベルにとどまらず、社会運動にまで展開させることも必要である。

この社会運動は文化運動でもあり宗教運動でもある。文化運動とは、葬送儀礼はもともと文化の範疇に属しており、葬送儀礼文化の復興により、人の命、天地および霊魂といった超自然的存在と調和する文化体系を生み出すことである。また宗教運動とは、葬送儀礼はもともと宗教信仰、特に霊魂崇拝と密接に関わるため、葬送儀礼文化の復興によって、肉体と霊魂、物質と非物質の調和を実現することを目指している。伝統的な葬送儀礼の主要な目的とは死者を祖先に変えることで、子孫は先祖を祀り、先祖は超自然的な力で子孫を守ることを実現することにある。このような信仰体系を取り戻せば、人と霊魂の調和関係、倫理関係の平衡、社会秩序の安定も取り戻せる。

葬送儀礼は宗教に依存し、また後代の宗教も葬送儀礼に依存している。葬送儀礼の源は宗教に求められ、宗教は葬

図2　道教の儀礼

送儀礼を布教の場としている。葬送儀礼と宗教は死および人間性への関心という点で共通している。葬送儀礼と宗教信仰の間をきれいに二分することはほぼ不可能である。ゆえに、霊魂崇拝が迷信とされ破却された時、葬送儀礼も自然に失墜してしまった。幸いに、霊魂崇拝と宗教信仰は完全に否定されるには及ばなかったため、葬送儀礼は現在まで継承されてきた。問題は、失墜した葬送儀礼をいかに修復するかである。

　伝統的な葬送儀礼は儒教、道教、仏教から影響を受け、死者を想い、生者を教育することを重視してきた。例えば、儒教は祖先祭祀を重視し、死者を祀ることで、生者と死者の絆、家庭と社会の倫理法則の実践を強調する。道教は法事に関わる場合が多く、儀礼を通して死者を救済し、生者のために厄災の除去などを行なう［張　一九九九、二五五頁］（図2）。仏教は中国に伝来した後、道教と同じように葬送儀礼と結びつき、民衆の現世利益と極楽往生の要求に応じた儀礼が発展してきた。このように、伝統的な葬送儀礼は長い期間、儒、道、仏の文化によって洗練されてきており、豊かで深い意義を持っている。

　現代社会の葬送儀礼は、儒、道、仏の文化と教養を相変わらず必要としている。それだけではなく、外来宗教のキリスト教やイスラーム教からもその要素を吸収している。現代社会には多様な宗教が併存しており、それらから伝統的葬送儀礼が全く影響を受けないことなどあり得ない。さまざまな信仰と儀礼が加わることで、葬送儀礼も多様になってきた。各宗教は観念や儀式において違いがあるが、人間性や死への関心という点では共通している。ゆえに、葬送儀礼は強制的に規定されるべきではなく、民衆各自の信仰にもとづき、自由に、多元的に、そして調和的に発展することが望ましい。

葬送儀礼文化の再興には、人間性や教養など精神面だけではなく、葬儀業者のサービス、専門的技術や経営も重視しなければならない。葬儀業の従事者は、宗教と関係なくとも、喪家で死への対処を手伝い、死者と周りの生者にサービスを提供することが仕事である。その仕事の特殊性により、葬儀業の従事者には有形無形の生命への尊重、人間性への配慮、奉仕精神などが必要とされる。サービス業としての葬儀業は利益を求めることが当然であるが、利益を求めると同時に、自分自身の特殊性を意識し、強い責任感と奉仕精神を持ちながら、高レベルのサービスを提供しなければならない。

また、葬送儀礼文化の再興は葬儀業とその従事者の経営に関わっている。葬儀業はただの肉体的なサービス業ではなく、文化を継承するサービス業であるため、時代にふさわしい新しい文化理念を作り出す使命がある［諸　二〇〇三、五五頁］。ゆえに、葬儀業の従事者には高レベルの知識、技術と素養が要求されている。彼らは儀礼を通して、人間同士の関係、人と霊魂との関係を安定させることが仕事であり、経済的利益を追求するだけではなく、文化の継承、死者への対応や生者に提供するサービスを重視する必要がある。そうすればこそ、人間の尊厳を守り精神性の高い調和した社会を創り出すもととなっていく。

具体的には、葬送儀礼の執行、死者の出棺などのサービス、生者の慰撫、人間関係の再調整の協力など、すべてのことに携わる。その意味で、葬儀業は公益的事業でもある。したがって、利益を追求しながら、高レベルのサービスを通して消費者の信頼と社会の評価を得ることが大事である。葬送儀礼文化の復興は、高レベルのサービスから始まる。従事者は同じ使命を背負い、常に自分自身の道徳、素養を高め、真心を込めた仕事をすることが望まれる。

高レベルのサービスを提供するには、まず従事者の育成が重要である。より高い自己規律力、道徳、サービス精神を身につけさせることは一朝一夕のことではなく、長時間の訓練と勉強が必要になる。葬儀業の特殊性により、このような高レベルの人材が期待されている。人材の投入が確保できなければ、葬送儀礼文化の再興も実現できない。現代の葬儀に必要とされるのは、仕事に情熱を持ち、積極的で明朗、自身の弱点と惰性を克服し、よいサービスを提供できるような人材である［何・陳　二〇〇四、一七一頁］。

また、葬送儀礼文化の復興には、制度自体の更新も必要である。制度の更新とは、葬送儀礼を規範化するのではなく、内在する礼儀の精神を外在の文物に反映して葬制を構築するもので、さらに時代に相応しく改新することである。特に伝統的な葬送儀礼を否定するのではなく、伝統的な葬送儀礼を踏まえて新たな葬制をつくることである。新たな葬制は政府、葬儀業者や一般の人びとによって、つまり公権力ではなく民衆の意識にもとづき、それらの協力のもとでつくられるべきである。こうした葬制は精神文化と物質文明を調和させ、新たな生命観と価値観にもとづく新たな儀礼制度と行動規範をつくり、社会規範を導くことになる。

四　現代葬送儀礼の展望

現代社会の葬送儀礼は、すでに伝統的な葬送儀礼の過程通りには執行できなくなり、儀礼は変更され、簡略化されるようになった。例えば、おもな葬儀式場は葬儀会館に移り、遺体保存の問題で納棺、出棺と埋葬が同じ日に行なわれるようになり、葬式の過程も短縮された。葬儀文化を復興するには、葬儀時間の長さや儀礼の繁雑さ、あるいは簡略さにかかわらず、従来の機能が発揮できるかどうかが重要である。葬儀にはもともと四つの段階があり、それは「臨終礼」・「初終礼（死者の着替えなどの儀式）」・「殮殯礼」・「葬後礼」にわけられる。この四つの段階は喪家の心理の調節と慰撫にも役立つため、大体の流れが残されるべきである。葬送儀礼の孝の発揚という機能を発揮させ、死者と生者のそれぞれの責任と義務を果たさせることができれば、細かい部分は喪家のニーズに合わせて調整してもよい。それに、文化的教養の欠如によるさまざまな混乱と世俗化は、公権力ではなく、教育と道徳によって規制することで、新たな社会秩序と慣習をつくり出すべきである。

従来の土葬と火葬は、現在の土地資源の制約により、調整せざるを得ない。まず、政府は土地の節約と循環的使用の立場から、墓地の管理、使用面積などの政策をつくる必要がある。政策をつくる際は、柔軟性を考慮しなければならない。例えば、火葬については強制的に行なうのではなく、自由に選べることを前提に火葬を呼びかけるべきである〔楊　一九九八、八頁〕。近年、土葬墓地の値上がりにつれ、火葬の割合がますます増えている。特に、骨壺を納骨堂（図3）に納める「塔葬」がもっとも多い。また少数であるが、骨を残さない自然葬、例えば海洋葬、樹木葬もある。

葬送儀礼文化を復興する際、イデオロギー上の衝突は避けてとおれない問題であり、そのなかでは有神論と無神論の対立がきわめて激しいものである。現代社会においては、二者は互いに尊重し、有神論者は無神論者の祭祀しない自由を尊重し、無神論者は有神論者が祭祀をする権利を尊重すべきである。また有神論者は祭祀を行なう際、体裁や規模、形式などにこだわらずに、儀礼の内実を重視し、祖先や死者に対する観念を表出するという儀礼本来の機能を重視すべきである。

図3　納骨堂

葬送儀礼文化の復興とは、伝統儀礼のなかに時代にふさわしくない旧俗をやめ、望ましい部分を受け継ぎ、または蘇らせることを意味している。葬送儀礼は現代文化との衝突から融合へという過程を経てはじめて、現在の苦境から抜け出し、新たな文化を生み出すことが可能になる〔諸　二〇〇四、二五頁〕。このような文化再生を実現するための一番の担い手は、葬儀業者である。

葬送儀礼には、一般の人びとに死の性質と意味を認識させ、死に対する態度、または準備を整えさせ、そこから生命の意味、責任と有限性を認識させ、自らの人生への態度を変えさせるという教育的意義が備わっている〔呉・陳　二〇〇四、二一九頁〕。喪家はこのような教育を受けることで、葬儀における自分の役割、権利、責任と義務、および倫理規範を確認することができ、また作法やマナーなどを学習することもできる。また、喪家だけではなく、葬儀に参列する人も葬儀をとおして自分の役割や礼儀の規範を確認することができる。礼儀の規範については、例えば、死者との関係によって責任の違いがあるが、真心から死者を追悼し、喪家を慰めるべきことは共通しており、その場での失礼な言動は禁物である。先生が弟子の葬儀に出たり、未婚のカップルが相手側の葬儀に出たりする場合は、自分の言動や居場所をきちんと確認しなければならない。このように、葬儀に関する教育は非常に重要なもので、あらかじめ教育を受けなければ、突発的な死に直面した際、後悔せずに対応することは難しいであろう。

葬儀業の従事者は死者と関係なくとも、死者に尊敬の念を持ち、慎重に遺体を安置し、また生者を慰めたりすることも含めて、高レベルのサービスが期待されている。葬儀業の従事者は生命教育関係の知識のほか、葬儀専門の養成教育を受け、専門知識、技術や文化的教養を全面的に高めなければならない。そのような人材を育てるために、大学や専門学校は一つのルートと考えられる。つまり、葬儀専門教育の後押しにより、葬儀業を発展させることが期待できる。

今後、専門学校に葬儀関連の講座が設置されることは時代の趨勢である。台湾では、空中大学〔放送大学〕生活科学系にすでに生命事業管理科葬儀班が設置され、二〇〇八年一一月に労工委員会は正式に葬儀サービス技能検定試験を開設した。このように葬儀の専門教育がますます重視されていることがうかがえる。これからの葬儀業の従事者は、全員が専門学校以上の学歴を持ち、二年以上の養成教育を受け、労工委員会の葬儀サービス技能検定試験に合格し、内政部承認の「殯葬礼儀師」の資格を獲得しなければならない。現在、各業者の内部で行なわれている入社前の研修や在職中の研修に取って代わって、短期間の研修ではなく、長時間の学校教育と系統的な研修の後、厳格に検定を受けることが今後の方向である。こうすれば、葬儀業者全体の素養が高くなり、葬儀業の環境も変わり、新しい文化も生まれてくる。葬儀専門教育を発展させるには、多くの人材と資金の投入が必要で、長期的な努力が要請される。

前述のような文化構築のほか、物質的な芸術構築も必要であり、葬送儀礼における美の表現を肯定する必要がある。葬送儀礼に内在した抽象的な精神文化を物質を通して表すことが必要であり、芸術的に表現すれば、人の葬儀に対する意識や集団的な社会意識を表象することができ、また人が美を求めるニーズにも応えられる。葬儀芸術とは様々な芸術形式の集大成であり、総合的な芸術と言える。例えば、音声言語と文字による文学芸術、音楽と舞踊による表現芸術、塑像や彫刻、絵画による造形芸術、写真と映像による総合芸術などがあげられる。原始社会から葬儀活動は芸術と深く結びつき、人の思想と感情を豊かにし、生命に対する感受と意志を伝えてきたのである。

なかでも感情を交える手段として重要なのは、音声言語と文字という二種類の媒体である。音声言語は芸術形式として歴史が古く、葬送儀礼の各種の状況において、葬儀の過程を順調に進めたり、雰囲気を醸し出したりすることに役立っている。特に、礼儀師や司会者には、参列者と同様、高レベルの言語表現力が要求され、それはただの演説技法ではなく、その場に合わせて真摯な感情が伝わる音声言語が望まれる。文字は音声言語を記録する道具として書面言語とも呼ばれるが、言葉を文字で記録することにより、豊富な芸術形式を用いて追悼の感情と思想を、時間と空間の制限を超えて広げることができたのである。よく見られるのは、哀悼文、追悼文などである。死者への思いや尊敬を表すためのものであり、形式としては韻文、エッセイ、叙情、叙事などがある。他にも短い文句で死者への感情を表す弔文、哀悼の対聯、墓誌銘などもあるが、これらは引きつづき継承し、提唱すべき芸術形式である。

伝統的な葬送儀礼においては、歌、舞踊、音楽などの表現芸術も重視された。その形式には、仕草、台詞、詩歌などが含まれている。これらの芸術は古くから伝わってきた芸術形式として、葬送儀礼文化の重要な部分である。表現芸術は死者への感情を表すためのもので、儀礼を順調に進める役割があり、儀礼の趣向も感じられるため、継承すべきものである。このような表現芸術は、たんに人や神の娯楽なのではなく、古い呪いや祈りから発展してきたものであり、人と神が交感するための神聖な儀式であった。その後、仕草や台詞と融合して、舞踊や詩歌に変わり、歌を通して孝子が親に対する感情を表現することで、道徳的な教化の役割を果たしてきた。現代の葬送儀礼にはこのような芸術が仏教、道教の要素も取り入れたかたちで、多様になっている。音楽、さらには賛美歌を取り入れる場合もあり、これからはコンサートのかたちで追悼会を進めることも考えられる。

また、塑像や彫刻、絵画などの造形芸術も葬儀の中に導入できる。造形芸術は主に墓園の設計に使われ、追悼的な気持ちを持つようになる。特に近年、墓園の公園化という新しい傾向が見られる。墓園の公園化は墓園を芸術的に建設することで、人と自然、都市、庭園が調和した環境をつくり、市民に憩いの場を提供するだけではなく、ある程度観光にも活気を与えることができる［楊　二〇〇四、四七〇頁］。死のタブーに関わる墓園を観光用の公園にするには、塑像や彫刻、造園、絵画などを重視することで死を自然の摂理とうけとめ、生者と死者の新たな関係が構築される。墓園の建設にあたっては、全体的なレイアウトと芸術的な雰囲気、特に墓園建設による自然環境の破壊を防ぐために、自然との調和を重視すべきである［陶・樊　二〇〇四、二四七頁］。墓地は有限の資源であるため、墓地の循環使用を確保できるよう、墓地や納骨堂の使用期限を規定する必要もある。

さらに、映像芸術も葬儀に取り入れることができる。葬儀業者は伝統的な儀式から、個性的なサービスを提供する場合、死者の写真、映像、音声、文芸作品を利用することが可能だ。ほかに、死者が好きだった音楽、演劇、花、デザイン、記念物を提示することをとおして、死者への想いや敬意、愛情などの感情を呼び起こすことができる［金二〇〇三、五〇頁］。また、映像なども取り入れることができる。さらに葬儀式場を個性的に設計し、装飾することで、葬送儀礼は暖かな文化的な雰囲気を醸し出せる［何　二〇〇七、一〇〇頁］。

葬送儀礼が行なわれる過程において、取り扱う組織が形成され、現代の葬儀業へと発展してきた。葬儀業を管理するには、まず葬儀に関する制度や規制をきちんと完備しなければならない。制度や規制は、内在する精神文化と外在する物質文化を規制する体系であり、人が共同で守る規則と規範である。これは基本的に社会の政治、経済、文化の変化によって調整されるものであり、かつての制度、規制と現代のものとは明らかに異なっている。現代では法律のかたちで政府によって頒布される強制的な規範であり、社会の成員全員が守らなければならない法令である。台湾では、二〇〇二年七月一七日に『殯葬管理条例』が公布された。これは比較的完備された法令であるが、今後は時代の変化に対応していく必要がある。この法令は十数年の調整を経て、現在の生態、文化、知識経済の発展と社会正義の理念をも考慮したものである〔楊　二〇〇三、四四頁〕。

ただ、『殯葬管理条例』はあくまでも葬儀に関わる組織の活動に対する基本的な規制である。例えば、第一条にはこう規定されている。「環境を保護し永続経営ができる葬儀施設、すぐれた葬儀サービスおよびその更新と向上、現代にふさわしく、個人の尊厳と公益を守り、国民の生活水準を高める葬儀行為を確保するため、本条例を定める」。この条例は葬儀施設、葬儀サービスと葬儀行為の三点に注目していることがわかる。具体的にいえば、葬儀施設に関しては、公衆衛生、永続経営および葬儀方式の多様化、人に優しい設計、環境の緑化などがある。葬儀サービスに関しては、経営許可制度、一定の規模を越えた場合に専任礼儀師の雇用を義務づける制度、徴収料金の透明化制度、生前契約の予託金の一部保全制度などがある。葬儀行為に関しては、業者が勝手に項目を増やして、費用を徴収することが禁じられ、事故、死因不明の死体に関する葬儀業務の下請けなどが禁じられている。他には、公衆への妨害が生じる場合の葬儀行為に関する規定もある。こうした原則的規定は法律に定められているが、葬儀行為の詳細は地方政府や葬儀業者が決定するしかない。

葬儀業は大きく葬儀施設業と葬儀サービス業にわけられる。葬儀施設業は主に納棺や葬儀の施設を提供することに重点をおく。土地の無駄遣い、供給の不均衡、および市場運営のリスクと過当競争を防ぐため、原則として政府による公的経営に委ねるのがよい。私営も許可されているが、限定された施設の開発と経営に携わるため、政府の法的な規制と管理を受けなければならない。葬儀施設業は特殊な業態として、もちろん利益を追求するが、高利益市場占有を求めて過度に拡大するのは望ましくない。量より質を重視する経営戦略を取るべきである。例えば、納骨堂は毎年最大収納数を設定する必要がある。霊園は循環使用を実現するため、毎年開発する面積を規定する必要がある。六〇年間の循環使用の場合、毎年開発する土地は六〇分の一以下に制限すべきである。葬儀施設業は民衆をこのような土地節約の方向へ導くことを期待している。

葬儀サービス業は葬儀施設業と違い、質と量をともに重視し、管理、運営およびサービスに関する制度を完備する必要がある。葬送儀礼においては、遺体を安置するため葬儀施設を利用する以外に、葬儀サービスも消費する。葬儀サービス業の経営者や役員はすぐれた企業管理と経営制度を築き、死者と生者へよりよいサービスを提供しなければならない。葬儀サービス業の経営理念は一般の企業と異なり、例えば、経営戦略上、顧客主導の経営制度、つまり市場占有率から顧客占有率へ、売り手市場から買い手市場へ導くことが重要である。企業のイメージと公益サービスを重視し、利益重視から社会的責任重視へと変えていき、また、従業員の道徳と実績を重視し、知識と技能を向上させる必要がある［王　二〇〇六、三〇五頁］。つまり、制度の完備だけではなく、従業員の健全なる価値観の構築もよいサービスへとつながる。

葬儀業は経済上供給と需要の均衡を重視しなければならない。葬儀業は喪家の需要を満たすことが営業の目標である。その際、需要のレベル、内容などの要求に柔軟に対応し、バランスが取れる供給体系を築く必要がある。葬儀施設の不足と超過は、葬儀市場に好ましくない競争をもたらし、供給と需要のバランスを崩してしまう。また、喪家の心理的、精神的な要求も満たすように、喪家の需要に合わせて合理的価格でよいサービスを提供し、高価格や低劣なサービスによるトラブルを防ぐ必要がある。供給と需要との均衡は主に市場を通して調節されるが、必要な場合には政府が法律をとおして規制しなければならない〔朱・呉 二〇〇四、一三二頁〕。要するに、葬儀業のサービスは消費者の需要と希望を満たすことが目的であり、サービスの質を重視し、従業員の様相、態度、サービスの程度も喪家の需要に合わせるように、すぐれた経営戦略と管理制度を築き、絶えずそれを向上させなければならない。

五　おわりに

葬送儀礼は人類固有の生活様式でもあり、文化形態でもある。数千年来継承されてきた過程のなかで、いくら外部の環境が激しく変化しても、人は死に対処する際、常に既存の文化様式に従ってきた。葬送儀礼の形式はやむを得ず変容しても、そこに内在する儀礼の精神は文化によって調整され、構築され、時代相応の新しい葬送儀礼をもたらす契機と成り得る。つまり、文化構築とは、古い形式をすべて破壊し、そのうえに新しい文化の形式を移植することではなく、既存の形式を踏まえ、改革と創造を行なうことである。葬送儀礼の場合は、伝統的な葬送儀礼の知識、技術、経験、信仰や情操などの文化的な基礎を重視し、切磋琢磨する試行錯誤によって時代相応の新しい葬送儀礼を生み出すことができる。

現代の文化構築は、葬送儀礼を対象に破壊的な改革を行なうのではなく、葬送儀礼や死者祭祀の本来の構造にもとづいた調整と創造を行ない、時代に適合しない儀礼を新しくすることを目指している。文化構築とは文化を創出することであり、内在する精神文化を外在する物質文明へと拡大し、人間性を尊重する立場から、現代の儀礼における理念をつくり出すことである。また、葬送儀礼の文化構築の他にも、民衆と葬儀業者双方の葬儀倫理の教育と実践も重視する必要がある。

葬儀倫理とは、喪家や参列者と葬儀業者が葬儀を行なう際に、守らなければならない倫理観念、倫理行為や規範のことである。この場合の倫理は、死をめぐって展開している。死者を送る際の生者と死者の感情や関係に関わるものであり、葬儀における人びとの行動基準ともなっている。現代において、死はタブーとされているため、人は葬儀に関する倫理に疎いところがある。そのため、死に泰然と向き合い、対応できるよう、葬儀に関係する生命教育などをとおして、健全な死生観と人格教養を現代人が身につける必要がある。

参考文献

何兆琅・陳瑞芳『殯葬倫理學』中國社會出版社、二〇〇四年

何冠妤『個性化告別式會場規劃範例與設計』五南圖書出版公司、二〇〇七年

胡文郁等編著『臨終關懷與實務』國立空中大學、二〇〇五年

金苗苓「依托海派文化倡導殯葬體驗服務」『上海國際殯葬服務學術研討會論文集』上海殯葬文化研究所、二〇〇三年

林素英『古代生命禮儀中的生死觀』文津出版社、一九九七年

沈清松『解除世界魔咒――科技對文化之衝擊與展望』時報文化出版公司、一九八四年

舒海民・林鳳『殯葬經營管理學』中國社會出版社、二〇〇四年

陶德才・樊一陽『陵園經營管理』中國社會出版社、二〇〇四年

王宏階・賀聖迪『殯葬心理學』中國社會出版社、二〇〇四年

王計生主編『事死如生――殯葬倫理與中國文化』百家出版社、二〇〇二年

王士峰『殯葬事業經營管理』中華殯葬教育學會、二〇〇六年

五南編輯部編著『微笑說再見――民間生生禮儀指南』書泉出版社、二〇〇七年

吳仁興・陳蓉霞『死亡學』中國社會出版社、二〇〇四年

楊寶祥「城市園林公墓生態建設的探討」『殯葬與環保』上海殯葬文化研究所、二〇〇四年

楊國柱『打造往生天堂――台灣墓地管理的公共選擇』稻鄉出版社、一九九八年

同右『殯葬政策與法規』志遠書局、二〇〇三年

殷居才・鄭吉林『殯葬社會學』中國社會出版社、二〇〇四年
張澤洪『道教齋醮符咒儀式』巴蜀書社、一九九九年
鄭曉江主編『宗教生死學』華成圖書出版公司、二〇〇四年
鄭志明『宗教的醫療觀與生命教育』大元書局、二〇〇四年
同右『殯葬文化學』國立空中大學、二〇〇七年
諸華敏「文化服務——殯葬服務的新領域」『上海國際殯葬服務學術研討會論文集』上海殯葬文化研究所、二〇〇三年
同右『現代殯葬文化建設概論』中國社會出版社、二〇〇四年
朱金龍・吳滿琳『殯葬經濟學』中國社會出版社、二〇〇四年

第八章　葬儀行政と産業
——現代韓国の葬儀の状況と変化

張　萬石

一　現代の葬儀の特徴

朝鮮時代の葬儀文化は、自然環境や社会構造に規定されるなかで、特に社会の支配層および富裕層によって先導されてきた。葬儀の場合、下層部から上層部ではなく上層部から始まって下層部へと拡散していった文化と制度である。すなわち、朝鮮時代の葬儀文化と制度は学識者によってその基本的枠組みがつくられ、人びとによって実践されてきたのである。

しかし現代の韓国の葬儀は、ＩＴ時代、つまり情報技術の発達によって新たな局面を迎えている。それは葬儀の国際化と二極化、多様化、透明化、および環境への親和性である。その葬儀の特徴は、具体的には次の三点に集約される。

第一は、一九九九年以後、大学に葬儀学科が開設された点。

第二は、大部分の病院が葬儀式場を設けて経営している点。

第三は、火葬率が上昇している点（火葬率は二〇〇五年に五二％に達し、毎年約二―三％ずつ増加している）。韓国における団塊の世代は、ベビーブームであった一九五五―六三年生まれの世代であるが、最近隠退期を迎えつつある。団塊の世代は、それ以前の世代より知識も豊富でパソコンの操作技術にも長けており、実体経済に関する判断がすばやいので、この世代の葬儀文化・産業に対する視点が今後大きな影響を与えることが予想される。

本稿の目的は、現代韓国の葬送儀礼の過程の変化、および場所の変化からみられる葬儀手続きなどを把握するとともに、韓国の大学における葬儀学科の開設状況、日本と韓国の葬儀の差異について分析する。また韓国の葬儀業者の課題と、今後の韓国における葬儀の変化において注視される国内外の主要な動向も検討したい。

二　儀礼過程の変化と場所の変化

1　現　況

二〇一〇年一二月現在、韓国の年間死亡者数は約二五万五〇〇〇名で、そのうち病院などの医療機関における死亡者は二〇〇九年には六五・九％であり、前年に比べて二・二％増加している。これを一九九九年と比べると三三・八％増加しており、病院へ移送中に死亡した者（一四％）も含めると、約八〇％が病院や病院への移送中に死亡したことがわかる。

反面、自宅で死亡した者は二〇〇九年に二〇・一％となり、一九九九年に比べて三七・七％の減少となり、大部分が病院で死亡し、その後病院に併設された葬儀式場を利用していることが把握される。すなわち韓国の葬儀は、もはや伝統的な葬儀でみられる家族と親戚の手によって行なわれるものではなく、葬儀の専門家に任され、専門化・企業化・大型化した葬儀へと変化している。

表1　年間死亡者の推移

年度	1999	2000	2001	2003	2010
死亡者数	246,539	247,346	242,730	244,506	255,403

表2　韓国の火葬率の変化

年度	1991	1998	2005	2010
火葬率	17.8%	27.5%	52.3%	67.5%

表3　年度別の葬儀式場の数

年度	1995	1998	2000	2003	2012
葬儀式場数	321	380	415	623	1,035

韓国統計庁（人口動向課）の二〇一一年一二月七日の発表によれば、六五歳以上の高齢人口は二〇一〇年（五四五万名）に比べて、二〇三〇年には二・三倍（一二六九万名）、二〇六〇年には三倍（一七六二万名）以上の増加が予想されている。

韓国葬儀文化振興院の内部資料『韓国の葬事文化の現状と葬事政策の推進方向』によると、韓国では二〇一二年には全国の葬儀式場の数は約一〇三五ヶ所である［韓国葬儀文化振興院　二〇一三、二頁］（表1・2・3）。

こうしたなかで、病院内に併設された葬儀式場が多く、その利用が特徴的であるが、そこにはメリットとデメリットが併存している。まず肯定的な側面として、病院内で死亡した場合、葬儀も一緒に行なうことができるので効率的に葬儀を執行でき、しかも病院は大概交通の便利な所に位置しているので弔問客が参列しやすい。また病院の施設は現代的な施設であるので、病院内の葬儀式場がますます発展している。

一方、否定的な側面として、治療のためにやってくる患者に対して心理的に負荷を与えるなど、治療とは反対の効果を引き起こす可能性がある。世界的にみても病院内に葬儀式場があるのは、韓国のほか台湾とペルーなどごく一部で、病院内葬儀式場が一般的であるのは、韓国特有の現象である。病院側が患者の心理的負担よりも、葬儀式場の収入による利益を重視している可能性がある。

2　儀礼過程の変化と場所の変化

韓国国内における葬儀過程が変化する要因については、一九九〇年代のはじめに増加した病院内の葬儀式場の利用が進んだことと火葬率の上昇などがあげられる。

特に一九九四年一一月、三星ソウル病院が病院直営として、葬儀式場を現代的な施設に改築し、殯所（安置所）空間を追悼空間と弔問客の接待空間に分離して、質の高いサービス施設として運営を開始した。これについて一般市民の反応は肯定的で、その後、延世大学病院の葬儀式場（一九九六年五月一日）と高麗大学病院葬儀式場など、主要な大学病院が葬儀式場を保有するようになった。さらに、他の病院でも現代式設備を備えた式場が設置された。ただし、故人の遺体は、葬儀式場の祭壇には安置されず、全く別の空間である冷蔵施設に収蔵されるようになった。

遺族が故人の遺体と別れをする場所は、伝統葬礼でみられる殯所ではなく、現在は別に設けられた納棺室であり、三〇分から一時間以内の短い時間で告別をすることとなり、弔問客も故人と対面することなく葬儀式を行なうようになった。家族でも、死亡した後には故人は葬儀式場の冷蔵施設に安置され接することが難しくなったことで、遺体との接触を避け忌まわしく思う感覚も生じるようになってきた。

もう一つの要因は、近年の火葬率の上昇である。韓国の火葬率が四二・五％であった二〇〇二年には、納骨堂の利用率は四二・七％であったのが、二〇一〇年に死亡した人の納骨堂利用率は四八・二％であり増加している。

また韓国政府は、土葬や納骨堂の弊害を防止するため、二〇〇八年に法律を改定し韓国特有の自然葬制度を導入した。自然葬制度とは、火葬した遺骨を粉砕した骨粉を樹木、花木、芝生の下に埋葬することをいう。

三　葬儀の手続

図1　韓国忠南地域の喪輿による運柩（葬列）

図2　韓国忠南地域における埋葬後の遺族の拝礼

図3　ソウル市にある青瓦葬礼式場の焚香室入口

図4　焚香室の祭壇

韓国の葬儀は通常三日で行なう三日葬である。日本の場合にみられる通夜と葬儀告別式のように、韓国では家族が死亡すると喪主が葬儀式場または自宅に葬儀業者の補助により祭壇をもうける。その後、納棺の準備とともに弔問客を迎える。

日本の告別式とは違い、韓国では葬儀式場の別の空間に設けられた「永訣式場」で告別式を行なうか、または「発靷」という形式の告別式を行なう。三日葬の内容は次のとおりである。

一日目　葬儀業者との相談（葬儀方法の段取り、弔問の告知など）→焼香所の設置→弔問客を迎える準備

二日目　殮襲→納棺

三日目　発靷→運柩（棺の移送）→火葬または埋葬

かつては人が亡くなると死亡を知らせる訃告状が用意された。その内容は故人の死亡年月日等を記録して親戚や知人に送ったものである。

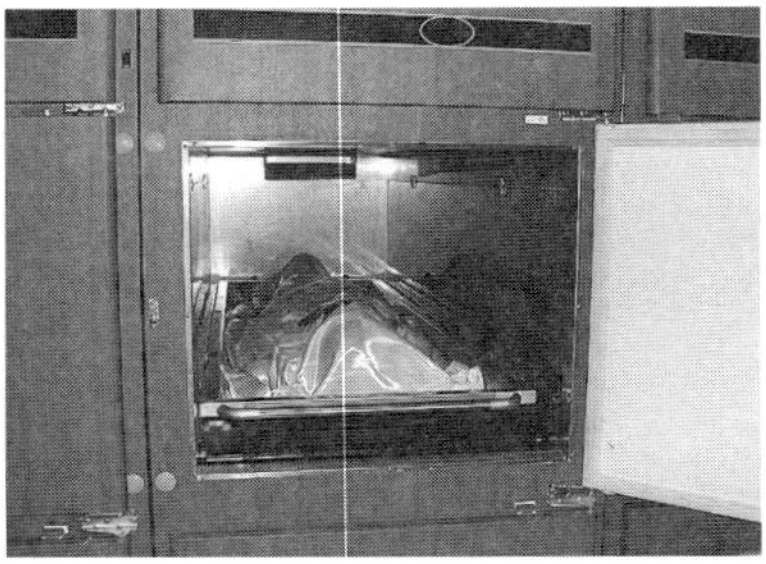

図5　遺体安置室の冷蔵施設

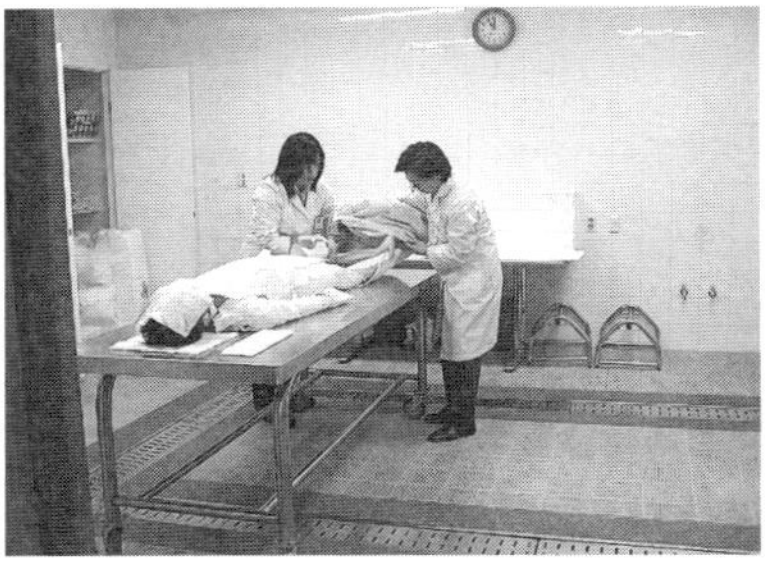

図6　殮襲

図7　納棺された遺体で上には銘旌がある

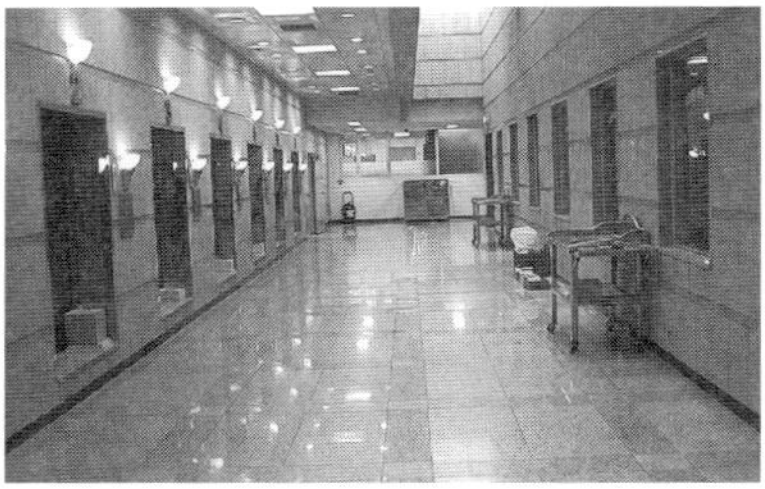

図8　ソウル市立火葬場「昇華園」

訃告状は綴じてとっておく場合もあった。そして葬送には、かつて喪輿を使用して葬列を組んで棺を運び、墓地に埋葬した（図1・2）。葬儀では階層によって喪輿の豪華さが比例していった。例えば山清全州崔氏高霊宅喪輿は、朝鮮時代哲宗七年（一八五六年）に製作され使用された。かなり巨大なもので、各部の彫刻と組立形態は非常に精巧で立派である。

　しかし、現在は基本的には葬儀式場で葬儀を行なっている。葬儀式場はいくつもの区画に分かれ複数の喪家が利用できるようになっている。入口に関係者から贈られた生花がおかれていることが多い（図3）。それぞれの区画は二つの部屋に分かれている。祭壇を設け弔問を受ける部屋を「焚香室」と呼ぶ。その脇には飲食をするための部屋が用意されている。焚香室の祭壇はそれぞれの宗教によってそのデザインが変わってくる。現在は生花祭壇がよく用いられるが（図4）、仏教式の場合には卍をいれるなど多少宗教によってデザインが異なる。

　この焚香室には遺体を安置することはなく、まっ

図9　ソウル市立火葬場「昇華園」内の納骨堂

図10　ソウル市立の散骨場「追悼の森」

たく別の空間に遺体の安置室があり出棺までは安置室の冷蔵施設に遺体を保存する（図5）。この安置室は複数の焚香室で葬儀を行なっている遺体をすべてあつめて安置している空間であり、儀礼をする空間と遺体安置の空間とは全く離れている。殮襲における遺体の取り扱いは、遺族の見守るなかで葬儀ディレクターが執り行なう（図6）。写真（図7）は、故人を納めた棺の上に置かれた銘旌であり、赤い色の布に白い文字で故人の官職や名前などを書いた弔旗である。これをきれいに書くことが葬祭業者として重要な業務であり、後に述べる葬儀教育のなかでも書の練習が大変重視されている。

三日目には火葬や埋葬を行なう。ソウル市立火葬場では、遺族は写真（図8）右側のガラス窓から炉前を見ることができるが火葬炉前まで行くことはできない。中央のスペースは職員専用の空間であり、左側に並んで見える火葬炉に棺を入れる。火葬の間、遺族は右側のガラスのむこうで火葬が終わるまで待機している。

現在納骨堂も建設が進んでおり、写真（図9）はソウル市立火葬場「昇華園」内の納骨堂である。ここのタイプは石板の蓋をはめてしまうため、納骨スペースのなかは見ることができないが、近年の納骨堂はガラス扉になっているものもあり、なかの骨壺などを見ることができる。またソウル市営の墓地には樹木葬のスペースや散骨のスペースもある（図10）。

二〇〇四年の韓国消費者保護院の調査結果によると、葬儀にかかる総費用は土葬の場合、平均一六五二万ウォン、火葬の場合は一一九八万ウォンで、その内訳は葬儀費用として平均九三八万ウォン、埋葬のための墓地費用七一四万ウォン、火葬による納骨堂の費用は二六〇万ウォンである。

四　葬儀産業と葬儀教育機関の状況

韓国の葬儀市場を含めた、相助（互助）市場の全体の規模は二〇一一年現在、年間七兆ウォンに達する見込みであり、今後一〇倍程度の成長が推定される［韓国保険研究院　二〇一一、一二頁］。この相助（互助）事業とは、日本の冠婚葬祭互助会と同様の事業であり、一定年限に一定の掛け金を積み立てて葬儀費用などに充当するサービスである。上記の数値は、Pre-need（生前契約）、At-need（現場サービス）、After-need（死後サービス）を含めたものである。

現在の、葬儀式場の利用の順位は以下のとおりである。まず一位が病院付設の葬儀式場であり、二位が専門葬儀式場、三位は相助会社の葬儀式場であり、四位は農業協同組合葬儀式場、五位が自宅、六位が宗教施設などの順位となっている。今後の韓国社会の葬儀は、火葬率の増加と国家政策による各地域での樹木葬の増加、自然葬の漸進的な増加とともに、葬儀会社の大型化、そして葬儀式場の高級化を図る顧客サービスの競争が予想される。特に保険会社による葬儀式場経営への参入が顕著となり、一般大衆の葬儀に対する意識変化が予見される。韓国の葬儀産業を展望すれば、以下の六点にまとめることができよう。まず、第一に葬儀産業の持続的な成長である。韓国の葬儀産業は特段の動きがない限り、今後一〇年程度は持続的な成長が予想される。その背景として、二〇一八年には六五歳以上の老齢人口が全人口の一四％を占めるようになり、高齢時代を迎えるからである。さらに二〇二六年には超高齢時代となり、六五歳以上が全人口の二〇％をこえることが推定されることによる。

そして第二に葬儀関連産業従事者の資質の向上である。現在、葬儀に関する高等教育部門を設置する教育機関が増加している。葬儀および関連産業の従事者のうち、葬儀学など葬儀に関する専門教育を専攻した大学の出身者が増加し、業界の世代交替が進んでいくことになる。それにより業務に対する自負心を持つようになると考えられ、質の高いサービスの提供が可能になっていくことが予測される。

第三は相助（互助）業界の再編である。二〇一〇年九月一八日の割賦取引法の改定によって、経営が悪化している相助会社への取り締まりが強化されることとなる。これにより相助会社の再編が起こり経営基盤の安定が進むことで、葬儀業界に対する消費者の信用も大きくなることが期待される。

第四は、団塊世代の葬儀に対する認識の変化である。これによって従来にはない葬儀サービスへの需要が発生するものと思われる。例えば、葬儀業ではエンバーミングや死化粧など遺体への処置、また関連事業である遺族のグリーフケアなど、多様な事業の展開が予想される。

第五は火葬の増加である。高齢社会の到来によって死亡者数が増加していく。これによって一層の火葬の増加が見込まれるが、一方で葬儀施設の変化や葬儀関連産業にも相当な影響を及ぼすことが予想される。

第六に少子化による葬儀の変容である。少子化によって葬儀の参列者が減少するだけでなく、祭祀を継承し管理する子孫も減少するため、追悼のあり方が変化する。例えば都合のよい時間を利用して追悼するというパターンへの転換も予想される。以上のような展望を述べてみたが、今後の葬儀施設や葬儀の方法、また少子化、高齢化社会のパラダイムにふさわしい新たな形態の漸進的な変化や対応方案が生まれることが推測されるのである。

五　日本と韓国葬儀の差異

日本と韓国は文化的に類似している面があり、葬儀の差異は次の点であり表にまとめてみた（表4）。もっとも大

表４　日本と韓国の葬儀の比較

区　分	韓　国	日　本
葬儀場所	病院葬儀式場が中心(交通の利便性，良好な施設，認知度が高い) 葬儀空間：哀悼＋追悼＋最近は社交空間としての役割も増大	専門葬儀会館＋寺院＋公民館など
宗教的側面	キリスト教＋仏教＋儒教	仏教＋宗教離れ
人口構成	65 歳以上→ 11.3% 2018 年→高齢時代(14%)に移行 2026 年→超高齢時代	65 歳以上→ 23% (超高齢時代)
火葬率	67.5%(2010 年現在)	99.9%
学校	大学院(修士課程)1 校 大学(4 年制)1 校， 大学(2 年制)4 校	専門学校 3 校
葬儀形態	弔問客は遺体がない場所で焼香，遺体は安置室の冷蔵施設へ→納棺時のみ遺族が遺体と対面 喪主は 3 日間継続して葬儀式場の祭壇で弔問客を迎える	葬儀式場の祭壇に遺体を安置 儀礼 2 回(通夜＋告別式)
遺体処理方法(収骨と受骨の差異)	約 80% 以上が粉骨化，20% 未満が遺骨選択 粉骨選択の一般化(多くの遺族が粉骨を選択．収骨室は収骨ではなく受骨室に変化)粉骨受領後，家族の収骨の手順がない	家族が火葬した遺骨を収骨
樹木葬	2008 年，法律で自然葬(樹木葬など)を導入→国が政策的に推進中→地下鉄や公共空間で一般に広報→親自然環境のために芝生葬が望ましいが，ソウル市営の自然葬墓地では遺族らが樹木葬を選好	知勝院（祥雲寺）などの寺院，NPO 法人のエンディングセンター，横浜市営墓地メモリアルグリーンなど
散骨(現行法律に散骨に関する規定がない)	2009 年には死亡者の 65.5% が火葬で，遺骨または粉骨の 44.7% が納骨施設を利用 ソウル市政開発院が 2008 年に刊行した「市立墓地を散骨公園として活用しなければ」という報告書によれば，ソウル市の火葬場の利用者中，火葬場に納骨した数は 2003 年の 62.6%→ 2007 年は 59.4 に減少し，散骨は 37.4%→ 40.6% に増加と分析 〈韓国の散骨普及の方向性〉 1．散骨の妨げになる関連法律改定および整備 2．多様な散骨モデルの開発と提示 3．私設散骨場の造成許可時の基準強化 4．散骨の広報と教育の強化 5．散骨の制度化および散骨地域の拡大	

きな相違は、葬儀を行なう式場の相違である。韓国では、病院内の葬儀式場の割合が六〇％を超える。また日本の葬儀では、仏教の儀礼が大きな比重を占めているが、韓国ではキリスト教式と仏式、儒教式などで行なわれる。

人口構成は、六五歳以上の人口の割合は、韓国では一一・三％であるため、まだ日本のような家族葬など小規模な葬儀の拡散は見てとることはできない。火葬率は六七・五％であるが、二〇一五年以内に八〇％まで上昇すると予想される。

葬儀専門家の養成の点からは、韓国では、大学院と大学に葬儀を専攻する学科が一〇年前から開設され、能力ある専門家を養成している。また葬儀形態の面では、参列者は故人との対面がかなわず、遺族だけに会って弔意を表すだけである。遺体処理方法は、日本とは異なり、遺骨を細かく粉骨している。韓国の場合、樹木葬は二〇〇八年に自然に還る葬法の一つの方式として法律で制定されており、現在の韓国の葬事政策の方向性が示されている。散骨は、日本と同様、現行の法律では規定されていないが、今後の海洋葬を奨励するために関連法を改正する可能性が濃厚である。

六　韓国葬儀業者の課題

韓国の葬儀業者は、現在も、また将来においても、さまざまな課題を抱えている。そのなかで主な内容を要約すると次のとおりである。第一に、韓国の葬儀業者の時代認識である。現在の韓国における葬儀は、キリスト教式と仏教式を除けば、多くは儒教式の葬儀形態で執り行なっているが、これからは現代に適合した葬儀方法への転換が必要とされている点である。伝統もまた革新の連続で存在するように韓国の葬儀文化も時代変化に相応しく再構成され、必要に応じて再編すべきである。

第二に、葬送や墓制の文化に新たなコンテンツが求められている。他の分野より競争が激しくない葬儀分野であるが、新たなコンテンツの開発で利用者の感動を生みだすことが求められている。例えば、国立墓地とは別に学者や文化人などの追悼墓域と追悼館を新設する等、葬墓産業をつなぐコンテンツの開発が求められている。第三に、韓国固有の伝統的な葬儀にIT新技術を導入し、悲しみの場ではあっても明るい葬儀空間の構築が必要である。それはエンバーミングや死化粧などの普及によるグリーフケアの側面からも必要とされている。

第四に、葬儀業の経営者はもちろん、従業員等も自然葬の普及のための環境を構築していく努力が求められている。これはグローバル的な課題でもあり、自然保護と子孫のためにも要求される問題である。

七　火葬の増加と葬儀産業の展開

韓国の葬儀は、二〇〇二年には死亡者数が二四万五三一七名から二〇一〇年には二五万五四〇三名というように、過去一〇年間にわたっては死亡率に大きな変化はない。二〇〇五年を起点として火葬率が五〇％を超え、その後毎年約二―三％程度ずつ火葬率が上昇し、二〇一〇年には六七・五％（二〇〇二年には四二・五％）となり、二〇一五年末には八〇％程度になることが予測される。

二〇一〇年の韓国の葬法は、土葬（三二・五％）と納骨堂（四八・二％）と散骨で占められており、法律で規定した樹木葬などの自然葬はいまだに主流には至らないが、国が政策的に推進しているので徐々に普及すると考えられる。

また、韓国の葬儀従事者の国家資格については、二〇一一年、国会で葬儀指導者資格証を国家資格証として法制化することになり、葬儀従事者に対する社会的認識の向上とともに職業に対するプライドも高まると予想される。しかし、現在の大部分の葬儀経営者は一部を除いては時代変化の認識に疎く、マンネリズムを脱していない感がある。

このような変化のなかで注目すべき主要な二つの動きがある。

第一に北朝鮮の動向である。北朝鮮の存在が韓国の葬儀産業と葬儀教育にも大きな影響を及ぼし、韓国の高齢時代突入の遅延および葬儀産業の発展的拡大をもたらす可能性がある。現在の北朝鮮には、葬儀の専門施設や専門家を養成する教育機関はとくに見いだされていない。もし朝鮮半島が統一されると、北朝鮮地域にも近代的な火葬場、葬儀会館、霊園や納骨堂、樹木葬を含む自然葬施設などが新設される可能性があり、これらの施設にも韓国の六つの大学（大学院を含む）の葬儀学科を卒業した専門家が就業することも考えられ、産業と教育面での拡大が推測される。

第二に、外国資本の韓国葬儀産業に対する進出問題である。アメリカの葬儀企業ＳＣＩが外国へ進出したように、韓国の葬儀産業は、外国のサービスの導入や提携による成長産業としてさらに展開する可能性がある。未来の韓国葬儀文化は勿論、葬儀産業も変革期のなかで新たな時代を迎えることが予見される。

参考文献

韓国統計庁『人口動向』二〇一一年
韓国葬儀文化振興院『韓国の葬事文化の現状と葬事政策の推進方向』二〇一三年
韓国保険研究院『保険会社の互助サービス寄与方案』二〇一一年

第九章　葬儀と国家

――近現代中国における人びとの葬儀

田村和彦

一　はじめに

中国では、近代国家形成の過程で、その他の諸社会と同じく、死の取り扱いが改めて検討され、再布置されてきた。本章では、この問題をより長い時間枠のなかに位置づけることで、現在の中国における葬儀を段階的な変化の結果としてのみ捉えるのではなく、各要素の配置や文脈に目配りしながら立体的に描き出すことを試みる。はじめに、中華民国時期の葬儀の変化の過程を概観することで、のちに「殯葬改革」（以下では、この改革を葬儀改革と表記する）と呼ばれることになる死の処理に関する主要な論点がこの時期にすでに出そろっており、部分的に中華人民共和国へと系譜的連続があることを指摘する。このことで、共時的な葬儀改革をめぐる法規や制度の考察からはこぼれ落ちる、現在の葬儀のあり方についてのひとつの視座を提示する。そのうえで、現代中国における葬儀事業の発展を確認し、とくに前章までの議論が、殯儀館と呼ばれる葬儀会場兼火葬場での活動を焦点としていることから、この施設で挙行される新式の葬儀である追悼会についての考察を行なう。この議論を通じて、葬儀事業をめぐる多くの観念や技術が地域を超えた情報や人的交流に影響を受け同時代的に進行していることを確認し、この情況を相互に参照しあうことがわれわれの葬儀のあり方を内省する契機となりうること、それと同時に、同様の言葉で表現される行為であっても、それぞれの社会における系譜的な背景と、社会的配置の差異により、異なる関係性を取り結んでいることを確認できるだろう。この点を明らかにすることを本稿の目的とする。(1)

今日の葬儀改革が中華民国時期にその萌芽を生じていたことは、前章までの議論を理解するうえでも重要である。なぜなら、中国大陸と台湾における葬儀を同じ議論のうえに配置することで、同一の起源を有しながらも、その後の多様な対応のあり方が生じていることを具体的に論じることが可能となるからである。よって、新たな、死の社会的位相が胎動しはじめた時期に立ち戻り、その状況を俯瞰することからはじめたい。

二　清末から中華民国時期の葬儀改革

清末から中華民国建国時期には、葬儀に関わる慣習の大きな変化が相次いだ。

日本では、明治五年の礼服や燕尾服の規定が葬儀という儀礼の服装へ影響を与えたように、中国においても一九一二年の『礼制』『服制』制定は、その後の民間の礼の様式や服装に一定の影響を与えることとなった。清朝の最後を飾った皇太后隆裕は、一九一三年に死去するが、その葬儀ではすでに新国家の礼制（鞠躬礼や半旗掲揚など）服制（黒紗の腕章）と、従来の礼制（跪拝礼）とが混在していた。その後に起こった新文化運動では、民主主義と科学の標榜のもと、旧来の慣習の多くが否定されたが、胡適の文章「我対於喪葬的改革」に代表されるように、葬儀もまたその批判対象となり、その後も一部の知識人たちによってくり返し儒教的な冠婚葬祭が批判されるなかで、葬儀の慣行の改革が求められてゆくこととなる［胡　一九一九・康　一九三五など］。

こうした機運のなかで、中華民国は矢継ぎ早に葬送儀礼の調査や葬儀や墓地に関する新たな法令を発してゆく。そのうちのいくつかをとりあげれば、年代順に「公墓条例」（一九二八年）、「廃除卜筮星相巫覡堪輿辦法」（一九二八年）、「取締停柩暫行章程」（一九二九年）、「社会調査綱要」（一九二九年）、「取締経営迷信物品業辦法」（一九三〇年）、「国葬儀式」（一九三〇年）、「国葬法」（一九三〇年）、「各省市県風俗調査綱要」（一九三一年）、「国葬先哲逝世日紀念典礼条例」（一九三三年）、「烈士祔祠辦法」（一九三三年）、「新生活運動綱要」（一九三四年）、「民俗改善運動綱要」（一九三四年）、「国葬墓園条例」（一九三六年）、「公墓暫行条例」（一九三六年）などが葬儀のあり方、遺体運搬や埋葬に関係する法律にあたる。公布元も内政部や衛生部、国民政府など多岐にわたるが、この時期の主要な関心は、科学的な観点から迷信に相当するとみなした習俗を改変し、国民的な葬儀の儀礼を形成することと、新たに導入された近代衛生的な観点から、遺体の処置を国家の制御下におくことにあったといえる。

実際、中華民国時期の一部の都市にあっては、こうした政策を支える社会的背景が形成され、その一部が新たな死の布置に反映されつつあった。今日の葬儀改革を支える三つの重要な要素である、墓地の改革、葬礼の改革、そして遺体処理の改革に即してみると、当時の上海ではこれらの要素が、普及度に強弱はあるものの、すべて揃っていたことを確認できる。

遺体の処理としてはまず墓地が考えられるが、私有地や義冢などへの埋葬のほか、都市への寄寓者であれば同郷集団の会館などに併設される「丙舎」と呼ばれる施設にて遺体を保存した（「停柩」「停霊暫厝」）。その後舟などを用いて運棺し、郷里へ埋葬する処置がとられていたが、累積する引き取り手のない停柩（「浮厝」「積柩」）は行政からは不衛生な慣習とみなされる対象となってゆく。郷里への距離が遠く、停柩の慣習を有しない外国籍の上海寄寓者のなかには、「山東路外国墓地」のような外国人用公共墓地を設置する事例も現れはじめていた。やや遅れて、中国人を対象とした、血縁や地縁によらず、購入することで埋葬権利を獲得する、新たな墓地である公共墓地も登場し、一部の都市居住者の間で普及していった。

葬儀においても、やはり外国人用の葬礼を準備、手配する会社が設立され、その後、一九三一年には中国人の経営による、中国人を対象とする同様の会社が現れるようになる。これらのなかには、のちに「殯儀館」と呼ばれる、葬儀全体を取り仕切るサービス施設へと展開するものもみられた。同時に、清末に開始された新たな葬儀の様式として、「追悼会」「哀悼会」「告別儀式」などと呼ばれる形式が、都市居住者の一部においてわずかに普及しはじめた。この様式は、従来の葬儀と違い、学生や友人、職場や所属機関などで葬儀を組織し、出費するものであり、式次第は、祭文を読み上げ、誄詞《るいし》や演説に続いて、三鞠躬礼、そして送別音楽による閉幕と展開することが一般的である。旧来の葬儀との重要な差異は、僧侶や道士が参加しない宗教色の希薄な葬儀であること、遺族との関係は後景へと退き、誄詞や演説が葬儀の中心となることで、生前の功徳や社会への貢献、その死の意味を見出し固定することが重視される点である。ここに、以前の、時間をかけ、多くの所作の反復をともなう行為先行型の葬儀とくらべて、短時間で、言葉による説明的で顕彰を目的とする、現代中国での標準的な葬儀のモデルが創成された。ただし、「追悼会」が今日のように葬儀そのものに替わったわけではなく、葬礼の一部としてこれが導入されたり、「追悼会」の儀礼後の「野辺送り」は継続していた点にも注意が必要である。

遺体処理の方法としては、清朝時期には一般の人びとに対して禁止されていた火葬が安静寺墓地のなかに外国人用として導入された。その後、大量の日本人の流入により、東本願寺上海別院や日蓮宗本圀寺の住職らが発起人となり成立した「法光株式会社」の運営する日本人墓地が設けられ、ここに併設された「日本焼人場」「焚屍場」と呼ばれる日本式火葬炉も市内に形成された。

このように、今日の葬儀改革に系譜的に連なる要素はすでに登場していたものの、軍閥割拠、日本の侵略に対する抗戦を経て、第二次国共内戦へと至る中華民国においては、葬儀改革の優先度は決して高いものではなく、全国の葬儀を全面的に改革したというには程遠い状況であった。

他方、一九三〇年代には、内陸部に陝甘寧辺ソヴィエト政府に長征を経た中国共産党が合流し、陝甘寧辺区政府を形成する。この辺区政府支配地域では、国民党とは異なる葬儀の改革がみられ、今日の中華人民共和国による葬儀改革のもう一つのルーツにあたることから、ここで触れておく必要がある。

陝甘寧辺区政府では、一般の人びとを対象とした葬儀の改革はほとんど見られない。わずかに史料にあらわれる葬儀の改革には、一九四一年六月の「迷信を打ち破り、風俗を改革し、意見箱を設置して広く民意を募る」がある〔『解放日報』一九四一年六月二六日〕。このなかで、纏足や賭博、早婚の禁止とならんで葬儀に言及しているが、「迷信を打破するには、人民に対する教育を進め、医療衛生設備の建設に重点を置かねばならず、無理に廟を壊したり巫道法師に廃業を迫る必要はない。また、風水師や巫道の搾取を制約し、埋葬に関わる人びとの収入は農村労働者の収入を超えてはならないこととする」といったように、葬儀そのものが改革の対象であるというよりは、「迷信」を利用した搾取への改革といってよい。一九四六年には葬儀の改革が提唱されたが、ここでは「葬儀礼俗を改革し、簡素な（葬儀を――筆者補足）提唱すること、および陰陽師の改造の案」（一九四六年四月）にみえるように、「二、簡素――孝服（喪服――筆者補足）は孝子・孝孫と家庭の者に限り、（故人の――筆者補足）」娘婿、娘とその子どもは半孝服とする（自分で準備）。その他の者は、紙による造花とする。死者を記念するときは、時間をできるだけ短くすること」として、葬儀に関わる宗教的職能者の「改造」と並んで、葬儀のあり方にわずかながら踏み込んだ案となっている〔陝西省檔案館　一九九一〕。この時期の葬儀への眼差しをまとめれば、奢侈な葬儀を簡素化し、葬儀で主要な役割を果たす宗教的職能者を改業させることで迷信を打破するといった方向での改革が試みられていたということができる。前者は、無神論の立場からの陰世の否定であるとともに、墨子以来の、歴代王朝にも通底する節葬論につながるものであり、後者は共産党的な迷信への対応であるが、ここで培われた二つの傾向は一九四九年以降、共産党による「我々の葬儀」の方法として、より顕著に、強制力をともなって政策化されることとなる。

一般人の葬儀に対する関心の希薄さに対して、陝甘寧辺区政府が重視した葬儀は革命烈士の追悼であった。一九四一年の「辺区政府が革命墓地を建立」では、つぎのように新たに設立される墓地を説明している。

辺区政府には、抗日民族解放戦争のなかで、千万にものぼる志士たちが遠方からこの辺区にやってきて革命に参加している。その間、公の理由で疲労し疾病により死亡したり、敵機の爆撃により戦場で命を捧げ壮烈に犠牲となった者がいる。その者達への追慕の気持ちを示すため、とくに墓地をつくり、これを記念する。延安市政府に命じて延安付近に場所を求め「革命公墓」を建設し、毎年「七七」時期に公祭をおこなうこととする。その家族が故郷への埋葬を希望すれば悉く自由とし、死者の遺留品と生前の著作は延安市公墓管理人に渡して保存し、家族や友人たちの記念に備える〔『解放日報』一九四一年八月一五日〕。

同時期の国民党支配地域でも、国葬や公葬の法や儀式が制定され、国難に殉じた人びとの顕彰制度が整備されているが、同時に、血縁や同郷という関係性による埋葬から解放された全国民を対象とする「公共墓地」の建設が目指されていた。しかし、共産党支配地域では、一九四一年に公示された「辺区政府が革命墓地を建立」が示すように、烈士の顕彰という「その死のあり方」が問われる方向へと展開していった。辺区ソヴィエト拠点形成に大きな功績のあった劉志丹については、その死後、彼を紀念するために県の名前を改名し、一九四〇年には大規模な専用陵園の建設に着手、一九四三年に陵園が完成すると「公祭劉志丹烈士大会」が盛大に挙行されている。辺区政府初期の人物である謝子長の場合は、戦死後、劉志丹と同じくその名が県名に採用され永久の紀念とされるとともに、一九三九年に墓地が、一九四五年には専用の陵園が建設され、その完成にともなって公葬が開かれた。そのほか、一九四六年四月八日に飛行機事故で死亡した葉挺らに大規模な追悼大会を開き、のちに「四・八烈士陵園」を建設するなど、この時期の辺区政府では、革命墓地の形成と追悼大会開催に特徴がある。のちに毛沢東「老三篇」に数えられ、著名なスローガンとなった「為人民服務」（人民に奉仕する）も、一九四四年に事故で死亡した革命同志である張思徳の追悼大会で公表された毛沢東の講話に由来するものであった。

この講話で言明された方向、すなわち「我々の部隊で誰が死のうが、それが炊事係であれ、戦士であれ、有益な仕事をしたことがある者でありさえすれば、我々は彼の葬儀をおこない、追悼会を開く」という姿勢、換言すれば、死の物語性を重視し、個人の顕彰に傾斜する葬儀の様式は、辺区政府における共産党政権下で完成されたといえる。ただし、この時点では、のちに葬儀改革の重要な要素である火葬はまだ議論の視野に収められていない。火葬が葬儀改革のアジェンダとして付加されるのは、共産党政権が、大都市という人口密集地の死の処理に直面し、そこに位置する火葬炉を手に入れてからの時期以降に持ち越されるのである。

三　中華人民共和国における葬儀改革

本節では、一九四九年に中華人民共和国が成立してからの時期を簡単にまとめ、新たな死の処理形式がどのように位置づけられていたのかを概観する。

一九五〇年代初期には、上海や北京といったごく一部の都市では、従来の民間の葬儀産業が接収され、最終的にはすべて国有あるいは解体という道をたどる。北京など大量の人口を抱える都市では、一九三〇年代以降、寺廟や道観の衰退が甚だしく、従来から「停柩」「停霊暫厝」サービスを提供していたこともあり、かれらの一部は新式の殯儀館、葬儀業を請け負うようになっていった。しかし宗教施設である寺廟・道観を起源とする殯儀館は、中華人民共和国時期になると廃業し、サービスをつづけた寺院も文化大革命が発動された一九六六年には消滅することとなる［常一九九〇・周　二〇〇二］。その結果、葬儀は、自宅あるいは民政局管轄の殯儀館で行なわれる儀礼となった。墓地は、新たな都市計画のなかで改造され、公園・果樹園などに生まれ変わったものもあるが、その一部は民政局の管理のもとで継続的に使用されてきた。葬儀改革の三つの柱のうち、興味深いのは火葬場についてである。

中国においては、一時期火葬が流行したが、清朝期にはすでに一般人がこの葬法を用いることが禁止されていた。火葬は、僧侶を対象とした特殊な葬法であり、寺院内に設けられた蓬萊山や須弥山に見立てた簡易な炉「化身窯」が中心であった。こうした寺院のいくつかは、前述のように民国末期に一般向けの火葬サービスを提供しはじめるが、多くは小規模であり、衛生設備の不備などからその後廃止された。一方で、先述のように、日本人居住者の多い地域には、客死した居住者の遺体を処理する手段として、火葬炉が存在しており、終戦後は、市内の丙舎に累積した引き取り手のない積棺や、路上の遺体、身元不明遺体の焼却などに活用されていた。

大都市では、一九五〇年代中葉から火葬の有用性が説かれ、新聞や移動映画などでそのメリットが紹介されたが、従前の身体観、孝観念、そして火葬を非正常死の処理方法として見聞してきたことにより、忌避感が強く、火葬率は大幅には上昇していない。火葬が普及するうえでの大きな転機は、一九五六年に訪れる。毛沢東や朱徳、劉少奇、周恩来ら一五一人の高級幹部による「プロレタリア階級革命家による火葬倡議書」への署名がそれで、この倡議書は、中国の主要な葬法を土葬と火葬とし、そのうち土葬を耕作地の占有と木材の乱費、封建統治階級の礼法として退け、火葬をもっとも「合理的」かつ、一部の国家ではすでに普及した葬法と位置づけ、火葬を希望する人物の署名を募ったものである［聶　二〇〇六］。これは、その経済的な意義を認めるのみならず、封建的な思想との決別として、共産党員としての個々人の思想を表明する機会ともなっていた。この唯物主義的世界観と党の先鋒意識を含む倡議書の内容は、メディアを通じて、会議に参加していなかった幹部たちにも知らされてゆく。その過程で、火葬は「もっとも科学的、もっとも経済的、もっとも衛生的」な遺体処理とされ、この葬法を宣言することは、封建迷信の打破や無神論的立場の表明と結びついて、進歩的といわれる知識人らのなかでの普及が図られた。そのなかで、上海であれば龍華殯儀館、北京であれば八宝山殯儀館が火葬施設を備えた追悼会会場として稼働率を上げるが、民国時代に建てられた日本人向けだった葬儀会場と火葬炉も同時並行して利用されてきた。上海の「西宝興路殯儀館」（現在の西宝殯儀館）、北京の「東郊殯儀館」がそれである。

この倡議書が回覧署名された時期が、高度な農業合作化を図っていた期間であったことからもわかるように、政策面でいえば、都市での火葬推進の提唱は、農村の耕作地に点在し、農業の機械化、集体化を阻んでいた墳墓問題の解決と連動する方向性をもっていた。いわば、都市の死の処理は火葬の普及によって、農村のそれは墓地の整理と新たな規則による管理を通じて、改革されることが目指されていたといってよい。

大部分の国民が農村に居住していた当時の状況にあっては、純粋な社会主義を実現するために農村部の墓地の整理が急務であった。耕作地のなかに数多くの歴代の墓地が散在することから、農業の機械化、集団化は容易ではなく、墓地が生産性のある耕作地を占領する、当時のいい方に従えば「死者が生者を圧迫する」という状況を変える必要があった。そこで、古い墓地は平坦化し耕作地に還す、新たな死者は生産隊ごとに荒地を選んで集団墓地を形成してそこに埋葬する政策が全国で展開された。この政策は、「墓葬改革」と呼ばれ、現在の「殯葬改革」の旧称として位置づけられている。

一九六一年になると、数年にわたり発生していた大量死の処理を進めるために、これまでの死に関する慣行の改革が統一され、全体の方針が打ち出される。主な内容は四点あり、（1）大都市、そのあとで中小都市に火葬場を建設することで、火葬を推進すること、（2）荒れ山や痩せ地を利用して公墓を建て、土葬を改革すること、（3）古い葬送に関わる民俗を打破し、節約した葬儀を行なうこと、（4）そしてこれら葬儀改革は行政地区を単位として、葬儀に関する事業を統一管理することが定められる。当時の中国においては、一〇〇万人以上の人口をもつ都市一六ヶ所ではすでにすべて火葬場が存在し、五〇万から一〇〇万人までの人口の都市三一ヶ所にのうち火葬場をもつ都市は二

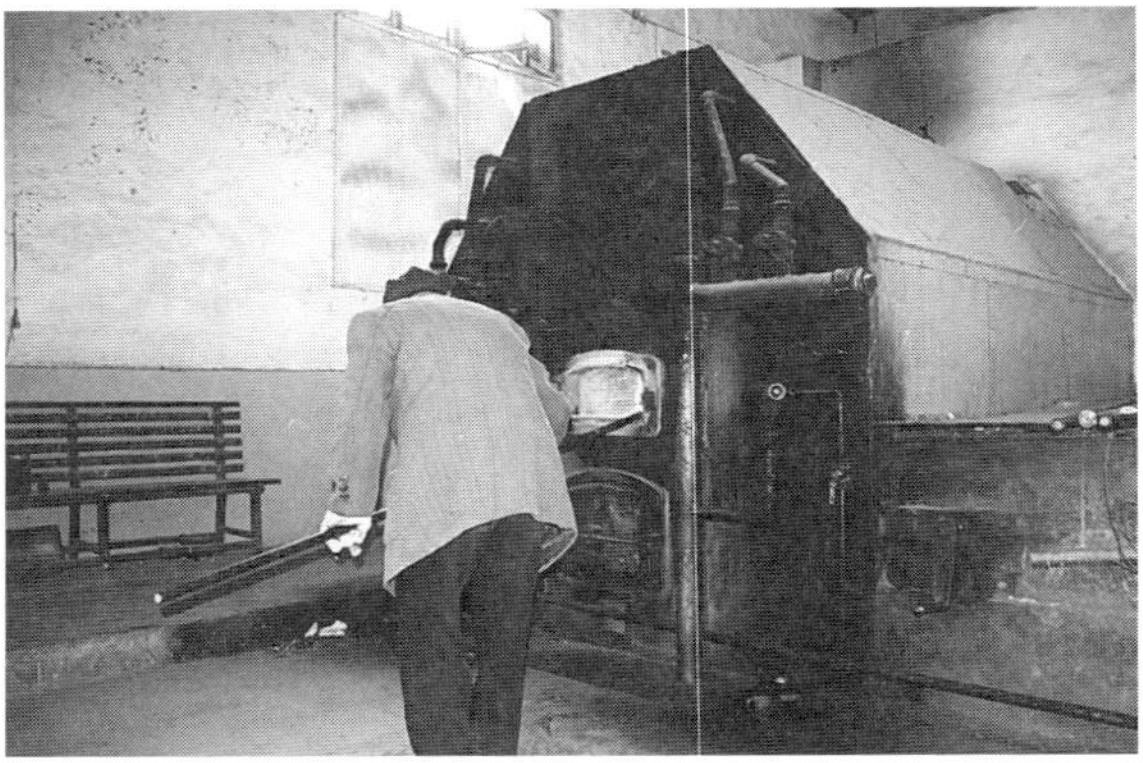

図1　1960–1970年代にかけて普及したチェコ模倣式火葬炉の作業風景．このタイプは，上海や北京など大都市部を除き，多くの地域ではじめて設置された火葬炉であったが，現在，ほとんどの殯儀館で新型炉への転換が進められ，姿を消しつつある（陝西省所在の殯儀館，著者撮影）．

三ヶ所、二〇万から五〇万までの人口の都市七五ヶ所のうちでは二六ヶ所にとどまっていた。これら火葬場は、人口規模や土地利用の点から、沿岸部の都市に集中し、内陸部の都市では普及が遅れていた。よって、この改革方針の統一では、大、中規模都市から急速に火葬施設を整え、火葬を普遍化し、それ以外の地域では暫定的に管理された墓地の利用を認めるという方法で、中国の葬法を刷新することが目指されていた。

つづいて、一九六五年には内務部の「葬儀改革工作についての意見」によって、再度、四年前の統一方針が確認されている。ここで重要なことは、葬儀改革を規定する方針が、文化大革命に向かう時期に制定され、革命への熱情的雰囲気のなかで全国へ展開していったことであろう。大都市を除く多くの地域では、一九六〇年代から一九七〇年代にかけて急速に、チェコ模倣式という簡易で職人の一定の技量を必要とする、堅牢で実用性に富む火葬炉を併設した殯儀館が建設されてゆく（図1）。火葬場と殯儀館が一体であることが一般化し、火葬の実施と、追悼会の開催とが、すなわち革命的であることと同意義に捉えられる時代が到来した。新たな社会主義文化を創造するために、「錆びることのないネジ」となることを人びとに求める社会におけるもっとも相応しい葬法はこうして誕生したのだった[2]。このように新式の葬儀の場とその形式、すなわち、殯儀館と追悼会の普及に注目すれば、文化大革命の時期は、一部の研究が指摘するような改革の挫折時期ではなく、むしろ中国全土に新たな葬法と、新式の葬送儀礼を浸透させた重要な時期であったと位置づけられるのである。

葬儀改革がこうした時代的状況を背景に普及したことから、文化大革命が終結し、革命的熱情が冷めると、全国的に再び火葬率が低下し（一九七八年にくらべて一九七九年は一三%、一九八〇年は一九%ほど火葬率が下がったといわれる）、政府の視点からは奢侈と映るような葬礼の挙行、土葬それも「乱埋墳」と呼ばれる規則に従わない墓地が増加するようになってゆく。改革の退潮に対する中国政府の対応は、非常に興味深い事例をわれわれに提供する。改革開放時期を迎えた中国では、「調整、改革、整頓、提高」のスローガンのもと、文化大革命中に変更、制定された多くの制度が廃止されてゆくのだが、葬儀改革については、むしろ従来の政治キャンペーンをともなう手法から、法制による管理へと変更することによって継続、強化されることとなった数少ない事例となっているからである(3)。

まず、一九八一年一二月一八日から二八日にわたって、過去三〇年の経験を総括し今後の葬儀改革の方向を決定するために、初の葬儀行政関係者による会議「全国第一次殯葬改革工作会議」が開かれ、国務院副総理や民政部部長といった中央の高級幹部が講話や報告を行なっている。このなかで、一九六〇年代に明確化した改革の方向性を堅持することが確認され、この改革こそが社会主義的精神文明を建設する道程のひとつと位置づけられた。その結果、民政部『関与進一歩加強殯葬改革工作的報告』の国務院での批准（一九八二年二月）、民政部による『殯葬事業単位管理暫行辦法』の通知（一九八三年六月）、同じく民政部による共産党員の模範と人びとへの啓蒙を目指す『関与共産党員応簡辦喪事、帯頭実行火葬的報告』（一九八三年一二月）、葬儀事業従事者の意識と技術の向上を目指した『全国殯葬工作経験交流会議紀要』の各地への転送（一九八四年三月）、民政部による『殯葬職工守則』通知の発布（一九八四年六月）など、数年のうちに関連通知が多数出され、急速に改革が立て直されてゆくこととなった〔民政部一〇一研究所編　二〇〇二〕。その到達点として、一九八五年二月に『国務院関与殯葬管理的暫行規定』が発布されることとなり、この規定は、いくたびかの改正を経つつ、現在の葬儀改革を規定する存在となった。この法制化の時期を重視する立場に立てば、現在中国における葬儀改革が、法的には、この時期に定められた路線の延長上にあるとみなすこともできる。一九九〇年代になると、社会主義市場経済体制のなかで、葬儀事業が特殊なサービス業の一環としての地位を獲得し、社会の変化に即したさまざまなサービスを生み出すこととなった。具体的には、公共墓地の販売が当該地域の民政局の許可の範囲内で企業により経営される、殯儀館のサービスが多様化し、「低保」（低所得者）、「三無」（民政部門の規定する意味では、収入源、労働能力、法定扶養者のいない人びと）向けコースが用意されて火葬が経済的負担にならないよう配慮されつつも、他方で「骨灰盒」（骨壺に相当）や墓地などがランク化され、その経済力に応じた高額商品を購入できるなどの現象がみられるようになっている。

葬儀改革を実施する管轄部門の言明においても、思想性そのものを直接問うような記述が減少し、遺族への悲しみのケアや、故人の尊重、世代を超えた近親の情の形成、社会道徳の涵養などが強調される傾向がある。例えば、民政業務に携わる人材教育のための教材であり、民政部教材検定委員会の検定を経たテキストにおいても、葬儀改革の意義を説明して、「死者に慰めを、遺族には慰藉を与えることにあり、このことで哀悼の意をあらわし、先人の養育と創業の苦難を忘れないようになる。また、自然の生態バランスを壊さず、生きている人びとの生産と生活に益し、のちの人びとにさらに良い生存条件を残すこととなる」と述べる、緑化率の上昇、環境保護といった用語を取り入れるなど、現代社会への適応が図られている(4)［民政部人事教育司編　一九九六、五一頁］。

かつては、非常に強い死への忌避感にもとづく、蔑視の対象とされていた殯儀館従業員への社会からの眼差しも徐々に改善し、労働環境は格段に向上している。インタビューによって明らかになるレベルでも、所属単位内での婚姻が比較的多い、交際中にも葬儀業務の名前を出さずに、上級機関である民政局の公務員として自己紹介する、レストランなどであからさまな差別を受けるなどの情況が存在したが、現在ではこうした状況も大きく変化している。

同時に、職員の専門化も進められてきた。殯儀館の利用頻度が低い時期には、すべての業務、すなわち後述する受付から整容（遺体の洗浄、容貌整形、化粧、場合によっては一部エンバーミングも含む）、葬送儀礼の運営、火葬手伝い、遺骨預かり手続きまで多くの職員が協働であたっていた時期もあったが、殯儀館利用の葬儀および火葬数が増え、火葬炉操作技術や整容技術、専門化、テキスト化が進み、仕事が固定化し、職員のトレーニングも作業現場を超える範囲に拡大している。一九九五年には、長沙民政学校と済南民政学校に全国ではじめてとなる「現代殯葬技術管理」課程が誕生し、殯儀館従業員も、世代交代を経るなかで、民政系学校での教育プログラムを履修し、それぞれの業務に対する専門知識を有する人材が増加し、死の処理に関する作業工程が分業化、高度化している。こうした葬儀業の発展は、政府による葬儀改革の重視とともに、この業務に従事する人びとの継続的かつ献身的な努力によっているといってよい。

四　現在の殯儀館における新式葬儀「追悼会」

このように、今日の中国大陸における葬儀は、近代化以降大きな変化を経てきたわけだが、これらを対象とする研究は決して多くはない。葬儀について膨大な研究蓄積をもつ学問領域においてこの傾向は顕著であり、それは地域「固有」の「葬送儀礼」に関心を狭めたことが原因のひとつに挙げられる。[5] そこで、以下では、中国西北地域の一般的な殯儀館を事例として、新式葬儀である追悼会の式次第と特徴を中心に都市部における殯儀館の利用の様子を描写し、次節での議論へと展開することとしたい。[6]

ある人物が臨終を迎えると、病院による死亡証明が発行され、遺族は「治喪委員会」「治喪班」と呼ばれる葬儀に関する一切の運営を担う組織を、故人が以前属していた機関や知人に依頼する。つぎに、口頭や書面による訃報の通知と、個人の姓名、追悼会日時、場所の告知が行なわれる。追悼会参加者の大まかな人数が確認され、追悼会の式次第細目、司会者および追悼の辞の朗読者が決められてゆく。殯儀館で儀式を行なう場合は、治喪委員会から派遣された人物が、遺体の受け入れ、「霊堂」と呼ばれる臨時祭壇の設営依頼、追悼会会場の予約を行なう。その後、遺体は、病院の「太平間」（霊安室）あるいは自宅から、車両担当スタッフによって殯儀館へ運搬される。遺族は、必要に応じて冷蔵保存、消毒、洗浄のサービスを選択、享受することができる。これらの作業を終えた遺体は、冷蔵室へと移動、保存され、追悼会の予約日を待つ。追悼会当日までは、オプションのサービスを申し込めば、殯儀館場内に設けられた祭壇で日々の祭祀を行なうこともできる。一方、自宅で葬礼を営む遺族の希望があれば、遺体を自宅へ搬送し、あるいは火葬直前に殯儀館へ遺体を搬入することも可能だが、ほとんどの地域では、市内居住者（正確には都市戸籍保持者）は火葬が義務とされているため、最終的な遺体の処理のためには火葬施設の付随する殯儀館を経由しなければならない。すなわち、都市での死は、民政局の管轄する殯儀館を利用しなければ処理できない事項となっているのである。

追悼会が開催される当日になると、遺族や参列者は、バスや自家用車で遺体の安置されている都市郊外の殯儀館へ到着する。正門から会場に移動する過程で「黒紗」（黒色の腕章、喪服の代わりとして機能する）、「孝服」（喪服）を着用し、死者の配偶者、子どもたちの順で「哭」を行ないながら追悼会会場へ向かう。殯儀館では毎日数件の葬儀を行なうため、この遺族の移動時間のうちに、ホールスタッフ（「礼庁班」）によって、「水晶棺」と呼ばれる透明の素材でできた棺に遺体を納棺し、予約された会場の上座中央へと遺体を安置する。これは、最後に参列者が遺体をめぐり、最後の別れを告げる追悼会のクライマックスのために必要とされる。同時に、垂れ幕や電子掲示板上の死者の名前を入れ替え、死者、遺族や司会者らの名前の最終確認が行なわれる。開始時間になり、遺族が遺体のかたわらに着席すると、開会が告げられ、開会挨拶につづいて知人友人、来賓による献花、親族、知人友人、来賓による三度の鞠躬礼、一分から三分程度の参加者全員による黙禱が捧げられ、追悼曲の演奏と礼砲がつづく。その後、故人の映像とともに職場の上司、友人による生前の紹介が語られるが、その内容は単位（職場、生産と生活が一体化した、社会主義中国特有の組織）での勤務態度や社会への貢献の様子を主とする。上司、友人による故人の評価が終わると、弔電が紹介され、すべての参列者は遺体を一周して告別し、そのまま退出し帰宅する。最後に遺族の退出が促され、追悼会が終了する。

一回の追悼会に費やされる時間は一五分から三〇分程度であり、これは会場の借受時間に対応している。故人の政治的地位が高い、あるいは遺族が大型の追悼会場を賃貸することで長時間の追悼会を開くことが可能であるが、一般には用いられない。農村部などで行なわれる非追悼会形式の葬儀が三日程度の時間を要する一連の儀礼であることを考えれば、この新式葬儀にかかる時間は非常に短いといえる。

追悼会が終了すると、殯儀館職員以外の立ち入りが禁止されている火葬炉コーナーへ遺体が搬送され、以降は火葬班の仕事となる。その間、遺族は、殯儀館後方にある遺品焼却場にて、葬儀のために購入した造花や生花、故人が生前使用していた布団や衣服などを焼却する。この場で改めて祭祀が行なわれることもあるが、これは、追悼会の範囲ではないため、殯儀館スタッフによる運営ではなく、知人や友人、「治喪委員会」のメンバーによってなかば自主的に進められる。追悼会との相違点として、遺体の代わりに遺影が中心となり、追悼会では設けられないような簡易な祭壇が形成されて、個人への礼も鞠躬礼ではなく跪拝礼によって、黙禱ではなく痛切な「哭」によって哀切が表現される。焼却場では、追悼会では禁止されている爆竹の使用も黙認されている。このように、現在の都市部における葬儀では、追悼会と、旧来の葬儀の一部を簡略化した葬儀が二重に存在しているということができる。

焼却が終了すると、遺族の代表者らは遺灰待合室にて火葬の終了を待ち、遺骨を受け取ったあとの処理を決めなければならない。多くの場合、遺骨は殯儀館に付随する「遺骨預かり所」に保存され、三年から五年年経過したのちに引き取って廃棄する、遺灰安置設備や墓地の一定期間の使用権を購入してこれらに安置する、殯儀館に処分を依頼する、あるいはごくまれではあるが散骨するという選択肢のなかで処理される。

図2　殯儀館追悼会会場の様子．「同志」「忠魂」の表記がみえる（陝西省所在の殯儀館，著者撮影）

図3　殯儀館事務所に掲げられた石製プレート（陝西省所在の殯儀館，著者撮影）

新たな葬儀の特徴は、中国の葬儀をまとめた石大訓と来建礎によれば、「追悼会を開くなど荘厳で文明的で簡便で実行しやすい形式によって、旧来の煩わしく非科学的で見栄をはる浪費型で骨を折り財産を損なう葬送儀礼のスタイルに取って代わって」おり、一言でいえば簡単で、経済的負担が少なく、文明的であるとする［石・来　二〇〇四］。そして、この追悼会形式の葬儀を導入しないことは、旧習に拘泥し、思想的に立ち遅れていると批判してゆく図式が展開される。

フィールドワークにもとづく考察からいえば、追悼会は、確かに以前の形式や、現在農村部で行なわれる葬儀とくらべて、時間が縮小され煩雑な儀礼の反復がないという意味で、簡易な葬儀であることに誤りはない。しかし、同時に、追悼会が成立した経緯、すなわち、清朝に対する烈士の顕彰を起点にとるにせよ、本稿で注目した辺区政府の葬儀政策の傾向性にその直接的根源を求めるにせよ、ある種の歴史性が刻み込まれていることは否定できない［吉澤　二〇〇三］。その特徴のうち、本稿の議論で重要度の高い事項は、以下の点である。

追悼会では、故人の配偶者や親族は、儀礼執行のうえでの主体ではなく、発言の機会すらないことが多い。追悼会の進行は殯儀館スタッフの役割であり、葬儀の主催者はあくまで故人の所属機関らによって組織された「治喪委員会」である。農村部においても葬儀の執行主体は、この地域であれば「執客」といわれる遺族以外の人びとであるが、かれらは地域社会で生活をともにする人びとであり、故人の所属機関などの公的な社会関係による組織ではない。

　加えて、追悼会場における故人への呼称も、家庭内での地位としての父や母、親族、郷里の友人としてのそれではなく、現在では日常生活を送るうえでほとんど使われなくなった「同志」へ統一されている。このため、追悼会の最後を飾る「遺体との告別」において、会場上座に座る遺族が親族呼称で哀哭することが唯一の故人と遺族の家族的紐帯を表す機会になっている。このように、追悼会において、故人を評価し、その死に意味を付与する主体は、公的な存在であり、党や国家、社会への貢献という点から顕彰される場であるといえる。

図4　殯儀館正面に掲示された看板．ここに採用された毛沢東の容姿と写真の光景は延安時代を連想させる意図をもつ（陝西省所在の殯儀館，著者撮影）．図3・4の言葉は，いずれも，前述の，張思徳追悼大会での毛沢東の講話「人民に奉仕する」から引用されている．

　追悼会の場では、定型化された言語による雄弁な説明が施されている。儀礼の過程における殯儀館スタッフによる行為の解説、上司や知人による回顧による故人の評価は、時間的制約とあいまって、死の意味の多用な方向性を制御し、「死の物語」とでもいうべきストーリーを強力に編成する働きがあると考えられる。ここでみられる方向性の制御と物語のありかたは、館内各所に掲げられた多くの標語によって補強されている。殯儀館には、中国共産党による追悼会の起源のひとつとなった毛沢東による「為人民服務」の抜粋や、張思徳、雷鋒、焦裕禄、鄭培民、孔繁森ら[7]、くり返し顕彰されてきた人物の功績が詳述、列挙されている。故人があたかもこれら人物と同類の範疇へと加わるかのような標語群は、殯儀館を舞台とした追悼会という空間での評価の基準を可視化しているといえる〔図2・3・4〕。

そして、この空間では、個人が、家族や親族集団との関係性によって評価を受ける、すなわち隣人との協調性や善良さ、男系子孫の有無、年齢、家庭の富の蓄積といったかつての基準による評価ではなく、貢献すべき対象であり、それに顕彰を与える国家や社会という抽象的な存在と直接向き合うことを求めている点で、特異な儀礼となっている。

このように、現在の追悼会という新式葬儀による改革は、たんに科学的で、経済的負担が少ない葬儀への変更にとどまるものではなく、「人」の死を「正しく」扱うにはどのようにすればよいのかと示すと同時に、よき「人」としてあること、どのような人生が望ましい（と公的眼差しからから期待されている）のか、その規範を示し、参加者それぞれに内省させる場である。この点に注目すれば、近現代中国で進められてきた葬儀改革が、死の処理に関する形式や手法上の変化というよりは、文字どおりの人についての観念をめぐる大改革であったと指摘することも可能である。

五　追悼会は国民儀礼たり得るか——「移風易俗」的発想とパッチワークとしての葬儀

中国の葬儀改革の主要な変革は、土葬から火葬への変更、管理された公共墓地の設置、従来の葬儀から追悼会への変更であることはすでに述べた。このうち、火葬についていえば、中国は二〇一一年までに、都市部を中心に一七四五施設もの殯儀館を建設し、改革の法制化段階であった一九八五年には一四〇〇台程度であったといわれる火葬炉も五〇〇九台にまで急増し、年間四六八万件の火葬実績を誇る火葬大国となった〔民政部一〇一研究所編　二〇一三〕。過去の身体観、孝観念にもとづく強い忌避感を変革し、火葬を普及させたことをとりあげれば、政策論的には、改革は大きな成功を収めたということができるかもしれない。墓地政策については、二〇一一年までに民政部門管轄の公墓は一四〇六地点が登録されているが、墓地の存在そのものが一時的であり、「樹木葬」や「海葬」「河葬」など散骨による処理を推進し、最終的には故人が一定の土地を占有するタイプの墓地を必要としない社会を目指す動向からは、いまだ改革の過程にあると捉えられている［民政部財務和機関事務司編　二〇一二］。すでに大きな成果を得た火葬の普及を「第一次革命」、それに対して現在進行中の墓地問題の解決を「第二次革命」と位置づける論調もある［上海葬儀文化研究所編　二〇〇二］。

では、殯儀館における追悼会はどのように捉えることができるのであろうか。

第二節、第三節でとりあげたように、追悼会という新たな葬儀は、自律した個人という存在を想定した新たな思想の流入とともに、中華民国から中華人民共和国時期に誕生し、苦難に満ちた社会状況のなかでときにはその生命すら失うような党や国家への献身的な働きかけへの顕彰、「あるべき生」の意味を刷新する新たな死の儀礼として発展してきた。その過程で、人びとが埋め込まれている文脈であるところの、親族、生活地域での関係性からの切り離しを進め、旧来の習俗である葬礼の細目を科学の名のもとに点検、否定するなかで形成されてきた歴史性を有している。系譜的に改革を素描した本稿の視座からは、追悼会の全国的普及は、革命的熱情のなかで成長した固有の産物であった、といえる。北京における追悼会の様子を考察した羅梅君（Mechthild Leutner）は、この新たな葬儀の形式を以下のように記述したが、この評価は、儀礼のもつ公への忠についての強弱の差こそあれ、現在でも有効であろう。

> 旧い習俗との闘争、家庭と家庭的行為との闘争は同時に新たな社会秩序を確立するためであり、その形式は家庭や家族、宗教組織への忠から社会、共産党、共産主義国家、「文化大革命」のピークには毛主席への忠を尽くすことへと方向を変えた。追悼会はその具体的な表現である［羅　二〇〇一、四一三頁］。

追悼会をこのように捉えることができるとすれば、残された作業のひとつとして、追悼会が現在に至るまで国民全体を覆う葬儀となっていない理由を問うことが必要となろう。多くの先行研究において、とくに民政部門の研究群でこの傾向が顕著だが、追悼会が十分に浸透していない理由を、人びとの思想の後進性、迷信の残存、経済力の脆弱さに求めている。しかし、この常套句ともいえる説明は、的を射ていない。最後に、この広く知られた説明に反証を提示することで、現代中国における葬儀の状況を考察することとする。

まず、経済力の脆弱さについていえば、確かに追悼会を行なわず、旧慣から派生した葬儀を行なう地域と、経済的に発展の遅れた地域は、農村を中心としてある程度重なりあうことが予想される。しかし、これらの地域がより簡素な葬儀を実施しているかといえば、そうではなく、むしろ逆に、三日程度の時間をかけ、諸儀礼の反復のなかで社会から死を送り出す儀礼を執り行なっている。これらの地域では、「あの世」へ送られる多種多様な紙細工の作成、購入、演劇や歌謡団の招聘など、多くの費用がかけられている。これらは、葬儀改革の推進側からは迷信的と表現される葬儀ということができ、なぜ経済力の低い人びとのほうが費用負担の少ない追悼会を積極的に利用しないのか、説明することができない。

人びとの思想の後進性や迷信の残存を理由として挙げることもまた錯誤である。革命的熱情の高かった一時期目にすることのなかった紙銭や「あの世」での生活用品などの迷信用品が、一九九〇年代後半頃から、再び販売、使用されるようになってきた。この現象は、人びとの精神世界が再び後進したことを示すものではないことはいうまでもない。葬送に用いるさまざまな迷信用品の復活は、これらの取り締まりが、公安部門や、工商部門、民政部門など政府各機関の横断的協力を必要し実務が困難な事も主な原因の一つであるが、原理的にここでいう「迷信的」と形容される内容が複雑であり、かつ、時期によっても異なった経緯があるため、その判断基準は曖昧なことによる。現在の葬儀改革を推進する立場にあり、同時に民間の葬儀にも精通する王の指摘は、このことをよく示している。一九八五年の『国務院関与殯葬管理的暫行規定』第二条「迷信的な葬儀習俗を打破し、節約し文明的な葬儀を執り行なうことを提唱する」を踏まえて、彼は次のように述べている。王によれば、改革方針の貫徹についての困難さとして

清明節の墓参りのとき、数元、数十元の紙細工を墓に挿し、紙銭を焼き、数杯の酒を献上し、何度か頭を下げ

るが、これはのちの世代の子孫が先人を訪問することを示している。これは迷信と言えば迷信のようだし、迷信でないと言えば迷信でないようで、その性質を見極めるのは極めて困難である。この類の奢侈でない葬儀の浪費であれば、遺族も望みまた受け入れられるものであり、強硬に管理しようとすれば面倒なことになる。この類の「迷信」は社会に危害を与えるものではなく、両世代の感情を強化することすらできる〔王　一九九七、六一〇―六一一頁〕。

これは、非常に現実的な指摘であるといえよう。この日常生活における線引きの曖昧さ、時期による管理面での強弱の差異を含みつつも迷信を取り締まろうとする方針は、つまるところ、迷信か否かを誰がどのように決定するのかによっていることを明らかにしている。さらに、改革の妨げを思想の後進性や迷信の残存に求める説明は、可視的な行為と不可視である思想とを直接的な関係で捉えることで、両者の関係をあまりに単純化しているということもできる。また、中国の葬儀研究にすぐれた考察を加えたホワイトが看破したように、より大きな、中国における社会政策論的な視野に立てば、戸籍制度にもとづく都市と農村を切り離した二元性の創造という社会構造のあり方が、葬儀における都市的な要素を多分に含んだ追悼会と、「迷信に富んだ」と形容される、農村における旧来の儀礼をパッチワーク的につなぎ合わせつつ営まれる葬儀を分断しているのであって、この分断は葬儀改革の進め方に起因するものであり、人の死を処理する必要性に直面した人びとの思想に還元される問題ではない〔ホワイト　一九九四（一九八八）〕。

どのように故人の死を位置づけるかという問題系からみれば、殯儀館の位置する地域の、農村部にて行なった墓碑の研究と連続するかたちで議論することも可能だろう。農村部では、文字による故人の説明はほとんどないが、わずかに記される文字は、故人の人となり、すなわち「勤勉で倹約して家を切り盛りした」「一生骨身を惜しまず働き、善を好み惜しみなく分け与えた」「非常に苦労して家のことにあくせく働いた」「近所と仲良くした」という言葉が頻出することを確認している(8)。これは紋切型ともいえる故人への評価であるが、なぜ、みな類似の言葉で死者を表現するのかという問いに対して、「農村に住む人に、ほかに書きようがあるか」と答える、フィールドで出会う、制度的に周縁部へ配置された人びとの存在を考察することなしには、追悼会がこれらの地域に普及しない理由を分析することはできない。故人の、生前の人となりを言語で詳細に表現する（これらとて、農村では教育水準の高い人物に依頼してはじめて可能となる作業である）よりも、入念な、時間をかけた身体の所作のなかで心情をあらわし、生活の一部を共有した人びとによって評価されることを「正しい」死の処理と考える人びとのありようは、現在の追悼会を、より科学的な葬儀であるとみなす葬儀改革のなかでは否定されてしまう。これらの人びとが必要とするのは、より身近な、相互扶助の関係にある友人や同郷の人びとらによって組織運営され、自己を中心に形成された人間関係のなかで追慕され、自らに直接つらなる人びとによってその忘却が妨げられるような形態の葬儀であろう。実は、これらの村々にあっても、一九六〇年代には、一時期追悼会の挙行が試みられている。しかし、それが数回の葬儀に用いられただけで、最終的に農村部の人びとによる受容へとつながらなかったことは、この事情をよく表している。

この、顕彰を施す制度の周縁部に位置づけられた人びとの存在という状況は、農村部に限られるわけではない。都市部においても、社会主義的市場経済の発展と生涯の安定を保証していた単位制度の崩壊にともなって、より流動的で多元的な生活形態を送る人びとが増加している。これらの人びとのなかには、公的な機関によって葬儀が営まれることがないケースも数多く含まれる。これらの人びとにとっては、政府によってあるべき死の意味づけについてのモデルは与えられたが、葬儀の実施は、再び家族に投げ戻されたといえるだろう。公的な機関による追悼会が開かれない人びと、ここでの顕彰が十分に受けられない人びとにとって、現在の追悼会が葬儀としてそれ以前の葬儀とそのまま入れ替わるような代替物にはなりえず、結果として、追悼会は殯儀館を利用するために行なう儀礼のひとつとして、葬儀全体のなかに内包されてしまう。追悼会以前に自宅で葬儀を行なう、あるいは、先に触れたように、追悼会終了後に生まれる火葬の時間を使って、殯儀館の裏で旧習を模した孝服着用のうえ跪拝礼や爆竹の使用、「哭」をともなう儀礼を再び挙行する現象はこうした理由で生み出されている。葬儀を二重に行なうのであれば、追悼会推進の論拠とされている、簡単で経済的な葬儀という説明が成立しないことはいうまでもない[9]。

要約すれば、追悼会が、公的な権威によって雄弁に死の物語を編成することで故人の社会への貢献を顕彰し、その人生のもつ意義を定着させてゆく空間である以上、公的な評価制度から周縁化されてきた、社会的に「失語」状況にある人びとにとって、この新式の葬儀は積極的に受け入れる死者との離別の儀礼とはならない、と考えられるのである。

かつて中国の死の儀礼のもつ重要性を挑戦的に指摘したワトソンによれば、定められた儀礼を正しく執り行なうことこそが、漢民族をそれたらしめているという［ワトソン　一九九四（一九八八）］。この指摘が正しいとすれば、葬儀改革の理念をすすめるうえで不都合な人びとを十分に考慮しないことは、こうした人生を逸脱として周辺的に配置することとなり、これらの死が記憶されることで公的な歴史記憶を揺るがす可能性を秘めている［Watson　一九九四］。追悼会が生み出された時代とくらべ、相対的に、「公」のなかで自らを想像する力が弱まる現代中国にあって、民政部門の改革方針どおりに追悼会が葬礼に取り替わるのか、より包括的な国民の葬儀を創造することになるのか、あるいは現在のように緩やかな住み分けを保持してゆくのか、葬儀をめぐる表現は揺らいでいる。葬儀改革という法規群、それを具現化する殯儀館職員、そして遺族の三者を頂点とする相互行為において、思想の刷新という名目での政策による改変力、葬儀のサービス産業化という側面からの動力、知識や認識における過去からの拘束力や格差の広がる経済力、海外からの新たな概念の導入を含む、さまざまなかたちでの追慕の念の表現形式の力学によるパワーバランスのなかで、今後どのような現代中国的な死のあり方、ひいては生きる意味のあり方が形成されるのか、われわれは注視してゆく必要があろう。

注

（1）本稿は、シンポジウム「現代における死の文化の変容――東アジア地域の葬送墓制を中心に」での王夫子「中国における葬儀の現状と教育」、鄭志明「現代台湾の葬儀にみる問題と方向」発表に対するコメントに大幅な加筆を施したものである。先行する発表が、現在の葬儀業の制度と教育、台湾における葬儀産業のサービスに焦点を当てたものであったため、コメントは漢民族における葬儀の改革史を概観することで、中国の「葬儀改革」の背景を解説し、両者とは異なる立場から、現在の中国でどのような葬儀をめぐる状況が発生しているのかについて問題提起した。

（2）ただし、追悼会の開催が名誉とされ、それに値するよき人民を対象とした葬法であったことを忘れてはならない。よき人民の範疇自体が、階級出身あるいは家庭成分によって除外された人びとの存在によって成り立つ構造をもつ以上、追悼会をもって国民すべてが享受できる儀礼ではなかったことに注意が必要である。

（3）当時の認識を示す資料として、民政部の報告書では「近年、左派路線の誤りを糾弾するなかで、「殯葬改革」は「四人組」が行なったことだ、「火葬は左派路線の産物だ」と誤って理解する者もあり、また、資産階級自由化思想の影響を受けて、おおがかりな葬儀を挙行し封建迷信活動を行なうことは「葬儀の自由」であり、「政策を着実に実行すること」と述べるなど思想のうえでの混乱がみられる」と記述している［民政部　一九八二、三五頁］。

（4）近年、葬儀改革の意義として喧伝される環境保護や植樹による緑化率の向上、遺族の精神的ケアなどが、改革当初から取り上げられていたわけではない。このように、中国の葬儀改革が時期によりそのスローガンをずらしながら宣伝され、それが急速に普及する背景には、中央の主要な方針に対して、為政者とサービス受諾者の中間に位置する、民政局という政府機関の立ち位置に理由が求められる。かれらは、一方では、上級の要求に応え政策を浸透させることを期待され、他方では現場の状況に拘束されつつ、遺族との関係のなかで実際の葬儀を作り出してゆく必要がある。その結果、語用論的には、その時々の政府方針の引用が「お守り言葉」［鶴見　一九四六（一九六七）］として機能し、葬儀改革の果たし得る貢献を探り出す作業のなかで、検証や思索を経ずに爆発的に増殖すると考えられる。ここに、中国的システムの一端をみることができるとともに、法規や制度のみを中心とした考察からは、中国の葬儀改革のリアリティに迫ることができない理由ともなっている。

（5）追悼会形式の葬儀が、文化人類学、民俗学の研究対象とされてこなかった背景には、これが近過去において新たに形成、普及した葬儀であり、地域社会のなかで内発的に形成されたものではないことが明らかであることが理由の一つとして考えられる。しかし、筆者は、儀礼の式次第や行為は、外的刺激や諸条件の制約、当事者たちの取捨選択の結果として形成された複合体であり、つねに変遷を経る過程における観察に過ぎないとみる立場をとる。研究の多い、「固有」とされる葬送儀礼であっても、かつては、全国的には朱子家礼などのテキストやそれを運用する知識人の存在や「正統性」をめぐる問題を考える必要があろうし、ここでとりあげる地域的文脈でいえば、李二曲に代表される儀礼の創作や模倣もまた影響を及ぼしていよう。これら模倣の力学を考察せず、小規模な対象地域内部における機能関係や条件を検討するのみでは、なぜ中国各地で類似した葬儀が営まれ、当該地域で葬儀組織の名称がある程度一致するのか、説明できない。

（6）火葬従事者と公共墓地の問題系については以下の文献を参照されたい。地方都市における墓地政策と墓地利用については、過去の慣習からの拘束と政策のあいだで選択的な受容を行なう人びとの埋葬事例から、すでに考察を行なっている［田村二〇〇六］。公共墓地の販売にみられる言説分析から、旧来の民間知識と国策としての葬儀改革がどのようなせめぎあいの関係にあるのかについては、［田村　二〇〇九］で考察した。火葬という葬法の中国への導入および、現在の火葬炉労働者については、葬儀改革の制度史的解説ではほとんど触れられていないため、フィールドワークをもとにした別稿を準備している［田村　二〇一四印刷中］。この火葬炉のモノグラフでは、チェコ模倣式火葬炉から「半自動式」と呼ばれる火葬炉への移行にともなう労働者による作業環境への働きかけと、火葬炉操作的身体の構築について身体技法と暗黙知、学習の側面から分析している。

本節では、殯儀館の追悼会運営自体については、式次第に言及をとどめ、実際の、殯儀館の各職員、とくに接待班と礼庁班の技能に関する知識と活動については、別稿に譲るものとする。その理由として、これら知識や活動は、現代中国の葬儀を紹介する先行研究でみられるような、研修や教室内授業の内容分析からは考察が届かない問題系であり、分析する価値を有するが、これらの体系的な技能は、具体的な状況下での判断と行為の連続であって、現場の固有性と不可分な関係にあることから、本小論の範囲を超えるためである。

（7）焦裕禄は一九六四年に四二歳で病死した共産党幹部であり、雷鋒と同じく、文化大革命中にその革命的生涯が「毛沢東同志のよい学生」として一連のキャンペーンで取り上げられたことで著名である。一九九〇年には、模範的な幹部として映画化され、二〇〇九年には建国六〇周年を記念する「建国後人々を感動させた百人」に選ばれ、現在でも顕彰され続けている。鄭培民は二〇〇二年に死亡した共産党幹部であり、毛沢東思想、鄧小平理論、江沢民の「三つの代表」を忠実に実践した模範党員として映画化されている。孔繁森は、一九九四年に自動車事故で死亡した共産党幹部であり、チベットの統治に功績があったと評価される。死後、事跡記念館が建てられ、焦裕禄と同じく「建国後人々を感動させた百人」に選ばれた。

（8）近年の墓碑の普及と、そこに表される人間関係の変化については［田村　二〇一〇］を参照されたい。本文に挙げた定型句のほか、党員であれば「党の仕事のために一生奮闘した」という墓碑も散見する。この定型句は党員以外にはみられないことから、絶対数は少ないが、これは党という公的な組織を介して、故人の評価を現代の基準に引き寄せたものであり、追悼会での価値観と従来の価値観をつなぐ回路と考えられる。

（9）同様の事例は、成功したといわれる火葬への改革でも見受けられる。すなわち、火葬は科学的で、経済的かつ衛生的な文明葬法として宣伝されたが、その意味は、火葬そのものが経済的なのではなく、土葬の費用と墓地購入費に対して相対的に廉価であり、文明的な理由のひとつは、土葬と異なり死後に土地を占有することがないことを指している。しかし、実際には、火葬後に骨灰盒を埋葬する、いわゆる「二次葬」の墓地を購入することが一般化しつつあり（そして、その紹介は、殯儀館のサービス業的側面が発揮されて、同じ敷地内にある事務所が行なうことが多いのだが）、必ずしも火葬そのものが廉価かつ土地面積の節約になるわけではない。ここにみられる改革と効果の齟齬は、改革政策が単線的な段階変化を想定することに対して、人びとはさまざまな要素を組み合わせながら、直面する葬儀の必要に対応している事実に由来する。

参考文献

田村和彦「中国の葬儀改革にみる連続と変容――地方都市における公墓政策の受容を例として」愛知大学現代中国学会編『中国二一』二五、風媒社、二〇〇六年

田村和彦「死をめぐる革命と民間知識――陝西省中部地域の公共墓地産業と葬儀改革を事例として」韓敏編『革命の実践と表象――現代中国への人類学的アプローチ』風響社、二〇〇九年

田村和彦「現代中国における墓碑の普及と「孝子」たち――陝西省中部農村の事例から」小長谷有紀・川口幸大・長沼さやか編『中国における社会主義的近代化――宗教・消費・エスニシティ』勉誠出版、二〇一〇年

田村和彦「中国における火葬装置、技術の普及と労働現場の人類学――新たな技術を受容し、環境を再構成する人々に着目して」韓敏編『グローバル化の中国社会――人類学的アプローチ』、二〇一四年（印刷中）

鶴見俊輔「言葉のお守り的使用法について」『日常的思想の可能性』筑摩書房、一九六七年（『思想の科学』五、一九四六年）

ホワイト、マーチン「中華人民共和国における死」ジェイムズ・ワトソン／エヴリン・ロウスキ編『中国の死の儀礼』（西脇常

記ほか訳）平凡社、一九九四年（"Death in the People's Republic of China", *Death Ritual in Late Imperial and Modern China*, Watson, James & Rawski, Evelyn (eds.), California University Press, 1988)

吉澤誠一郎『愛国主義の創成——ナショナリズムから近代中国をみる』岩波書店、二〇〇三年

ワトソン、ジェイムズ「中国の葬儀の構造——基本の型・儀式の手順・実施の優位」ジェイムズ・ワトソン／エヴリン・ロウスキ編『中国の死の儀礼』（西脇常記ほか訳）、平凡社、一九九四年（"The Structure of Chinese Funerary Rites: Elementary Forms, Ritual Sequence, and The Primacy of Performance", *Death Ritual in Late Imperial and Modern China*, Watson, James & Rawski, Evelyn (eds.), California University Press, 1988)

Watson, Rubie "Making secret histories: Memory and mourning in Post-Mao China", *Memory, history, and opposition under state socialism*, Rubie S. Watson (ed.) School of American Research Press, 1994

常人春『老北京的風俗』北京燕山出版社、一九九〇年

胡適「我対於喪礼的改革」『新青年』六巻六号、一九一九年

康成勛「亟待改革的正定婚喪礼俗」『東方雑誌』三二巻四二号、一九三五年

羅梅君（Mechthild Leutner）『北京的生育婚姻和喪儀——十九世紀至当代的民間文化和上層文化』王燕生、楊立、胡春春（訳）、周祖生（監訳）、中華書局出版、二〇〇一年

民政部『関與進一歩加強殯葬改革工作的報告』、一九八二年

民政部財務和機関事務司編『二〇一二中国民政統計年鑑』中国統計出版社、二〇一一年

民政部人事教育司編『民政部幹部培訓系列教材：殯葬管理』中国社会出版社、一九九六年

民政部一〇一研究所編『中華人民共和国殯葬工作文献匯編』民政部一〇一研究所、二〇〇一年

民政部一〇一研究所編『殯葬緑皮書　中国殯葬事業発展報告（二〇一二—二〇一三）』社会科学文献出版社、二〇一三年

聶媛媛（整理）「五十年風雨歴程、鋳就輝煌今朝——全国推進火化情況概述」朱金龍（主編）『殯葬文化研究』三九、二〇〇六年

陝西省檔案館、陝西省社会科学院編『陝甘寧辺区政府文件選編』一〇、檔案出版社、一九九一年

上海葬儀文化研究所編『二〇〇二上海市殯葬服務中心殯葬年鑑』上海葬儀文化研究所、二〇〇二年

石大訓・来建礎『葬式概論（殯葬学科叢書）』中国社会出版社、二〇〇四年

王夫子『殯葬文化学——死亡文化的全方位解読』（下）、中国社会出版社、一九九七年

延安解放日報社『解放日報』（六月二六日二版）、一九四一年
延安解放日報社『解放日報』（八月一五日二版）、一九四一年
周吉平『北京殯葬史話』、北京燕山出版社、二〇〇二年

東アジアの死をめぐる現状と課題——総合討論をおえて

山田慎也

中国、台湾、韓国、日本など、東アジア地域の葬送墓制は、古代以来、儒教や仏教、道教などのさまざまな影響を受けつつ、それぞれの地域で独自の発達を遂げてきた。これらの地域ではさらに近代化の過程において、社会構造や生活様式に大きな変化が生じることで、葬送墓制は類似した課題を抱えている場合がある。一方でそれぞれの地域固有の課題が生じていることもまたある。とくに生活様式の変化による、専用の葬儀施設や火葬場、また葬儀産業の成長は各国共通の現象であり、それらに関わる技術や情報はひろく流通しており、東アジア各地の葬送墓制の近代化にさまざまな面で影響を与えている。

国際シンポジウム「現代における死の文化の変容―東アジア地域の葬送墓制を中心に―」においては、最後に報告者とコメンテーターが登壇し「総合討論」が行なわれた。司会は村上興匡氏が務め、登壇者は鈴木岩弓氏、鄭志明氏、張萬石氏、小谷みどり氏、田村和彦氏、槇村久子氏、森謙二氏、山田慎也である。[1]

総合討論では、東アジアの葬送墓制の動態に対し、さまざまな関心が寄せられ質疑応答がなされた。こうした点からも現代における死の文化の動態への関心が高いことがうかがえた。ここでは、当日行なわれた討論における共通する課題を「宗教と地域的多様性」、「近代化による変容」、「大規模災害と今後の課題」の三つの観点から抜粋しまとめている。

宗教と地域的多様性

不可解な死という問題に対して、さまざまな宗教は死に意味を与え何らかの回答を提示しており、宗教と葬儀の関係も密接である。しかし、葬儀が既存の宗教の領域内だけにとどまるものとは限らない。世界に広がっている仏教やキリスト教などの創唱宗教もそれぞれの地域に浸透していく際には、地域の民俗宗教と密接に結びついている。

このような宗教的な混淆状態をシンクレティズムといい、例えば日本では仏教と神道が結びつき、神仏習合の状態が古代以来長く続いてきた。身近な例でいえば、葬儀における位牌はさまざまな宗教的な関連性が見られる。もともと中国では儒教で使用していた神主が位牌として禅宗を通して日本に導入され、これが多くの仏教各宗派の葬儀で使用されるようになり、さらには近世末期に発達していく神葬祭においても、霊璽として類似したものが使用されている。

シンクレティズムは、日本だけではなく他の地域の文化においても同様であり、こうした一つの宗教だけで判断できない状況に対して以下のような質問が発せられている。

（村上）「台湾における仏教、道教、儒教の信仰の割合はどうなっているでしょうか」という質問がきております。

（鄭）台湾だけではなくて大陸の方でも、仏教、道教、儒教が混ざっていることが現状です。一般の人びとが葬儀を行なう際は、この三つの宗教が同時に関わることがむしろ一般的です。ですから、われわれはそれを民俗信仰と呼ぶようにしています。つまり、きれいに分かれずに混在していることが現状だと考えています。

中国も台湾も、日本と違うことは、一つの宗教に集中しているのではなく、仏教、道教、儒教それぞれをすべて信じていることが多いことです。よってその区別もつかない人が多いと考えています。例えば、仏教を信仰しているけれども、儒教と道教を排除している人はあまりいないと考えています。よって宗教人口を聞かれる際には、台湾の人口の八〇％から九〇％の人はこの混淆した宗教を信じている人だと考えています。一方で、六％から七％の人は外来の宗教を信仰していると考えています。残りはほかの宗教を信じる。例えば、日本の創価学会をはじめ、他の新宗教を信じる人もいます。なかには真言宗を信じる人もいます。ただし、真言宗を信じているといっても、他の宗教を排するということではありません。よって台湾も日本と共通しています。台湾も宗教は生活と深くかかわっており、むしろきれいに切り離すことが難しいと考えられます。台湾では宗教の自由が非常に顕著だと思います。西洋のほうとはかなり違って、人は自由に宗教を選ぶことができると考えています。

このように鄭氏は、台湾においても中国大陸においても、仏教や道教、儒教が混在してるシンクレティズムの状況を指摘している。葬儀においても、この従来の三つの宗教が混在しており、例えば葬儀で道教の道士を招いたり、また僧侶を招いたりと、その選択については割と自由であるという。一方で、台湾においては新宗教も盛んであり、そのなかで日本の新宗教である創価学会や真如苑なども台湾に支部を設置し、一定規模の信者を抱えている。新宗教によっては他の宗教の要素を排除する場合もあるが、それが両立する人も多く、これは日本の宗教生活においても同様であろう。これについて村上氏はこうコメントしている。

（村上）　例えば日本でも信仰を持っているという人は三割程度であるのに、実際には仏式の葬儀を選ぶ人がまだかなり数が多いという状況と非常に類似しているのではないかとお聞きしました。

日本でも、自らの宗教を問われると無宗教と答える人びとも、葬儀を行なう際には仏式を選択する人が多いことを捉えている。近年、都市部を中心に特定寺院の檀家になっていなくとも、葬儀だけは仏式を希望し、葬祭業者などから紹介された僧侶に依頼して読経をしてもらう人も多い。こうした宗教的な感覚は類似の状況を示していると思われる。

ただし、仏式の葬儀といっても、日本の場合にはさまざまな宗派がある。それだけではなく地域ごとに葬儀の慣習が異なることも多く、いまでもその違いはその地域以外の人から見ると驚きをもって語られることがある。こうした日本での宗派や地域の違いを問うものもあった。

（村上）　次に「宗派によって葬儀方法に違いがありますが、日本の各地でその地域特有のものあれば、紹介をしてください」ということです。いろいろ紹介していただけると思うのですが、数が多いと思いますので二、三お願いいたします。

（山田）　それぞれの宗派ごとに教義がありますので、死や葬儀の意味づけは異なっています。これも明治以降、宗派ごとに統一されていくようになっていきます。ただ、やはり地域によって、本山の作法書ではこうなのだけれども、この地域では違うやり方をするといったローカルな儀礼があります。例えば新潟県では、宗派を超えて葬儀の折に施餓鬼法要を行なう地域が多く見られます。一般にはお盆の前後に行なうわけですが、施餓鬼をすることによってその功徳が施主や先祖たちに振り向けられるという発想で、葬儀のときには死者にその功徳を振り向けるために施餓鬼が行なわれます。たとえば新潟県佐渡市の外海府地域でも葬儀の折の施餓鬼法要が盛んで、こうした回施の発想もありますが、もともとこの地域では日常的にも無縁の霊の供養を行ないます。例えば山や海に仕事で行ったときに、「無縁さんあがれませ」といって弁当の一部を供物として投げたりする。いわゆる生飯ですね。そうした観念が背景にあり、仏教儀礼としての施餓鬼法要を葬儀のなかに組み合わせることよって、死者供養を行なっているのです。これは祭礼などでも、主祭神のほか、他の神々を合わせて祀ることで、祭りを滞りなく行なうといった信仰があるのですが、東アジア全般にこうした観念が強くあり、祀り手のない霊に対する供養というのは、確か台湾などでも盛んな儀礼だと思います。

（村上）　葬儀を考えるときに、一人称の死、二人称の死、三人称の死などさまざまな側面を考えることができ、このお話はいわゆる三人称の死ですね。供養する人がいないものに対して施餓鬼供養という形で葬儀のときに儀礼が行なわれることもある事例を紹介していただきました。

日本においても、地域の葬儀慣習の相違を、仏教宗派の相違によって説明することが多い。もちろん宗派の違いによって儀礼の相違が生じている場合もあるが、それよりも地域の慣習の相違として、その違いが生じている場合が多く見いだせる。上記のような葬儀の施餓鬼法要の例も、宗派の違いではなく地域性の違いであり、地域の民俗宗教と仏教儀礼の融合の事例でもある。また村上氏がコメントしているように、葬送儀礼が当該死者だけの問題ではなく、他の無縁の霊といった、さまざまな関係性のなかで観念が形成されており、鈴木氏の報告（第一章）のように第三者の死も、社会においては重要であることが民俗儀礼のなかからも把握できる。

さらに地域文化の多様性に注目した場合、東アジアから東南アジアにかけてみられる二重葬についても関心が寄せられている。二重葬は日本本土ではあまりみなれない葬法だが、南西諸島をはじめ、東南アジアから東アジアにかけて分布しているもので、いったん遺体を何らかの場所に埋葬もしくは安置して骨化を待ち、その後改めて遺骨を取り出して、洗ったりして埋葬し直すことをいう。沖縄ではこれを洗骨ということが多い。

死の集合表象について研究したエルツ、R．も、インドネシアのダヤク諸族の二重葬をもとに、死が過程であり、遺体と霊魂と残された生者の三者がそれぞれ同時並行的に変化し、日常生活に復帰していくことを分析し、その後の葬儀研究に大きな影響を与えた。

中国大陸や台湾においても二重葬は伝統的な葬法であり、遺体をいったん埋葬した後、発掘し改めて瓶等に遺骨を入れ、また埋葬しなおすこととなる。こうした伝統を持つ台湾においても、第二次世界大戦後、国民党とともにやってきた中国大陸の人びとは、そうした現地の慣習に従ったのかという、台湾在来の人びとと外からきた人びととの葬儀慣習の対応についての質問である。

（村上）「台湾にも二重葬の習慣があるということを聞いております。二重葬の習慣のない中国本土から移住してきた人たちも二重葬を受け入れているのでしょうか」というご質問です。

（鄭）二重葬は二回葬とも言われていますが、実は、中国大陸の方の広東省と福建省にも存在しております。台湾の早い時期の移民は大体、福建省と広東省あたりから来ています。そのため、台湾は清朝の時代から二回葬が浸透していきます。

二回葬というのは、一回埋葬して、七―一〇年後に遺体を掘り出して、また埋葬する葬儀形態のことをいいます。二回目に埋葬するときは、骨を取り出して埋葬するのですが、このような慣習は近代になってかなり変わってきています。現在、国家が墓地を管理するようになっているため、国は二回葬について詳しく規定しています。七―一〇年後に骨を掘り出した後、その墓地は循環使用のため、もう使わなくなります。そのために骨を掘り出した後、もう埋葬することができません。それで骨を納骨堂に納めなければいけないのです。一九四九年以降大陸から台湾へ移民してきた人は、二回葬という習俗はありません。

台湾では清朝の時代から福建省や広東省などの中国大陸南部では二重葬であり、そこから台湾に渡ってきた人びとも二重葬を維持していたという。しかし、現代の台湾政府は墓地不足から改葬をしたあと、二回目の埋葬を許さず納骨堂への改葬を行なうように薦めている。そして墓地へは他の人が利用できるよう循環的に利用し、墓地の拡大を制限していることを述べている。

ちなみに台湾政府は環境保護や葬儀費用の節減の方針を掲げ、樹木の近くへパウダー化された遺灰を埋葬する「樹葬」や花壇に遺灰を埋葬する「花葬」、さらには海への散骨である「海葬」なども積極的に薦めており、韓国などでも墓地の抑制のために散骨などが奨励されている。

台湾における文化的な相違を考える際には、国共内戦によって国民党とともにやってきた人びとと台湾在来の人との関係を考える以上に、台湾原住民と漢族との関係も重要である。かつて原住民は、日本の植民地時代には理蕃政策によって、例えばパイワンの屋内埋葬が禁止され墓地が作られるなど、葬制の変容に大きな影響を与えた。そこで民族的な相違が、台湾の葬儀の規格化等によって、どのような影響を受けているかについての質問もある。

（村上）「現在、台湾で葬儀が規格化していることによって、漢民族の葬儀のやり方が原住民や客家の葬儀のやり方を駆逐していくという力関係のようなものはあるのでしょうか」というご質問があります。

（鄭）台湾では二つの大きな民族があります。一つは漢民族で、一つは原住民と言われる人びとです。漢民族は中国から移住してきた人で、原住民は現在、大体一三―一四の民族があります。原住民はパイワンやタイヤルなど屋内葬を行なっていた民族もありました。つまり、住んでいる家の下に遺体を埋める葬制のことです。原住民によっては屋外葬、つまり外に遺体を埋葬する葬送のやり方もあります。

原住民のこのようなやり方は、漢民族からはほとんど影響を受けていません。原住民の葬儀に影響を与えたのは、外からの住民のやり方で、例えばキリスト教から影響を受けています。現在、八〇%以上の原住民がキリスト教を信仰しています。そのため、原住民もキリスト教のやり方をとっています。基本的にキリスト教の形態をとりながら、それぞれの原住民の文化が混在し、それぞれのやり方を保っています。

鄭氏は、漢民族と原住民との関係を述べている。そして屋内埋葬についてもかつては行なっていたことをいい、かなり特徴ある葬法であったかとがうかがえる。原住民は現在キリスト教が八〇%を占めるという。そのなかでやはりキリスト教に全く替わってしまっただけではなく、原住民の宗教的要素が混淆していることを指摘している。

近代化による葬儀の変容

台湾の場合には、日本の統治時代に大きく変容していくこととなった。さらに一九七〇年代、都市化が進み葬儀産業が成長していくとともに、葬儀のサービスも発達していった。葬儀産業も積極的に新たなサービスを取り入れるようになり、そのなかで日本の葬儀サービスの導入がさまざまなところで図られている。例えば、葬儀社員の教育や日本式の白木祭壇やデザイン化された生花祭壇の導入などである。二〇〇八年に公開された映画『おくりびと』は台湾でも有名であった。そうしたなかで、湯灌も導入されており、日本で行なわれているような底の浅いバスタブに横たえ、沐浴させる様子を紹介したプロモーションビデオが報告された。それを受けての質問である。

（村上）　つぎは「納棺のビデオを見せていただきましたが、この事例は相当高貴な方に限られるのでしょうか。一般庶民はどうでしょうか」ということです。よろしくお願いします。

（鄭）　今回お見せした映像の儀礼は、業者が新しくつくり上げたサービスなのです。いわゆる葬儀の商品化です。ですのでこれを購入する人しか享受できません。でも、今、台湾ではこのような儀式は割とはやっています。ますます多くの人がこのサービスを受け入れています。この儀式のなかから尊厳も感じられますし、ゆえに需要も高まっていいます。今日お見せした映像は、実はインターネットからダウンロードしたものです。これも一つの業者だけではなくて、多くの業者が提供しています。つまり、台湾の中産階級向けの商品なのです。今、一般の人びとはこの儀式を受け入れています。

鄭氏は、葬儀の商品化が進み、中産階級向けのサービスが広まっていることを指摘している。そして幅広い需要があり、遺体の取扱への丁寧さが受け入れられているようである。

さらに葬儀の近代化にともない、葬送が専門施設において行なわれるようになってきた。台湾や中国大陸では、おもに墓地周辺に葬儀場が設置されることが多いが、韓国においては、病院の霊安室から発展し、専門の葬儀施設を病院内の同じ建物内に設置している。

一方で、病院においては近年、治癒の見込みのない患者が終末期を安らかに過ごす施設であるホスピスが設置されるようになっている。韓国の病院付設葬儀場は、霊安室の存在が病院のなかではあまり明確化されていない日本とは対照的であり、それに対する質問が投げかけられた。

（村上）　張先生にご質問が来ています。「八年前、韓国の圓光大学のホスピスの調査をしました。韓国におけるホスピスから葬送へ連続する場合の事例について教えてください」とのことです。韓国の場合には病院のなかに葬儀施設があるわけですから、医療側としてのホスピスと、死亡後の葬儀との連続性をどのようにしているかということについて、ご存じであれば教えてくださいということです。

（張）　非常に難しい質問だと思うのですが、圓光大学は仏教系の大学で、そのほかソウルの東国大学も仏教系です。宗教系の大学はほとんどホスピスを持っています。国立大学は宗教とは関係なく、大学病院があり葬儀式場も持っています。

先ほどの質問の圓光大学やソウルの東国大学、それにカトリック大学の場合はホスピスを運営していますし、終末期を迎えた人の緩和治療もやっています。宗教と関係のない大学病院ではホスピスを本格的にやっているということは聞いたことがありません。韓国の大学医学部はほとんど病院のなかに葬儀式場を持っていますが、宗教が設立の精神になっている大学病院はさらにホスピスもあり、葬儀場も持っています。ホスピスと葬儀場は別であり、直接的な関連はないかと思われます。

（村上）　簡単にご説明しますと、ホスピスはもともとキリスト教の考え方でして、例えば末期がんのような治療することができない患者さんが、最期のときを平安に、痛みのない状態で過ごすことができるような医療施設です。そういうところでは死の恐怖をどう克服するかということが難しい問題になるので、質問者の方は、病院に葬儀施設がある場合にどう対処しているのかということを知りたいというご質問だったかと思います。張先生のお答えでは、仏教だとビハーラというホスピスと同じものがありますが、ビハーラと病院のなかの葬儀施設が一緒になっている病院はあまりないのではないかということでした。

村上氏の指摘するように、ホスピスはキリスト教の考えに基づいて作られた施設であり、仏教ではビハーラと呼んでいる。治癒の見込みのない患者は死の恐怖にどのように対処するかが大切であるが、そこに葬儀場が併設されることで、死の恐怖をあおるのではないかという怖れもあり、このような質問が発せられたものと考える。

また、近代化過程では国家が宗教に対して積極的管理をする場合もある。とくに中国では共産党政権において、さまざまな宗教に対して統制が行なわれておりその状況についての質問である。

（村上）　これは大陸の方の話だと思うのですが、「現代中国において、仏教の僧侶や道教の道士は今でも存在しているのでしょうか。存在しているとすれば、社会的にはどんな仕事をしているのでしょうか」というご質問がございます。

（田村）　現在、中国共産党の政権下においても僧侶や道士は存在しています。それは中国政府のなかで公認された宗教が四つプラスアルファあるのですが、そのなかには道教と仏教が含まれているために、公認された宗教地点（宗教施設）で宗教活動に携わることは許されています。しかしながら、とりわけ道教についてはなかなか許可が下りないことがあり、道教の正式な宗教地点は非常に少ないということになっています。多くの人たちは、それ以外の場所で、そういうものに触れていると言えるかとも思います。

田村氏によれば、道教や仏教は公認はされているものの、その活動は自由に認められているわけではないようだが、人びとの信仰はなくなっておらず、何らかの形で継続している。現代の葬送墓制については、欧米における状況にも関心も広がっている。質問はキリスト教圏における葬送の近代化についてのものである。

（村上）　森先生はヨーロッパの葬送墓制についても詳しく調査をされていますが、質問は「石の文化と言われる、おもにキリスト教圏の葬送儀礼は変化しているのでしょうか」というものです。

（森）　石の文化がヨーロッパのものであったとしても、お墓に関しては日本の方がずっと石でできている割合が高いのではないかと私は思うのですが、それはそれとしまして、ヨーロッパといっても広く、地中海側に面した南ヨーロッパと、スウェーデンのような北側の方のヨーロッパとでは、埋葬方法は基本的に異なります。

第一点は、南の方では一般的に私は「地下室葬」と呼んでいるのですが、地下に一つの部屋のような空間を造り、そのなかに遺体を置くという葬法をとっていました。スウェーデンなど北の方は、ドイツも基本的にそうですが、日本と同じような土葬です。棺を土のなかに入れ、その上に土をかぶせるというやり方です。そういう意味においては多分違っていると思います。

第二点は、カトリックのなかで火葬が容認されてから、ヨーロッパのなかにおいては大きく変わってきました。実際はプロテスタントの地域から始まってきて、それがだんだんカトリックの地域のなかにも出てきているように思うのですが、フランスのなかでも結構火葬が増えてきているということです。しかしこのなかで一番何が問題であるかというと、焼骨の処理がきわめて多様な形で現れてきていることです。多分、日本のなかで現在起こっている焼骨の処理の仕方は、樹木葬も含めて、ほぼ全部ヨーロッパのなかにあると思っています。最初、樹木葬はヨーロッパから伝わってきたのかと思っていたのですがそうでもないようです。だから、そのことは何とも言えませんが、とにかく樹木葬も含めた形はヨーロッパのなかにあります。

ただ、一点、興味深いことは、ヨーロッパのなかで火葬があった当初、一九八〇年になる前後ぐらいまでは、焼いた骨に関しては、日本流に言うならほとんど捨てていました。スキャタリング、散骨です。この段階のなかにおいては、焼いた骨の中に意味がないと思っていた。ところが、ヨーロッパでも一九八〇年代ぐらいから、火葬が増してくると、何かの依り代的なものが必要になってきたのか、火葬した焼骨のなかにも意味があると考えるようになりました。そうなってくると、日本と同じような感じで焼骨をお墓のなかに埋葬するという方法が基本的に大きくなってきたと思います。

ついでに、日本の焼骨をそういう形で保存するというのは、多分一二世紀前後ぐらいのなかで確立するのだろうと思います。多分、焼骨が祭祀の対象になってくる、骨が意味を持ってくるようになってくるのです。だから、世界から見ると例外ですが、日本のように焼いた骨をお墓のなかに入れるという国は、ある意味で一番の先進国だと言ってもいいぐらいに古い歴史を持った国であると思ってください。

このことを考えながら韓国のことをずっと考えていたのですが、韓国は急に火葬が出てきて、焼骨を木の下に埋める、あるいは散骨をするということが増えてきました。なぜかと思っていたのですが、日本は平安時代末期から現代に至るまでの間、もちろんその間に土葬の期間が長くあり、骨が意味ある存在で保存しなければいけないという発想が何百年も続いた歴史があるわけです。このときに日本の散骨がどうであるかというもう一つ別の問題があるのですが、まずそのことも考えておかなければいけません。

韓国の場合は、それがたった一〇年の間に起こってくるということです。これは社会学でよく使われる言葉で「圧縮された近代」と呼ぶのですが、日本では明治から火葬が広がっていき一〇〇年以上の時間を経たなかでいろいろな問題が浮上するわけですが、韓国の場合はそれが一〇年間のなかに圧縮された形で出てきます。このときに極端な形を取って表れてくるのではないか。僕が韓国のなかで注目しておきたいのは、これからどうなっていくかです。今は焼骨を穴に埋めていく、焼骨を木の下に埋めていくという流れが出てきていますが、これから一〇年、二〇年経ったときにこの傾向がそのまま続くのか、あるいは、何か変わるのかということを僕は注視してみたいと思います。

（村上）　後半部分は質問の内容と違っているかもしれないのですが、前半の部分の方を補足させていただきますと、ヨーロッパの場合、キリスト教の国が多いです。キリスト教の場合は、死んだ後に復活して、最後の審判を受けて天国に入るという考え方がありますので、実は一九世紀まであまり火葬は行なわれていませんでした。先ほどの森先生のお話は、火葬がヨーロッパにおいても一般的になったことによって、葬儀が多様化したり、変化したりしてきているというお話です。

そのもう一つの点としては、例えば一九世紀に、日本は近代的な火葬を東京で始めるようになり、それが山田先生の指摘するように戦後全国に広がっていく形になって、火葬は世界的に比較的早く広まったということがあります。われわれは火葬を当たり前のものだと考えていますが、例えばイスラームの国などでは火葬することは天国に行けなくするということですので、犯罪人に対して火葬を行なうというような文化があり、他国の文化に対して注意しなければいけない、比較的有名な事例として挙げられていたりします。

キリスト教圏の葬儀の変容に関して、森氏はおもにヨーロッパ圏の変容について述べており、石の文化という質問の前提に対して、建造物などは石造物が多いヨーロッパを主に取りあげている。そして墓に関しては、日本も石造物が多いことをいっているのである。さらに、ヨーロッパのキリスト教圏において、埋葬のあり方が南北で大きくタイプが異なることを指摘しているが、基本的にはこれは、村上氏が補足するようにキリスト教では、最後の審判によって天国に行くという発想から、火葬ではなく土葬が伝統的に採用されてきたことを前提として、キリスト教の葬送墓制については火葬の導入によって大きく変化していることを述べている。

カトリックにおいて火葬が公認されるのは一九六〇年代であり、それ以降ヨーロッパ全域に火葬が浸透していくにつれ、多様な葬法が生まれるようになってきた。こうして火葬は広がっているが、一方で火葬を行なわない宗教や地域が多いことを村上氏が補足している。

葬送儀礼は、地域によって多様であるが、近代化の過程においてそのあり方も変わっていった。しかし基本的に葬儀というのは慣習であり、多くの人びとがそれを認知し共有することで成立するもので、大規模災害や戦争などの非常時では、通常の葬送が困難になることで、さまざまな問題が生じ、人びとにも深刻な影響を与えることとなる。二〇一一年三月一一日の東日本大震災では、死者、行方不明者合わせて約二万人もの人が被害を受け、また火葬場等の葬儀関連施設も被災したため、通常のような葬儀を行なうことはきわめて困難であった。また、遺体が見つからない場合や、見つかったとしても損傷していたり、また一部しか発見されない場合も多かった。こうした異常事態によって、死生観や葬送儀礼の変化が生じているかについての質問である。

（村上）「東日本大震災等による大規模災害における死生観の変化や、葬制、墓制の変化の傾向を教えていただきたい。あわせて、将来発生するであろう関東や東京等の都市部における大規模災害時に、葬送への対応、さらに日本人が海外に移住した場合、その逆における葬儀について教えてください」。鈴木先生は東北大学の宗教学の担当で、東日本大震災の後に多くの人たちが土葬をされましたが遺族の人からの要望があり、土葬が速やかに火葬に改葬された事例について調査などもなさっています。

（鈴木）すごく大きい問題がいくつも入っているので大変お答えしにくいのですが、まず、大震災などの大規模災害における死生観の変化ですが、これは大規模震災があった途端に、死生観が変わったか否かというようなことは、なかなか確かめにくいことであるかと思います。まして、これを東日本大震災に当てはめてしまうと、私は仙台に住んでいますが、まだ現在進行形だと思っているのです。よってこの辺りはまだ結論が出ていない話だと思ってお聞きください。

まず、大規模な大量死という点。私が子どものころを思い出すと、伊勢湾台風など、夏になると大量に人が亡くなるという自然災害がよくありましたが、ふと気が付くと、一九八〇年代頃から、日本においては飛行機事故などを除くと、大量死がだんだん少なくなっていたはずです。私自身、大量死のときの死者の扱いをずっと追いかけつつあったところで、今度の東日本大震災では宮城県だけで九五〇〇人ほどの人が亡くなっているのです。宮城県は通常、年間に二万人程度亡くなります。ですから、東日本大震災以降に突然、年間死亡者の半分ぐらいの死者が発生したのです。これをもって、死生観が変わったかというと、死生観というところまではいけないのですが、死者に対してどう対峙したらいいかというところでは常の問題とは違う、大きな問題が生じました。

今、村上先生がいわれたことに関してですが、土葬を選択せざるを得ないことがありました。福島県、宮城県、岩手県のうち、ただ一県、宮城県だけが、一時的に二一〇八体を土葬にしました。あまりにも大量な死者が出たので火葬場の機能が果たせなかったということが一番大きな理由です。土葬をするとき、行政の方では三回忌、つまり丸二年たったところで改葬というように一応決めていたのです。つまり、丸二年経ったところで掘り出し、あらためて火葬にするということだったのですが、実はそれが急速に早まり、確か一一月一九日の時点ですべての遺体が掘り出され、あらためて火葬にされるということがありました。

そのようなことがあった理由を私はいろいろ考えましたが、どうも現在の日本においては、焼かれた骨になるということをもって、死者としてのある安定した状態になるという認識が非常に強くなっているゆえと考えます。これは私自身が学生時代、こういう問題を研究しているとき各地で伺った話でいうと、一九六九年の時点で宮城県では五七%が火葬で、四三%が土葬だったのです。それぐらい土葬が多かったので、そのころの調査では、「火葬というものが始まったね。でも、私は嫌だね。死んでまで熱い思いしたくないからね」と言うおばあちゃんたちに何人も会っているのです。そういう感覚だったものが、死生観の変化というのは少し違うのですが、それから数十年たった段階で、一九八〇年代から宮城県はほぼ一〇〇%火葬になります。そういうことになっている今、土葬にされるということは、死者として完全な状況になりきれていないという認識をみなさんお持ちだったのです。そこで、急遽、掘り出せるものなら掘り出し、あらためて火葬したいということになったのだと考えます。そのために非常に遺体が傷んでいる状態で掘り出すということがあって、それを専門にやられた方たちは相当大変なご苦労をされたということを伺っています。

今の質問に対してきれいなお答えとはなっていませんが、大規模災害において、ある意味では、通常、今の日本に見られる死者観念や死生観の一部が急に顕在化した、目に見える形で浮き上がってきたのではないかと思っています。だから、大災害が起こったから、死生観が突如変わったかどうかはまだ検証しきれないところがあるのではないかと思っております。さらに、日本人が海外に移住した場合などの話は、あまりにも話が漠としてしまうのでお答えできませんので、この辺は課題にさせていただきたいと思います。

（村上）　実はもう一通、非常によく似たご質問が来ています。「今回の震災のように突然死が生じたような場合に、十分準備された葬送墓制に対して、意識の上でのギャップがますます広がっていくように思われますが、そのような問題はすでに生じているのですか」というようなご質問です。これについては、先ほど鈴木先生からお話がありましたように、むしろこういう突然死のときの方が、従来、十分準備をされている葬送墓制で行なわれるような葬儀をやってほしいという意識が強くなるということでお答えになるのではないかと思います。

東日本大震災で、多数の犠牲者が発生し、今回特例的に行なわれたのが土葬であった。しかしこのときの土葬は従来の土葬とは異なり、仮埋葬であくまでも一時的であり、骨化を待って改めて火葬にする計画であった。伝統的にはこの地域は土葬であったから、それほど抵抗感がないのではないかとの意見もあったが、結局骨化を待つ前に掘り出して火葬する人が多かった。これは鈴木氏のいうように、火葬こそが現代の葬儀の形であり、なるべく通常のやり方で死者を扱うことが大切だと考えられていることを示し、こうした点からも当該時期の死生観が表出すると指摘しているのである。よってその後、死生観が変わるか否かについては、調査研究を継続し、注意深く検討する必要がある。ただし、死生観に密接に連関する葬送儀礼の変容において、大規模災害が大きな転機になったことは、歴史的にも例がある。関東大震災を受けた東京では、それ以前から徐々に廃止されていた葬列がなくなり、それに代わって自宅告別式が浸透していった。関東大震災によって、簡略な葬儀をせざるを得ないなかで、人びとが告別式を受容する際に震災を理由とすることで抵抗感が薄れていったからと考えられる。

ところで、東日本大震災が機縁となって改めて人のつながりが意識されるようになってきた。こうした背景には、地域のコミュニティーが解体し少子高齢化が進むなかで、災害時には個人だけでは対応がきわめて困難であり、身近な人びととの連携の必要性が認識されたことがある。それは災害時だけではなく日常生活においても同様であり、個人化していく社会のなかで、孤立死などの問題も生じていることもある。個人化について村上氏は二段階の個人化を指摘する。

（村上）　私は個人化には二種類あると思います。一つは、都市化によって起きる個人化です。都市化によって地域のつながりが弱体化します。例えば一緒に農業をやってきたように、かつては同じ職業の人が同じ場所に住んでいました。今は隣の人が何をしているのかわかりません。こういう状況では、町内会などが葬儀に主体的に参加をすることが非常に難しくなります。

二番目の個人化は少子高齢化です。現在、一人の女性が生涯に生む子どもの数は約一・四人程度だと言われています。今のようにどんどん子どもの数が減っていくという状況では、もちろん一人で亡くなる人は増えていきます。

無縁社会という言葉がありました。日本の生涯未婚率が二〇三〇年には男性で三三％、女性で二五％になると言われています。三人に一人、四人に一人が、生涯家族をつくらず亡くなっていきます。そういう状況で今の葬儀がどう変わっていくのか、非常に注視をしたいと考えています。

まず個人化について二つのレベルを指摘している。一つは地域共同体の解体によるものでそれぞれの家族が個別化している状況である。日本の場合、高度経済成長期以降この状況が進行してきた。しかし一九九〇年代以降になると、戦後モデルとされた夫婦と子供という家族自体が変容し、単身者世帯など人びとの個人化が進んでいき、一人で生活していく人が増えていることである。この時代になると、孤立化の可能性もはらんでいる。こうした現状について槇村氏も危惧している。

（槇村）　生物全体含めて、一個の個体だけで生きることはあり得ないわけです。人間においても一人称の死だけではなくて、二人称、三人称、社会的な死というものをどのように考えるのかということがとても大きな問題かと思います。現実は非常に大きなベクトルが反対の方に行っておりますので、いかにこれを構築していくかということは、死の段階ではなくて、もう少し前の段階から考える必要があるのではないかなと思いました。

個人化が進み、自らの死を考えるようになってきたが、それだけでは社会的な問題は解決しない。二人称の死、それは残された生者との関係、つまり関係を持っている人だけが死にゆく人を支えるのでなく、第三者つまり社会が死にゆく人を支えていく仕組みが必要であるが、現在、福祉行政は自助や家族の援助という現状とは逆の方向に移行している。こうした状況の下で、生前にさまざまな仕組みを構築していく必要を指摘しているのである。

地域コミュニティーの解体と個人化の方向性は、現在、東アジアに共通して起こっている状況である。これについて小谷氏は多様化と省略化の方向を見いだしている。

（小谷）　東アジアで共通する根底には儒教をという考え方を基盤に、亡くなった方をしのぶ、あるいは先祖を祭祀するという意識があるということを改めて認識しました。それと同時に、元気なうちに自分の死について、一人称の死について考えていこうという意識がどこの地域にもある。それにより死に対する、あるいは葬送に対する意識が多様化してきたということ、そして、近代化が進むにつれて、このような儀礼が簡素化されている点も共通していると改めて感じました。

儒教をベースとした祖先祭祀を持っている東アジア社会においても個人化が進み、それに対する自らの死後の準備が行なわれ始めていることを指摘しているだけでなく、こうした意識によって従来の儀礼が、多様化していくがそれは簡略化の方法に向かっていることもあわせて指摘している。そこでは死者を想いそれを社会的に受け止めていく機能をどのように持たせていくのかという点が今後の課題となっていくと考える。

以上のように総合討論では、さまざまな質問をもとに、各地域の文化的多様性や、近代化による変容の状況、さらには近年起こった東日本大震災に関する死生観への議論から今後の課題へと、かなり幅広い観点からの質疑応答が行なわれた。東アジア各地における葬送墓制の動態は、グローバル化に伴ってますます相互に影響を及ぼしながら、今後ますます大きく動いていくものと考えられる。マクロな視点とミクロな視点の双方をもちつつ、注意深く見つめていく必要がある。

注

（1）一九六〇年生。大正大学文学部人文学科教授。東京大学大学院人文科学研究科博士課程単位取得退学。文学博士。共編著に、村上興匡・西村明編『慰霊の系譜――死者を記憶する共同体』森話社、二〇一三年など。

おわりに

変化の荒波が目まぐるしく押し寄せる現代社会にあって、われわれが普段当たり前に行なってきた行動様式が、いつの間にか大きく様変わりし、以前とはまるで違った方法で〝世の常識〟が動いていることに、ふと気づくことがある。今作成している「おわりに」の原稿は、パソコンのワープロソフトを使って〝書いて〟、ではなく〝打って〟おり、完成後には E-mail に添付して東京大学出版会に送付する予定である。それがたとえ夜中であったとしても、時間に関係なく。ところがこの作業を、私が大学院生であった一九七〇年代後半にどう行なっていたかというと、筆記具と言えば万年筆かボールペンを用い、四〇〇字もしくは二〇〇字詰めの原稿用紙に手書きで文字を書き込んで原稿を作成するのが当たり前の時代であった。そしていざ原稿が完成するや、完成稿を封筒に詰め、営業時間を気にしつつ郵便局に出向いて、郵送するといった手順であった。こうした原稿執筆という行動様式に見られる変化に限ってみても、もし四〇年の変化を一瞬で経験したならば、その変化の大きさに驚愕したであろうことは間違いがない。

人間の文化の中でも、本書で扱った葬送墓制に関わる行動様式には、近年特に大きな変化の波が押し寄せている。人は何れは死ぬ存在であるがゆえに、いつの時代でも、どこにおいても、人が住む生活空間には間違いなく葬送墓制の文化が存在する。これは普遍的に見られる文化ゆえ、葬送墓制は地域性や時代性などの影響のもと、さまざまなバリエーションを生みつつ、この地球上各地で時代を超えて繰り広げられてきたのである。

振り返ってみるなら、こうした死に関連した分野の行動様式が社会の表面で議論されることは、私がその研究を開始した七〇年代後半の日本では起こりえないことであった。当時、宗教民俗学的研究として死の文化を対象としていた私は、調査で自己紹介する時など、「死の文化について研究しています」などと言うことは、絶対にありえなかった。もしもそう言ったなら、相手は間違いなく不機嫌そうな表情になり、会話は次第に途絶えることが必至だったからである。少なくとも一九七〇年代後半の日本においては、死は社会の前面で日常的に話し合われるテーマではなく、タブー視されていたのである。

そうした風潮に変化が出てきたのは、第一部の第一章で論じたように、おそらく立花隆が「脳死」を『中央公論』に掲載した一九八〇年代半ば以降のことと思われる。それまで死を決定する条件とされていた「三徴候の死」以外に、「脳死」という選択可能性が出てきたことではじめて、死が自然科学的な根拠をもった〝真理〟ではなく、あくまで人間の意志によって決定される〝文化〟であることが白日の下に引きずり出されたからである。以後、題名に「死」が付いた著作が多々刊行され、雑誌の特集記事、テレビ番組などを通じて、以前までは見られなかった死の話題が社会の前面に躍り出るようになってきた。こうした風潮の背後には、近代化の進む中で従来型の葬送墓制の維持が困難になってきた事情も作用しており、死をタブー視して忌避の対象とするばかりではなく、何れ自分もその当事者になることを踏まえた上で、死を自己の問題として捉え、それと如何に対峙するかといったことに関心をもつ思考が、日本人の中に生まれ育ってきたことが示されている。現代日本に見られる死の文化は、そうした展開の中、さまざまなアイディアで数多くの選択肢を提案する専門業者の存在感が増してきたのみならず、一般庶民の間でも伝統的な葬送墓制の縛りから自由な、独創的な試行錯誤が生み出されてもいる。逆に言えば現代日本の葬送墓制の最先端では、正解のない死の文化の落としどころを求めて、皆がそれぞれ思い思いの最善手を試みている時代と言うことができる。

本書は、そうした時代の東アジアの葬送墓制のあり方を巡った、国際シンポジウムの記録である。「現代における死の文化の変容―東アジア地域の葬送墓制を中心に―」と題されるシンポは、国立歴史民俗博物館が主催し、大正大学と東北大学文学研究科宗教学研究室が共催、日本民俗学会が後援という形で開催された。東北大学の名前が出てくる背景には、今回のシンポジウムが、とりわけ私が研究代表者を務める科学研究費補助金による基盤研究(B)「わが国葬送墓制の現代的変化に関する実証的研究―〈個〉と〈群〉の相克―」の研究成果の一部を発表する機会として企画されたという理由がある。

このプロジェクトのメンバーは、私の他、森謙二（茨城キリスト教大学：法社会学）、槇村久子（京都女子大学：造園学）、新谷尚紀（国立歴史民俗博物館：民俗学）、谷川章雄（早稲田大学：近世考古学）、村上興匡（大正大学：宗教学）、山田慎也（国立歴史民俗博物館：民俗学）、清水克行（明治大学：日本史学）、朽木量（千葉商科大学：考古学）、であった（所属は研究開始時のもの）。ここで注目すべきは、参集した研究者の専門領域の多様性であろう。集まったメンバーは、実はそれぞれの学問分野において既に葬送墓制研究の第一人者として著名な方々ばかりであった。ある意味こうした幅広い研究領域から葬送墓制の専門家を集めたことは、研究代表者である私の秘かな自慢であるが、そうした学際的な形で研究集団を組むべき最大の理由は、葬送墓制の奥深さにあり、一つの学問領域からの研究だけではその真髄に迫ることがとても困難なためであった。私自身がこうした認識をもつように至ったのは、葬送墓制に関する文献収集作業の中からのことで、普段関係しない学会誌の中に、葬送墓制に関わる興味深い論考と出会うことがしばしばあり、論文を執筆された研究者ご当人と直接面談し、意見交換をする機会をもちたいという欲求に駆られるようになったからである。

そうした目論見ではじめた最初の企画は、一九九八年一月一五日にメルパルク仙台で開催した公開国際シンポジウム「東アジアにおける二一世紀の祖先崇拝」で、翌一九九九年八月二八―二九日にも東北大学で、公開国際シンポジウム「二一世紀における墓制の行方」を開催した。これらの機会には遠方からいらした研究者との間に新たな出会いが生まれ、二〇〇二年度からは孝本貢・栗原弘・森謙二・槇村久子・新谷尚紀・谷川章雄・村上興匡・山田慎也・土居浩と共に、科研費の基盤研究(A)「死者と追悼をめぐる意識変化―葬送と墓についての統合的研究―」(研究代表者：鈴木岩弓)をスタートさせ、葬送墓制の変化に絞った全国調査を柱に、現代日本人の意識変化に関する共同調査を実施した。それを受けた共同研究が、今回のシンポジウムの核となった科研費によるプロジェクトであったのである。

　本書の刊行が実現したことにより、これまでわれわれが行なってきた共同研究の成果の一部が刊本となって世に出ることとなった。現在のわれわれの共同研究は、同じく基盤研究(B)で「現代日本の葬送墓制をめぐる〈個〉と〈群〉の相克―東日本大震災を見据えて―」(研究代表者：鈴木岩弓、研究分担者：森謙二・槇村久子・谷川章雄・村上興匡・山田慎也・小谷みどり・朽木量・土居浩)として継続中である。これまでの研究成果と併せ、新たな成果も機会を改めて世に問いたいと考えている。人々の間の死の文化自体が試行錯誤しながら変化の道を進んでいる現在、それを研究対象とするわれわれの葬送墓制研究も変化の中、共に歩みを進めながら人間追究の道を進んでいくことになるのである。

　末尾になりましたが、本書の刊行機会を下さった国立歴史民俗博物館、東京大学出版会に対し、厚く御礼申し上げます。

鈴木岩弓

た　行

な　行

は　行

ま　行

や・ら・わ行

索　引

執筆者紹介（執筆順．＊は編者）

山田慎也＊（やまだ　しんや）
国立歴史民俗博物館研究部民俗研究系准教授．1968 年生．慶應義塾大学大学院社会学研究科博士課程単位取得満期退学．社会学博士．〈主要業績〉『現代日本の死と文化――葬祭業の展開と死生観の変容』（東京大学出版会，2007），『近代化のなかの誕生と死（歴博フォーラム民俗展示の新構築）』（山田慎也・国立歴史民俗博物館編，岩田書院，2013）．

鈴木岩弓＊（すずき　いわゆみ）
東北大学大学院文学研究科教授．1951 年生．東北大学大学院文学研究科博士後期課程満期退学．文学修士．〈主要業績〉『いま，この日本の家族――絆のゆくえ』（共著，弘文堂，2010），『講座東北の歴史　第六巻　生と死』（編著，清文堂出版，2013）．

槇村久子（まきむら　ひさこ）
京都女子大学宗教・文化研究所（執筆当時は京都女子大学現代社会学部教授）．1947 年生．京都大学大学院農学研究科博士課程修了．農学博士．〈主要業績〉『お墓と家族』（朱鷺書房，1996），『お墓の社会学――社会が変わるとお墓も変わる』（晃洋書房，2013）．

森　謙二（もり　けんじ）
茨城キリスト教大学文学部教授．1947 年生．明治大学大学院博士課程修了．法学修士．〈主要業績〉『墓と葬送の社会史』（講談社新書［1993］→吉川弘文館［2014］），『墓と葬送の現在――祖先祭祀から葬送の自由へ』（東京堂出版，2000），『墓と葬送のゆくえ』（吉川弘文館，2014）．

小谷みどり（こたに　みどり）
第一生命経済研究所ライフデザイン研究本部主席研究員．1969 年生．奈良女子大学大学院修了．人間科学博士．〈主要業績〉『変わるお葬式，消えるお墓―最期まで自分らしく』（岩波書店，2000），『今から知っておきたいお葬式とお墓 45 のこと』（家の光協会，2013）．

王　夫子（わん　ふぅず）
長沙民政職業技術学院殯儀学院栄誉院長・教授．1952 年生．〈主要業績〉『殯葬文化学――死亡文化的全方位解読』（湖南人民出版社，2007），『殯葬礼儀実務』（共著，湖南人民出版社，2013）．

鄭　志明（ぢぇん　ぢぃみん）
輔仁大学宗教学系教授．1957 年生．台湾師範大学文学博士．〈主要業績〉『道教生死學』（中央編訳出版社，2008），『傳統宗教的文化詮釋――天地人鬼神五位一體』（文津出版社，2009）．

張　萬石（ちゃん　まんそく）
大田保健大学葬儀指導科兼任教授．1948 年生．東国大学大学院行政学科・行政学博士（政策学専攻）．〈主要業績〉『日本葬儀文化』（明知大学出版部，2005），『葬儀演出の理解』（ハヌル文化，2008）．

田村和彦（たむら　かずひこ）
福岡大学人文学部東アジア地域言語学科准教授．1974 生．東京大学総合文化研究科博士課程単位取得満期退学．学術修士．〈主要業績〉「文化人類学与民俗学的対話――囲繞“田野工作”展開的討論」周星編『民俗学的歴史，理論与方法』（上冊，商務印書館，北京，2006），「現代中国における墓碑の普及と「孝子」たち――陝西省中部農村の事例から」小長谷有紀・川口幸大・長沼さやか編『中国における社会主義的近代化――宗教・消費・エスニシティ』（勉誠出版，2010）．

変容する死の文化

現代東アジアの葬送と墓制

2014年11月28日　初　版

［検印廃止］

編　者　国立歴史民俗博物館《こくりつれきしみんぞくはくぶつかん》

山田慎也《やまだしんや》・鈴木岩弓《すずきいわゆみ》

発行所　一般財団法人　東京大学出版会

代表者　渡辺　浩

153-0041　東京都目黒区駒場4-5-29

http://www.utp.or.jp/

電話　03-6407-1069　Fax　03-6407-1991

振替　00160-6-59964

印刷所　株式会社三陽社

製本所　誠製本株式会社

ISBN 978-4-13-010411-1　Printed in Japan